·心声·

企业从年头到年尾就忙两件事
——创造价值和收回现金。

价值与变现

王保江 著

北京航空航天大学出版社

内容简介

企业的核心使命从本质上来说就是创造价值，在完成这一使命的过程中企业也就实现了自身的价值。这个过程着重体现的是企业的创造能力，之后企业还需要在市场上实现价值的变现，从而形成价值与变现的反复迭代。所以说，贯穿企业整个生命周期的生长发育、发展壮大的核心要素就是两个：价值与变现。本书重点围绕这两个要素深入论述了如何组织企业、如何参与市场、如何满足用户的需求、如何应对内外部变化等方面的规律和方法。同时，本书也是对企业经营方面的一种积极探讨。

本书适合企业的各级管理人员阅读，特别适合企业的高管阅读。希望本书至少能够起到拓展思路、开阔视野的积极作用。

图书在版编目(CIP)数据

价值与变现 / 王保江著. -- 北京 : 北京航空航天大学出版社，2020.1

ISBN 978-7-5124-3207-9

Ⅰ. ①价… Ⅱ. ①王… Ⅲ. ①企业管理—高等学校—教材 Ⅳ. ①F272

中国版本图书馆 CIP 数据核字(2020)第 000376 号

价值与变现

王保江 著

责任编辑 江小珍

*

北京航空航天大学出版社出版发行

北京市海淀区学院路 37 号(邮编 100191) http://www.buaapress.com.cn

发行部电话：(010)82317024 传真：(010)82328026

读者信箱：bhpress@263.net 邮购电话：(010)82316936

涿州市新华印刷有限公司印装 各地书店经销

*

开本：710×1 000 1/16 印张：12.75 字数：272 千字

2020 年 1 月第 1 版 2020 年 1 月第 1 次印刷

ISBN 978-7-5124-3207-9 定价：49.00 元

前　言

价值，可以用来衡量许许多多的事物。尤其在市场上，价值决定了商品或服务的价格。市场是获得商品或服务的场所，在市场中顾客可根据自身对价值的判断、标定的价格、商品能满足需求的程度来自由选择商品或服务。为了叙述简单，本书中通常所说的产品即指产品和服务。

市场由三个要素组成：客户、产品和交易，核心是产品。而产品是由企业生产和提供的，能够满足特定人群的需求，能够被特定的人群知悉并获得。对于企业而言，产品销售到客户手中即实现了产品价值的变现。

所以，用最精简的语言来描述，企业的全部核心就是价值与变现，也因此本书的书名确定为《价值与变现》。

我们有时把办企业看得很简单，认为只要注册完即可。其实，企业是很复杂的转化机构，稍有不慎就可能破产倒闭，给企业家和投资人带来巨大的损失。

不论怎么看待，企业的使命就是：价值创造和价值变现。

围绕使命的达成，企业要做的事情非常多，这是因为需要许许多多、方方面面的条件、保障、支撑、转化，企业才能实现目标。

所以，以价值与变现为提纲挈领的抓手和着眼点来深入分析和探讨企业的全部要素，便是本书的目标。在探讨的基础上，也希望本书能够对企业家、创业者，乃至企业的普通员工有借鉴和指导意义。

我个人在看待问题、分析理解问题过程中，深刻体会到了两个层次：大道至简与博大精深。以这两个层次的理念为指导，本书在论述主要概念的时候力求至简，在分析、阐述、讲清楚具体问题的时候努力做到精深。

所以，看本书，可能只是一瞥就够了；也可能是，在有兴趣的情况下仔细阅读一遍，又能看到另外一番景象。

为了遵从至简原则，就让本书从一篇具有最简单风格的前言开始吧。

著　者

2019 年 8 月

目　　录

第一章　企业价值与变现概述

贯穿企业生长发育、发展壮大的核心要素有两个：价值和变现。但是围绕这两个要素如何组织企业、如何参与市场、如何满足需求、如何应对变化，就是方法论和遵循基本规律方面的问题了，只有解决好了这几个核心问题，企业才能实现其价值，并在其价值被认可后获得变现报酬（经济的和社会的效益）。

为了展现企业价值与变现的全貌，我们设计了一个抽象的概念模型简图——企业价值变现模型简图（企业的输入/输出/价值/效率及其他），如图 1.1 所示。

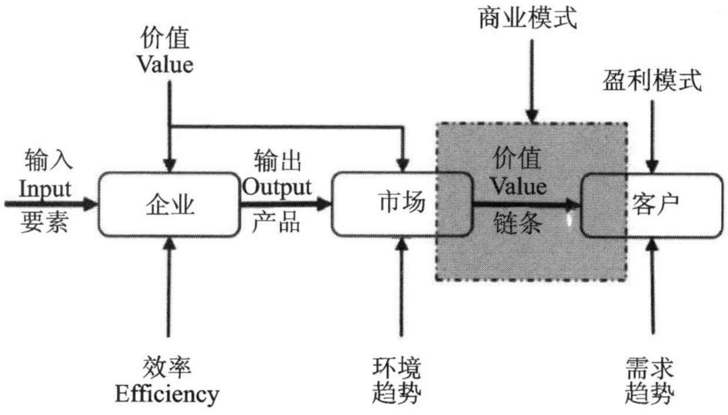

图 1.1　企业价值变现模型简图

价值：图中有两处体现，一个是企业价值，另一个是市场价值。

企业价值：企业在客观上具有的创造价值的能力，反应在"资产价格、创新能力、适应能力、发展潜力"四个指标上。从市场的角度看，企业实现的价值结果称为经济效益。

社会价值：企业在客观上通过提供产品来满足客户的需求，从而为社会发展做出的贡献。从社会的角度看，企业实现的价值结果称为社会效益。

任何一个企业都是这两种价值兼而有之的。反之，企业是无法在社会和市场上存活的。

输入/输出/效率：可以把企业看作是将某种要素的组合输入后进行化学反应加工的装置，而其中最重要的是效率。因此，是输入充足或不足、化学反应得当或不得当、效率高或低等，而不是其他的什么，决定了企业的发展。

输入：核心的输入是生产资料和劳动成本，即所谓"资本"。获取资本的方式主要有"自有"和"融借"。所有这些似乎均可以简单粗暴地换算为"现金价格"，但实际上并不是如此。比如，合格的管理者、优秀的员工，仅仅从劳动成本支出上看不出差别，但是从实际工作成效上则会导致千差万别。这一现象说明，输入不是简单的事情，而是需要时刻关注的重大事项。对于这种事项，应该以系统论的观点把所有的输入视为一个"集合和关联"进行分析和诊断。按照非常简单的模型和原理来解读，所有衰败的第一个诱因就是"输入不足"，就如同人是因为营养不良而不是其他的什么疾病而停止发育或衰老一样。

输出：输出某种产物是企业存在的意义、功能的证明、价值的体现。或者可以说，企业总要输出某些产物。企业输出的产物远比我们想象的多，我们通常想到的只有产品（服务），其实，还包括废物（垃圾、污染）、文化和影响力、人才培养后的人才溢出、技术创新后的技术和成果溢出，等等。输出的目的和功能是确保企业生存，否则企业自然会死亡。从系统论的角度看，聚焦输出考核节点也需要进行"集合和关联"分析及判断。总有迹象表明企业的发展状态，并启发企业进行调整。

效率：效率在很多场景下都是核心致命的要素，这也是企业普遍接受的概念。问题是，如何把握、检视和调整企业的效率，这是重要的关键问题之一。它主要包括资金方面的，如投资回报率、净资产回报率、资金周转率，等等，用一句话概括就是"资金有杠杆效应"；还包括劳动方面的，如劳动生产率、劳动者的素质和水平、技术装置的效率和水平，以及看不见的"技术杠杆效应"的作用及其发挥。当前和未来，比较强调的是"技术杠杆效应"，即企业的技术和应用创新。

趋势：趋势指明了社会在不断发展和进化，客户的需求和价值取向也在不断发展和变化，这些发展和变化虽然缓慢，但是不可逆转，只能顺从。能否把握趋势是看不见但又决定企业生死的大事。而这一点虽然企业家能认同，却不一定做得好，原因是"不识庐山真面目，只缘身在此山中"的效应会发挥阻力的作用。遵循这个规律，我们可以看出企业是通过"不断进化"得到发展的，而这一描述与传统的关于企业如何得以发展的理论是有所区别的。

商业模式：商业模式的概念在社会上被混淆了，要想从中理出一个占据主导意见的结论恐怕还是需要时日的，并且业界、学界也很难有同样的认知和感受。就我的理解，所谓商业模式是指价值传递的方式和机制，它既包括传递，也包括转换，还包括机制和方式，并实现最终到达终端用户的流动。

盈利模式：盈利模式是嵌套在商业模式中的，也可以说是商业模式拼图的一个模块。可以将盈利模式具体描述为三个概念：收谁的钱、定什么价、怎么收钱。而在“价值传递”的全链条、各环节，每一次“交易”都有盈利模式的问题，所以其与商业模式容易被混淆，甚至被看成是一样的。

客户：任何一个企业最终都是为客户服务的，而且是直接服务，并且通常都会间接影响客户、延伸影响客户。有时是客户需求决定了企业的发展，有时是企业创造了客户需求，这两种情况都是时时会发生的。没有明确客户的企业是不存在的，企业的客户会增减或流失都是常态，客户对于企业至关重要，因此人们常说“客户就是上帝。”其实，更为准确的说法是“企业是客户的企业，而不是企业家的企业”，失去了客户的支持，多厉害的企业都无法发展壮大。

以上仅作简要概述，后续将逐步展开论述，希望能够全面解答企业价值与变现问题，并希望这些解答能给人以启发和帮助。

第二章　要做有价值的事情

要做有价值的事情简单说就是企业的价值观要正常，若企业的价值观更高级，那么其作为思想和认知的引领就能够将企业带得更远、更高。

对企业系统化的理解

将企业看作一个系统，这个没人反对。而从系统论的视角管理企业、运营企业，目前看，提的比较少。据我的观察和判断，目前的企业管理有“头疼医头、脚痛医脚”的嫌疑。随着知识和技术的不断发展，企业管理的系统论值得探讨。

系统论是研究系统的一般模式、结构和规律的学问，它研究各种系统的共同特征，并用数学方法定量地描述其功能，以寻求并确立适用于一切系统的原理、原则和数学模型，是一门具有逻辑和数学性质的科学。系统论、信息论、控制论俗称老三论。

作为一个系统，企业与外部环境和外部系统的交换关系可用一个非常简单的示意图（如图 2.1 所示）来表示。

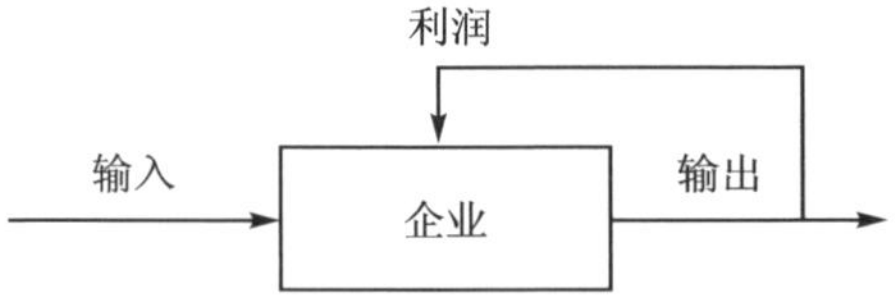

图 2.1　企业的系统论简图

这个图极度简化，目的是突出企业作为系统与外部系统交换的接口：输入接口、输出接口、利润回报接口，即三个要素。而企业内部的系统，也只完成一件事：从输入到输出的过程。这一过程如果能够产生利润，就是好的系统。

不同的企业输入的生产要素和生产资料有很大不同，但总体上都是资金流、物流两个部分，然后就是"如何加工"的千变万化了。

当企业处于发展初期，关注"劳动生产率"的时候，会涉及"劳动分工"理论和"生产线"的方式进步。

接下来，会涉及制度化管理理论，即以制度规范为基本手段来协助企业组织集体协作的管理方式。制度化管理是由德国管理学家马科斯·韦伯提出的。制度化管理的实质在于：以科学确定的制度规范为组织集体协作的基本机制，主要依靠个人以外的、科学合理的理性权威实行管理。

再然后，会涉及业务流程重组。业务流程重组（Business Process Reengineering，BPR）的概念最早由美国的迈克尔·哈默（Michael Hammer）和詹姆斯·钱皮（James Champy）提出，它是一种在20世纪90年代进入全盛时期的管理思想。它强调以业务流程为改造对象和中心，以关心客户的需求和满意度为目标，对现有的业务流程进行根本的再思考和彻底的再设计，利用先进的制造技术、信息技术以及现代的管理手段，最大限度地实现技术上的功能集成和管理上的职能集成，以打破传统的**职能型组织结构**，建立全新的过程型组织结构，从而实现企业经营在成本、质量、服务和速度等方面的戏剧性的改善。

上面的论述和分析，试图说明一件事：企业的管理在不断完善和进步，一直没有停下脚步。

然而，这些均可以概括为：如何提高企业的劳动生产率这一根本目标。

如果，以系统论来分析，企业仅仅不断提高自身的劳动生产率是不够的。是不是应该加大输入，寻求规模效益？为什么呢？是不是应该根据输出和利润的反馈来调整输入、调整劳动生产率？这又是为什么呢？

假设企业有非常高的劳动生产率，如果输入不足会怎样？如果输出不足会怎样？如果输入和输出都没有问题，利润会怎么变化？这些因素不是完全由企业的劳动生产率决定的。我们需要站在更高的层面观察企业的系统在社会的大系统中是否还有足够的存在价值，是否能够持续创造社会需要的价值。否则，企业的效率再高，如果社会不需要了，也是枉然。

系统论的要害在于：系统内外的边界和交换的定义。这就是说，相互关联的系统之间是互相制约的，是互助的，也是有竞争的。强调这一点的意义在于：设计一个企业的运营管理组织、制度、结构，应该从企业系统内外边界和系统间交换这些较高认识层次来规划考虑。换句话说就是，千篇一律的企业机构和管理模式已经过时了。

不同企业的系统的组成以及不同企业与外部系统的关系，有很大的不同。这就意味着，企业的管理必须是个性化的、系统化的，如此才可能是科学、高效的。

企业在生存期内会有很多问题（我们也称之为会生很多的疾病）。这不仅仅可能是企业自身的健康出现了问题，也可能是企业内部系统虽然很健康，但是企业在与外部环境和系统的边界进行交换的层面出现了问题。这种情况并不少见，当企业的产品质量、产量都没有问题，而销量出现问题的时候，实际可能是企业系统与外部系统的发展相背离，不再匹配了。

那么，探讨企业管理的系统论有什么意义呢？

我的判断是，系统论的层级高于先前的其他企业管理理论。至于如何建立企业管理的系统论，我还没有深入研究和思考下去，暂时也就没有办法回答。

构建企业的系统

企业里的每一个人、每一个部门都不能超越企业而存在，同时每一个人和每一个部门都是保持企业肌体生命力的元素并发挥着作用。一个人和一个部门的功能和作用的发挥必须依赖其他人和其他部门的功能和作用的发挥，这是将企业作为一个整体系统进行管理、观察、研究、评价的基础和要求。

因此，我们需要把企业作为一个系统来研究和对待，非常强调和突出企业的系统性，并全面审视和研究企业系统与外部环境的界面和交换能力等，而不采用更多地聚焦企业部门等传统管理方法中的研究方法和研究目标。

① 企业的决策系统（领导决策）。企业的决策系统确定企业的基本价值观，领导构建良好的企业文化，对企业各个分系统进行综合协调和管理，通过资源调配和政策制定，确保企业内各个系统间良好协作。亨利·明茨伯格（Henry Minzberg）强调经理工作对组织的巨大作用，指出经理在工作中担任的10种角色，并在此基础上将经理划分成了8种类型，这些都是企业决策系统中的重要角色和决策流程的重要参与者。他们应依据自己的工作特点，准确定位自己的类型，发挥对组织决策的相应作用。

② 企业的执行系统（管理服务）。企业的执行系统以企业决策系统的输出为依据，承担督查、督办、考核、反馈的职责，确保决策的执行到位。考虑到克里斯坦森指出的“良好的管理是导致这些企业衰败的原因”这一论断，在企业执行系统中，还应有一个执行实施“突破性创新”的职能部门。这一结论出人意料，但却非常合理。这些企业被顾客的意志所左右，勇于投资新技术，然后用这些技术向其顾客提供更多他们想要的更好的产品；它们认真研究市场趋势，系统地将资本投向那些可以保证最佳回报的创新上。在这样的原则下，积极投资于突破性创新不是这些企业的理智的财务决策，所以绩优企业反而难以应对突破性创新。克里斯坦森提出了一套突破性创新原则，主要内容是：创建一个围绕突破性技术的新的独立事业部门，不受主流客户的左右，而把自己融入那些需要突破性技术的产品的客户中。

③ 企业的生产系统（加工研制）。企业的生产系统在企业各类资源的支持和保障下，以生产产品或服务为使命，体现企业的劳动生产率。1993年，迈克尔·汉默（Michael Hammer）与詹姆斯·钱皮（James Champy）提出的企业业务流程重组概念，相对“劳动分工原理”和“制度化管理理论”等传统管理思想，更强调企业内部的充

分发展与合作。生产系统完全受制于决策系统和执行系统，被动接受资源的配置，主动权是最少的。

④ 企业的营销系统（市场开拓）。企业的营销系统以企业的产品和服务销售为目标，以市场为载体，实现企业生产价值和货币价值的转化。汤姆·彼得斯（Tom Peters）认为：全新销售时代将要到来。传统的销售战略强调得更多的是“我们的产品与竞争对手不同”，而未来的销售时代将是与顾客合作的时代。要合作，就要和顾客站在一起，为了顾客的利益销售，与顾客达成统一的目标、统一的战略，共同分享回报。

⑤ 企业的免疫系统（防范和自愈）。企业的免疫系统对于企业自身发展过程中出现的或潜在的问题及风险不断做出响应，体现企业经营发展的抵抗力。将企业当作有生命的物体应是贯彻全局的指导思路，因为两者在有些方面的确很像。企业有生有死，有老有病，也有进化和完善，一个企业在或短暂或漫长的生命周期中，只有能够防范问题或者能够正确解决出现的问题，才能保证长寿。对于任何一个企业而言，活着都是最基础的目标。我们将这种判断企业是否处于“亚健康”状态，是否正疾病缠身的自我完善和抵御风险的能力，统一归结到企业免疫系统的功能和责任方面。

首先，当系统设定完成，系统组成部分部署到位后，每个系统的运转都有管理决策与执行反馈的流程要求，因此从系统论的角度来说，企业的核心问题归根结底是确保各个系统顺畅运行并发挥作用。

其次，企业各个系统之间是相互协作的、不可分割的，组成企业系统的5大分系统对于确保企业的活力和持续发展能力，都有着不可替代的重要作用，而运行过程中各个系统之间的通信则是必不可少的。

最后，企业通过不断完善的系统化建设和运行，体现出对资源进行转化的能力、对客户提供服务和产品的能力、对未来变化的应对能力，反映出企业的价值。

有系统能力的企业才是有价值的企业。

一般性系统结构的定义

企业究竟由哪些要素组成？这些要素之间有什么关系，从而使得企业形成了一套有机系统，并能够生长发育、变强变大？

“不识庐山真面目，只缘身在此山中”，借用这句话的内涵，要想看透企业的组成本质，也应该站在企业外部来观察企业。我的意思是，对企业内部流程、组织、管理、模式的研究，不足以回答“企业究竟由哪些要素组成？”这一问题，从企业“内部”入手来观察和分析一个企业并不能看明白企业的全貌。

“盲人摸象”的故事家喻户晓。事实上，我们可以感知，对任何存在未知情况的事物进行分析和认识，都免不了会出现“盲人摸象”的情形，这与所处的角度和位置密切相关，谁也不能一下子看全、看准。

从以上两个基本观点出发，我们认为非常有可能在分析和认识“企业”的过程中，依然存在“庐山面目未明”“盲人摸象”的情况。之所以得出这样的结论，是因为虽然对于企业的研究开展得非常多，但是企业自身的发展也是非常快速的，很多理论的出现都有当时的历史条件和经济背景。

在此，我们提出这样一个命题：企业系统结构的一般性定义与应用。当然，如此也不能排除盲人摸象的嫌疑，而且也不一定是站在了能够观察到全局的视角和位置，我们只是认为通过提出这个命题，并将其与其他的各种视角、观点形成对比、交叉、融合，也许是有意义的。

已经有很多研究和指引指导企业家如何“在思路上走得更远一些”了。“不忘初心，方得始终”，思路必须时刻从企业的“原点”“源头”出发并可校准、回溯；否则，思路跑远了，也不是好事情，况且这种情况也是时有发生的。

那么，如何做到能够正确地让思路从企业的“原点”“源头”出发并可校准和回溯呢？

为此，我们以系统论为指导，以逻辑性为标准，以结构化为目标，提出了“企业系统结构的一般性定义和运用”的探讨命题。由此，在系统论的指导下，我们采取“分层”的逻辑思路设计、给出了企业的系统结构组成，在企业系统结构的一般性定义中，将企业的系统结构分为三层，同时结合《易经》中天、地、人三才的内涵，将其归纳描述如下。

第一层：支撑层（地，物以形之）。企业的创办、生长、发展、壮大，有一个支撑层的概念，就如同植物的生长一样需要“土壤”、生生不息一样。企业每一年相较上一年而言，终极的生命力源泉也需要来源于“支撑层（地）”。其中，研究和谈论最多的是企业的资源，还应该考虑把“股东、架构、领导”三个要素作为企业发展的支撑，这些是相对静态不常发生变化的，起到了作为支撑企业发展的基石的作用。

第二层：创造层（人，德以畜之）。这是管理学、管理手段研究比较多的层面，人是价值的唯一创造者。企业是靠人创造出来的，离开了创造，就不可能成为企业。对于创造层的人而言，有很多的研究成果讨论效率、流程、质量、绩效、考核、激励，等等，但是第一位的应该还是“德——各得其所欲也（黄石公）”，这样才能把企业做大、做强、做长。

第三层：价值层（天，势以成之）。企业的价值是企业的生命，企业创造价值的能力是企业基本的生命力。企业的价值必须在社会、客户、市场层面得到认可和接受，才能够变现并换取利润。需要企业考虑的是提供什么样的产品或服务才有价值，有什么样的价值，等等。这些都是从“产品”的角度思考“成本、利润、市场”，而缺少从“价值”的角度思考，这是企业价值观的问题，而不是企业产品观的问题。从这个层面讲，最重要的是趋势，趋势是企业家最忠诚的盟友，跟不上趋势就会满盘皆输。

以上阐述如表 2.1 所列。

表 2.1　企业的一般性系统结构定义

<table>
<tr><td rowspan="4">价值层</td><td>社会</td><td>企业的社会价值</td><td rowspan="4">价值观引领企业的发展方向</td><td>天</td><td rowspan="12">企业管理：贯穿上下</td></tr>
<tr><td>客户</td><td>产品的客户价值</td><td rowspan="3">势以成之</td></tr>
<tr><td>市场</td><td>产品价值的变现</td></tr>
<tr><td>服务</td><td>产品价值的催化</td></tr>
<tr><td rowspan="4">创造层</td><td>输出</td><td>企业的产品或服务</td><td rowspan="4">创造出价值是企业的本质</td><td>人</td></tr>
<tr><td>执行</td><td>企业的运营与控制</td><td rowspan="3">德以畜之</td></tr>
<tr><td>决策</td><td>企业运营管理的大脑</td></tr>
<tr><td>团队</td><td>企业的创造者</td></tr>
<tr><td rowspan="4">支撑层</td><td>领导</td><td>企业的领头羊</td><td rowspan="4">企业生长的土壤环境</td><td>地</td></tr>
<tr><td>架构</td><td>企业组织机构</td><td rowspan="3">物以形之</td></tr>
<tr><td>股东</td><td>企业的投资人</td></tr>
<tr><td>资源</td><td>企业生生不息的根</td></tr>
</table>

“基础不牢，地动山摇。”对企业系统结构的一般性定义，目的是提供一个牢固的“思想认知”基础，以便在遇到问题、创新发展过程中，能够时刻从这个基础点出发，寻找战略机遇。而其应用，也主要是指导企业的战略制定和战略执行。

“顶天立地，事在人为。”从企业系统结构的一般性定义中的层级结构，可以看出所有企业的战略都可以概括为这句话。“顶天”就是做好“价值层”的战略规划，把握趋势、跟进形式、满足价值、做好服务等；“立地”就是做好“支撑层”的战略规划，夯实基础、充实资源、稳定机构，等等；“人为”就是要能够充分发挥每个人的创造力，做好“创造层”的规划，在“人为”层面上的战略规划尤其重要，不然即使顶天立地了，人都不作为、不努力，一样没有用。

指导企业如何制定战略和实施的文字可以说非常多，五花八门；但是，若是没有从真正的“根本”上出发，这些战略指导以及参照制定的战略，多半是用处不大的，就如同我们坊间所说的“战略规划变成了战略鬼话”。什么是企业制定战略的“根”呢？这就回到了我们为什么提出“企业系统结构的一般性定义和运用”的出发点和目标了，企业战略制定的“根”就是“企业的系统结构”在实际情形下的实例化。结构，是一切事物的“根”，比如建筑、比如化学分子式、比如软硬件，再比如人体机构，等等。

价值观引领企业发展

价值观一般用在“人”身上，用在企业身上的情形比较少见。我一直以来积极倡导和探寻把企业看作人——有生命，有健康，有疾病，有情感，当然也更有价值观。

因为人需要有精神，所以企业也需要有精神。坚持自己的价值观，持之以恒地追求和实现它，这种精神就是企业精神，或者说企业有精神。记住，这与企业家精神是不同的，企业家精神是人的一种精神。企业的精神就是企业为了坚持和实现自己的价值观而不懈努力的行为和品格。

所以，价值观引领企业发展。

这里需要对企业的价值观做一下定义和说明，然后再分析其引领性。

企业的价值观包含了企业的社会价值定位、企业的客户价值定位、企业产品的市场价格定位、企业对客户的服务价值定位四个方面，它在企业的一般性系统结构定义中，处于企业的“价值层”。如何定位和实现价值，则体现了一个企业的价值观。

企业均有一定的社会价值

人是社会性的，企业更是社会性的。人可以孤独，企业则不可以孤独。企业必然会体现出一种社会价值。在领导企业谋求发展的过程中，清楚地认识和坚持实现企业的社会价值尤为重要。为什么寺庙是最长寿的组织？是因为寺庙充分体现和坚持弘扬了其纯粹的社会价值，甚至没有一点对经济价值的追求。这种情况表明，企业充分发挥好自身的社会价值是多么重要。

企业的社会价值包含众多，暂且罗列如下，以供参考：

- 创造财富；
- 提供就业；
- 满足需求；
- 促进经济；
- 培养人才；
- 创造需求。

创造财富是企业第一位的社会价值，以此为基础，其他的社会价值才得以成立和发挥作用。而隐含的第二个社会价值是促进经济，一个社会的经济发展依赖所有企业集体创造财富的能力，并通过企业的组织形式，将财富分配给企业的每位员工，实现对每个人的经济价值的社会化变现。

企业的客户价值是核心

企业的社会价值主体是创造财富，那依靠什么来实现呢？其依靠就是在客户眼中，企业提供的产品或服务能够被接受。

企业把产品做出来了，就完成了价值的创造（也许是浪费）。但这些产品是给客户用的，价值需要在客户端变现，只有这样企业创造财富的主体社会价值才能够实现。

客户对于企业产品价值的认定是非同寻常的。有时偏低、有时偏高，有时甚至是狂热的。这又是为什么呢？这是因为企业的品牌价值与企业的产品价值形成了损益关系。

假定，企业的品牌价值是“阳性”，企业的产品价值是“阴性”，这样就可以用阴阳相生相克的传统文化理念来指导了。同时，为了打造品牌增加“阳性”，必然会消耗企业有限的资金，从而就可能影响产品价值，造成阳盛而阴衰的局面。各种情况，都可依此类推。

现将企业的部分客户价值罗列如下，以供参考：

- 品牌；
- 功效；
- 价格；
- 服务；
- 维保；
- 口碑。

不同产品的功效或者品牌交替处于企业的客户价值的第一位。有时，客户就是冲着品牌去的；有时，客户就是冲着功效去的。通常，品牌与功效叠加的产品，就是几乎可以垄断或相对垄断市场的产品了。

企业产品的价格是撒手锏

无法否认一个事实，价格是影响客户选择的第一影响要素（尤其是当品牌大而消费群体小时）。根据经济学的基本原理，要实现在市场上的交易有两个基础：①垄断；②低价。这也就是说，要么大家只能买你的东西，要么大家更愿意购买便宜的东西。

企业产品定价的终极手段是免费。

在互联网出现之前，什么是免费的模式呢？还是前面提到的寺庙，进寺庙是免费的（现在也不尽然了），所以免费不是互联网出现后才有的模式，而是互联网给了更多提供免费产品或服务的机会。

价格是价值的交易结果，并不如实地反映价值，价格总是忽高忽低。

企业产品的价格波动情形有：

- 定价过高；
- 定价过低；
- 市场价低；
- 市场价高；
- 定价为零；
- 销售为零。

这些都反映了企业的一种策略。企业如何确定价格、坚持价格、得到认可、占领市场，就是企业的又一种价值观。

企业对客户服务的价值是正反馈

这里的服务专指售后服务。即便企业以提供服务为主要方式，也有服务的售后服务一说。比如，保险既是一种产品也是一种金融服务。在客户购买了保险之后，跟进的服务是否好，对于保险公司而言是非常重要的。有时，我们会发现，购买了保险之后，服务却不知去了哪里。这就是保险公司忽视了服务的售后服务现象。

通常，服务是企业的额外支出，而且是不容易确定成本的支出。所以，企业做好服务，总是步履艰难。

那么，服务有什么价值呢？

服务的价值在于企业对自身提供的产品的担当、责任，从而体现为企业对客户的态度、尊重、重视，也直接影响到企业的客户满意度、客户忠诚度、客户流失率，等等。

因为客户无价，所以与服务付出相比，提供良好的服务所产生的成本总是会换回超预期的回报的，这一点是真理。

企业对客户服务的价值众多，现罗列其中的一部分：

- 服务态度；
- 服务时效；
- 服务价格；
- 服务水平；
- 服务网点；
- 找到服务的难易；
- 服务跟踪。

随着互联网时代的发展，一个差评可以放大很多倍并影响到企业的信誉。所以，服务对于任何企业而言，在未来都是越来越重要的。

服务这件事很难讲。企业总有服务不到、服务不令顾客满意的时候，过去也有所谓“店大欺客”的古语。现在的时代，任何一个小小的服务质量问题，都有可能引爆大的负面影响，也即蝴蝶效应越来越容易通过互联网发生。

持之以恒地坚持某种良好的价值观，是确保企业能够健康发展的精神支柱和动力源泉。

产品价值的再认识

在传统观念里，产品的价值是由社会必要劳动时间决定的，由此出现了剩余价值这一经济学理论。今天，特别是随着互联网时代的开启，产品的价值要素和形态已经发生了许多变化，如何衡量和定位企业产品的价值再一次需要提出来讨论。

企业通过制造有价值的产品或者提供有价值的服务来获得利润，创造财富。因此，产品价值的定位是企业的核心工作之一。由于价值决定了价格，所以企业自身是否有价值，很大程度上由产品的价值和用户的数量来决定。

企业需要做有价值的事情，狭义的理解就是企业要提供最有价值的产品。这也是讨论和定义产品价值的意义所在。

产品的第一个价值是“功能满足需求”。

企业根据对需求的了解、掌握，设计、研制、生产具有对应功能的产品（或服务），这是产品价值的第一属性。这给我们的启示是，衡量一个产品好不好，需要看**功能与需求**的匹配度。一个方向是需求驱动，另一个方向是技术驱动，从而使得产品更有价值。

产品的第二个价值是“功能引领需求”。

企业通过长期的调研、投入、研发等手段，开发出了具有新功能的产品（相对于市场上的其他产品和当前用户普遍提出的需求而言），这样这款产品就具备了引领需求的功能，客观上也会提高人们的生活水平和工作质量。

产品有价值还不等于产品有客户、有价格，这需要经过在市场上的交易才能够完成。

再换一个维度，产品的价值还可以描述为：

- 功能价值；
- 时间价值；
- 技术价值；
- 品牌价值；
- 稀缺价值；
- 创新价值；
- 垄断价值；
- 欣赏价值。

上面的这些价值都包含了“功能满足需求”或“功能引领需求”，它们之家是纵横交错的关系。

那么，什么是产品的核心价值呢？

- 对于耐用品而言，产品的功能价值是核心价值；
- 对于快速迭代的消费品而言，产品的技术价值是核心价值；
- 对于充分竞争市场的产品而言，产品的品牌价值是核心价值；
- 对于新上市开拓市场的产品而言，产品的创新价值是核心价值。

总之，产品所处的阶段不同、市场条件不同、行业领域不同，其核心的价值也会不同。当然，基础的功能和可靠是必须的要求。

产品的价格

工业制造品的价格是由成本决定的，它附带有一定的技术专利附加值，由此可以知道工业制造品的利润空间不大，并且主要由技术水平决定。

农产品的价格是由市场决定的，其几乎没有技术附加值，由此可知在农业生产端，农产品的利润是非常少的。

其他，如珠宝、字画、艺术品等的价格，由于需求端的差异性导致了价格与功能性需求是脱节的，产品的价格完全由需求决定，而不是由功能决定。

高技术产品的价格几乎都是由其技术水平决定的，有时在其技术垄断期间，这类产品甚至可以实行垄断价格。所以，必然会形成由低技术到高技术的升级发展趋势。

当然，实际上在市场中价格的形成机制是非常复杂的，核心是价值，但价值本身的衡量也不是标准化的。所以，对于市场中充分流通的商品，我们可以认为其价格就是价值。

未来唯有靠技术创新发展

价值是创造出来的，而创造的过程中劳动力、自然资源、物质资源、技术知识是四个核心要素。所以可以看到，这其中最大的变数就是“技术知识”，有技术、有知识，才能够创造更大的价值。

知识可以改变人类的未来，而技术可以创造人类的未来。

企业文化是决定性的力量

文化的决定性作用不仅仅表现在企业身上，从民族到国家，从精神到物质，文化都是有决定性作用的。只不过是，在我们经营企业、管理企业的过程中，这种文化的影响多是隐性的，可能我们在不知道的情况下就遵从了某种文化的潜在影响。这种影响有好有坏。所以，企业文化的建设和管理，就是发扬传统中的好的部分，摒弃传统中的不好的部分。

文化传统

文化传统的价值是核心价值，这个核心价值决定了企业的价值观、价值取向。所以，企业要做有价值的事情，必然要遵从文化传统中的价值观。对于跨文化传统区域经营的企业而言，比如国际化企业，更是如此。

之所以称为传统，就是因为它是长期积累下来的共同意识、共同规范；在文化领域，它包含了思想、精神、认知、人情、关系、责任，等等。

长期形成的传统，潜移默化地影响着每个人、每件事、每个企业。这种影响的发生多半是隐性的。

企业在创造价值、实现价值、成就员工的过程中，如何把握和利用好这种潜移默化的影响是十分重要的，应该越来越受到重视。

企业的长寿及长期健康发展，也有赖于企业对自身文化传统的传承及与社会文化传统的相适应程度。

我们的文化传统的影响力非常强大，也是当今世界上连续传承时间最长的文化传统之一。概括起来就是：它是“情感文化”维系的体系；然后，在情感文化体系里面再讲各种道理，核心的社会思想就是以儒家思想为主的。

所以，我们认为，中国的企业不能脱离情感文化的传统，不能不讲情感文化的传统，这是由我们的民族特质决定的。讲情感文化不等于讲情面，不等于不讲理。但是，仅仅讲以理服人、以制度管人、以规范约束人，而不讲情感文化，是与中国文化传统相悖的。

这个文化特质好不好呢？

不论好不好，现在就是这样，未来也应该是这样。

随着时代的发展，这种文化传统中自然也会融入新的要素。而中国文化传统的融合和包容能力又是最强的，最终会逐步改进和完善自身。

企业文化

现在对企业与文化的关系讨论和研究越来越多。它们的结合点不仅仅是企业文化这个狭义的范畴。

企业强，强在其文化。创新需要一种创新文化；齐心需要一种充满人文氛围的文化；奉献需要一种激励文化。

把企业的强大归因于企业的文化，是有一定道理的，也是很具有建设性意义的。因为，企业的技术、团队、资源随着时间的变化都会变化——或变好，或变坏，而制约或推动这种变化的方向的力量则是企业的文化。

我们如果把一个人描述为有文化的，则很容易接受这个人是比较优秀的这一结论。如果我们说一个企业很有文化，那表明我们对这一企业有很高的评价。

企业的文化有哪些脉络呢？

首先是精神层面的。它包含了企业家精神（创新精神、冒险精神）、员工的精神面貌。精神饱满、干劲足的企业体现出来的精神面貌是全部企业文化的核心和引领。

其次是制度层面的。企业会制定各种制度。前面谈到了“制度为绳”，那么制度的好坏到底有多重要？比如：劣币驱逐良币、奖罚不明，这些现象是否常见，都是由制度层面的情况决定的。制度好又规范就会体现为企业管理的艺术和管理的文化，而这绝不是把人当成一个一个简单的劳动力，仅仅考察投入产出那么简单。如果真这么做，那么这个企业肯定是没有文化的企业。

最后是人文层面的。企业归根结底是要把一群人组织在一起的。人在企业里面又被设置在不同的岗位，有人就说这就是问题的根源——岗位高低影响了人的高低贵贱。这是最要不得的。在企业里要树立这种观点：每个人都是不可或缺的、都是唯一合适的。企业如何重视、关怀一个人，反过来，人就如何重视和关怀这个企业，这种对等的相互作用是企业创造良好人文关怀文化的本质要求和目标。

什么是文化？

其实，文化就是体现在行动中的规范性——在集体行动中体现良好的规范化，在个人行为中体现良好的规矩遵从。首先，规范和规矩会不断发展，在这个过程中，每个人都能够自觉提升自我，遵守规范、遵从规矩，这就是好的企业文化。其次，否定自己的“创新性”，从不断改变和突破自我的层面寻求新的发展机遇，这种重视创新的文化也越来越受到重视。

就企业自身的使命和价值来说，企业的第一种文化就应该是重视创新的文化。

唯有支持创新、发展创新的企业，才能够持续具有竞争力、生命力，才能够在不断的挑战和变化来临时，成功应对、顺利过关。

有了创新的文化，我想，各种问题都会迎刃而解。

人人都敢于尝试、敢于突破、敢于提出意见，这种集思广益、群体性探索实践产生的力量，比任何有组织的创新研发都有战斗力。人是创造的根本，放开了去创造，还是有限度地支持创造，抑或根本就是束缚了创造，将会对企业产生非常深远的影响。

创新的文化是自上而下建立的。

为什么企业家精神越来越被重视呢？首先，企业家精神的核心就是“冒险精神”和“创新精神”——一方面是要敢干，一方面是要敢创。

所以，企业的文化主要包括：

① **企业精神**——企业的价值观定位，即企业要创造什么价值；

② **企业家精神**——企业如何创造价值，即企业要敢干、敢创；

③ **创新精神**——形成有秩序的创新文化氛围，最大限度地支持探索尝试；

④ **人文精神**——企业应该关心每个员工，并且应该不断努力做好这一点。

文化的力量

文化——以文化人，核心是一个“化”字，此为文化的力量。何为文？文即文明。文明是对规则、道德、法则、规律坚持和遵从的程度，程度越高越文明。

化的力量有多大？中国传统文化中的核心思想就是由“化”而生成的。道生一，是一种化；虚生实也是一种化；深刻了解“化”的内涵，可以解天下所有的事情。

文化，文明的程度。文明就是对规则、道德、法则、规律的遵从。所以，企业的文化中就应该鲜明地主张规则而不是潜规则、道德而不是不道德、法则而不是违法违纪、规律而不是盲目瞎干。

所以，我认为，有文化的企业其实就是文明的企业。企业文化的力量就是用文明的约束化企业自身。

这些在企业运营管理中已经越来越受重视了。我们在寻求很多现象和问题的终极解决方案时，都会发现它们其实是企业不够文明造成的。而所谓的执行力、规范制度建设，都是较低层次的对企业文明化企业自身的理解，它们的高度、广度、深度应该说都是不够的。

企业没有文化，员工有文化又有何用？

企业不按规律办事，不探寻产业规律、业务规律、技术规律、需求变化规律，就是不文明的，怎么可以做大做强做长？依此类推，其他几个方面也是如此的情形。

所以，企业文化的核心是企业自身对文明的建设和遵从的程度。只有明确何为企业追求的最高文明形态，才能使每个员工按照这个要求形态不断提升自己的“文化”——不仅仅是知识，而且大多数情况下也不是知识这个层面。知识仅仅是促进文化发展的基础之一，有知识不一定有文化，有文化不一定有知识。按照上面的逻辑，就是这个样子的。

这种文化的力量是企业不断发展的终极力量。

精神与文化是“第一创新力”

做任何事情都讲究合力、强调合作。如果我们有一个仪器可以测量企业内部有哪些合力、有哪些力的合作，那么要做的第一件事就是判断哪些力是最重要的，是需要认真测量和形成合力的，又有哪些力是次要的，是可以根据大局发展的方向割舍放弃的。

根据物理学中的基本概念可知，形成合力大体有三个要素：力的大小、力的方向和着力点。

基于以上思考，我们提出“精神与文化是第一创新力”，这是为了说明，在企业内部发展的各种力量组合中，非常重要的就是创新能力、创新力。

在分析“创新力”之前，我们先回顾一下，企业发展的另外两个强大无比的力量：科学技术的力量与金融资本的力量。

“科学技术是生产力。”是马克思主义的基本观点之一。马克思曾指出：“生产力中也包括科学”，并且说“固定资本的发展表明，一般社会知识，已经在多么大的程度上变成了直接的生产力。”马克思还深刻地指出：“社会劳动生产力，首先是科学的力量”“大工业把巨大的自然力和自然科学并入生产过程，必然大大提高劳动生产率。”

1988 年 9 月，邓小平根据当时科学技术发展的趋势和现状，提出了“科学技术是第一生产力”的论断。“科学技术是第一生产力”，既是现代科学技术发展的重要特点，也是科学技术发展的必然结果。

“货币资本是第一推动力。”这是马克思在《资本论》中提出的结论。对这个，我的认识比较肤浅，简单理解就是我们做任何事，特别是办企业、发展经济，没有货币资本都是根本不可能的。在企业内部，没有货币资本的投入，任何事情都动不起来，这也是常识和常理。

只凭这两种力量够不够推动企业发展？我的看法是不够，至少缺少了对精神与文化层面的高度关注，而在新的形势下、在社会文明不断进步的情况下，企业这样是发展不起来的。当然，企业总是希望自己能够获得的力量越多越好。

所以，我也给企业家提示一种新的力量的源泉：精神与文化。

那么企业精神与文化建设映射到企业发展的力量中去时，其具体作用的表现形式是什么呢？

为此，我们提出“精神与文化是第一创新力”，因为它们能够推动企业创新，推动企业基业长青传承不断，能够凝聚企业所有参与者的思想和认知，从而能够形成最大的合力。

“人和”，主要是“心合”。大家的心都靠拢在一起，都往一处想，劲都往一处使，这样形成的合力在方向上保持了最大的一致性，就会带来最好的效果。要做到“人和”，只能靠精神文化层面的追求和伟大，并以高度鲜明的认知和理想求同存异。

“精神”是非常玄奥关键的要素。一个人常常会因为精神不好而睡不好、吃不香。

企业也有一个精神头的问题，当企业的精神头不好时，一样会出问题。由于组织运行的惯性，企业“精神”头不好主要会影响企业的创新力——创新精神、冒险精神、担当精神，等等。

“文化”亦是非常玄奥关键的要素。对于人而言，“没有文化好可怕”；对于企业而言，同样是这样。没有文化的企业已经不适应当前社会形势的发展了，会逐步衰落、被淘汰。企业的文化包含很多层面，这里我们不展开来讲，但重点提几个：是否公平、是否鼓励失败、是否鼓励异见，等等。我们同样可以判断，企业缺少文化产生的影响也主要体现在创新力方面。

为什么都体现在创新力方面呢？

这是因为，当企业设立、由小到大，乃至发展到一定规模的时候，企业在精神与文化方面的建设的差异产生的影响不会十分严重，因为此时的企业发展主要靠“能力”，但随着发展的时间长了、发展规模大了等情况的变化，就会有很多企业本来好好的却突然不行了，或者感到越来越吃力了，就像生病了一样。

但是，此时企业的病，是以前就落下了的。因为当前的“能力”都是由在此之前企业在“潜力”方面的投入决定的，企业的能力无法凭空产生，也不会一成不变，只能通过创新发展和潜力挖掘不断积累提升。

而要避免企业生病或要治好病，从根本上就是要有“精神”有“文化”，否则企业的病只能属于不治之症。

要预防企业生病，就要时时重视创新，重视否定自己的成就、企业的成就，而这正是一种非常难能可贵的企业家精神。

“老一辈做企业的，是离不开管仲讲的‘礼义廉耻，国之四维’的，他们自己在内心建立这个文化的基础。”“现在我们话说回来了，企业也要反思了，企业的基础在文化。”（南怀瑾讲述，东方出版社 2017 年出版的《漫谈中国文化——金融·企业·国学》）

“礼义廉耻，国之四维”，意思是由礼义廉耻四个字组成的基础文化，构成了建设国家的四个维度。企业同样是以文化建设为基础的，这个基础不牢，就会导致企业的发展地动山摇。

第三章　企业可以实现自身价值的最大化吗

企业实现自身价值的最大化，有两个驱动也即两个价值逻辑。其中，内在驱动为因——得果，外在驱动为本——得势，而得势之后更有利于得果。如果，仅仅将结果当作企业价值最大化的目标，是不利于企业发展的，特别是在重大战略转折周期，会遇到极大的挑战和困难；如果，仅仅将得势作为企业价值最大化的目标，则会显得过于虚无——若不能转化为成果，则得到的势也很容易失去，甚至会得不偿失。因此，打铁需要自身硬，顺势而为才可为。

企业日常，聚焦得果；企业非常，聚焦得势。

先说说价值最大化本身

我们经常在很多场合听到“价值最大化”这个描述。乍听起来，这个描述清晰、简单、易懂。但是，怕是因为过于认为其易懂，从而造成了很多的误导。

价值有主客体，以企业价值最大化为例，其客体是企业，主体是企业股东。寻求企业价值最大化与寻求股东权益最大化之间是一致的吗？对于企业生产的产品的价值而言，其主体是消费者（客户），客体是产品，寻求消费者端的产品价值最大化与企业价值、股东权益最大化是一致的吗？很多时候，并不一致。关于客体价值与主体价值对于企业价值最大化的诉求经常是不一致的。

首先，来看企业价值。对于股东而言，企业的价值就是其所有者的权益，企业价值的最大化就是其股东权益的最大化。当企业经营者为了提升企业的技术水平、拓展市场、扩大团队规模时，企业所有者的权益将显著减小，从当期表现来看就会与股东权益的最大化相互矛盾。这时就需要抉择了：是加大投入，还是保证股东的权益？是说服股东，还是股东否决经营计划？这些都是时常发生的事情。

其次，来看产品价值。消费者(客户)希望产品提供的价值是最大化的，而自己需要付出的价格成本则越低越好。当企业一味地满足消费者关于产品价值最大化的各种需求时，投入和成本就会增加，并面临利润减小的风险。当然，这么做可以扩大产品的销售规模，从而提升企业的价值。

当价值处于最大化时，价值主体的利益也一定是最大化的。价值主体的利益最大化，有以下几种情况：

① 股东的权益最大化；

② 经营团队的权益最大化；

③ 管理团队的权益最大化；

④ 消费者的权益最大化；

⑤ 企业员工的权益最大化；

⑥ 合作伙伴的权益最大化。

没有价值就不可能变现，不能变现就不能实现利益最大化，甚至会导致企业衰败、倒闭。所以，追求价值最大化，是实现企业价值、产品价值变现的最高指引，只是需要通盘考虑，而不能出现偏颇、失衡、疏漏。

企业自身价值最大化的控制要素

价值最大化只是一个概念，谁也无法将它定量，它只是一个平衡的结果。所以，平衡的结果就是所有的利益相关者都必须认同企业价值最大化是各方共同的最优选择。

企业不是为了“提现”的，企业能够给投资人、管理者、员工提供现金回报是关键，但这不是它的使命。企业的使命是“创造价值”，是社会对企业价值认可后给予企业现金回报，才使得企业具有“提现的功能”。所以，创造更大价值、实现企业价值最大化，落脚点在“创造”一事。

企业价值最大化就是通过提升和实现企业的创造力来实现的。创造力实际上是指创新能力和生产制造能力的合力。

提升和实现企业的创造力，也是经营发展中各要素平衡的结果。那么，有哪些要素需要平衡呢？把企业价值最大化的两个驱动(内在和外在)和两个逻辑(得果和得势)放在一起综合考量，就会发现有五个决定性要素，分别是：成本、利润、风险、创新和趋势(如图 3.1 所示)。

成本是企业实现企业价值最大化的基石。按照可控投资回报率，理论上，投入越多回报就越多。但事实上，投资回报率不是线性函数。成本可分为固定成本和可变

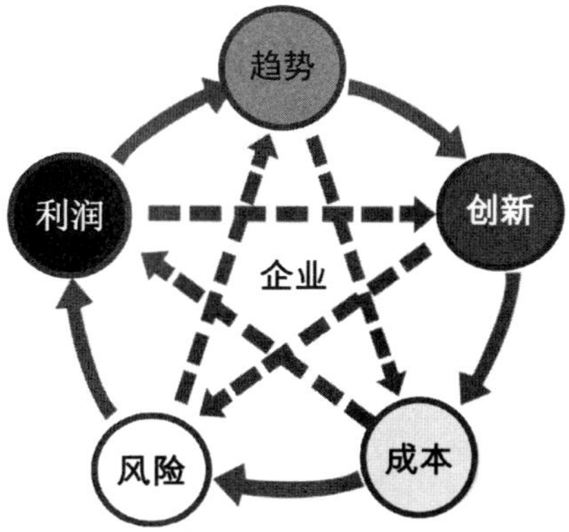

图 3.1　企业价值最大化的五个决定性要素

成本，企业实现价值最大化的核心是要在如何投入可变成本上领先一筹。就投资回报率来说，能够付出的成本越多，提升企业价值的机会就越多。把成本提出来讲的核心希望是提示如何“控制”，但不能将“控制”简单理解为“限制”，因为限制成本是不会促使企业发展的。

利润是企业实现价值最大化的命脉。企业作为生命体，其生命的延续必然要依赖可靠的、可持续的利润。由于不同行业自身的原因，各行业内的企业实现利润的水平是很难突破的，而此时这些行业就被称为传统行业了。利润是靠投入转化的，没有成本的投入，就不会有利润；成本的投入越大，利润才有可能越大。当然，这里就出现了越来越大的风险。利润的大规模增长、较高的投资回报率，一定是在竞争较小的市场里面实现的。而要实现这个目标，只有依赖技术创新。

风险主要是由成本和创新造成的。如果什么都不干，理论上就没有风险了，但会慢慢耗死；企业为了价值最大化，没有不选择加大投入的，如此风险也就紧跟而来了。所以，收益与风险是紧紧相伴的。更严峻的问题是，仅仅靠扩大投资规模是很难实现企业价值最大化的，必须在提高效率方面加大投入，才能实现更高水平的盈利。风险是企业的风铃，也可以说是企业的药引子。

创新是提高效率的唯一途径。创新的内涵是非常丰富的，绝不仅仅是技术创新。对于企业而言，创新包括管理创新、文化创新、制度创新、模式创新、产品创新、市场创新、机制创新、技术创新、应用创新、集成创新，等等。所以，创新可以说是企业的灵魂，也可以说是企业的营养液。企业不创新，就如同没有营养摄入，会慢慢衰老而死；企业不当创新，就如同一下子摄入过量的营养液，会很快中毒而死。创新之难点也就在于此——如何恰当地创新。

趋势是企业实现价值最大化最忠诚的盟友。趋势不是一天形成的，某些行业的发展趋势是具有固定不变的周期的。道理上讲是顺势而为、乘势而上、趋势制胜，实际上因身处其中，能感受到趋势变化的企业并不多。只有对突然发生的趋势变化，所有企业才能更容易感知到。这给予我们的启发是，守业的企业要细致入微地感知趋势的变化，创业的企业要追随趋势渐成的行业领域。过去讲“三十年河东，三十年河西”，现在由于技术的日新月异，甚至可以讲“十年河东，十年河西”了。所以，能够一直把握住趋势是很难的。

企业健康是企业价值最大化的唯一目标

关于企业健康的研究有一些，但不多。企业健康作为核心重点问题的提法也不多。本书特别把企业健康问题提出来，并指出企业健康是统领企业实现其价值最大化的唯一目标——有健康才有未来。我们很难知道准确的企业价值——我们看到的都是企业的估值，企业的估值是企业价值的“影子”，企业健康是企业价值的“顶梁柱”，若失去了健康的顶梁柱，影子也许还在，但企业可能已经濒临灭亡了。

图 3.2 是企业创造价值的三个着力点示意图。

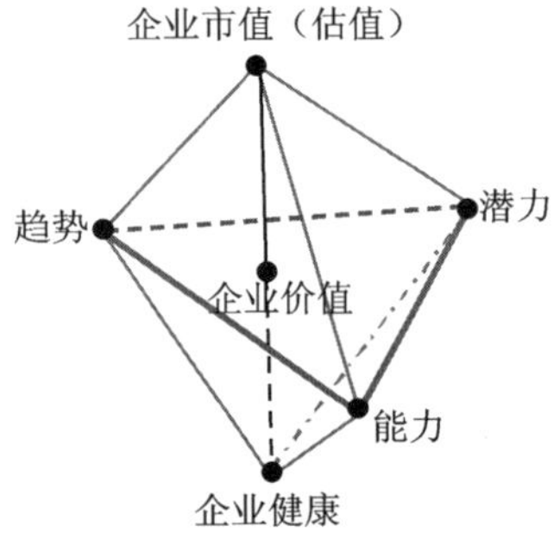

图 3.2　企业创造价值的三个着力点

企业的健康是所有平衡下来的要实现的目标，企业的健康是企业价值最大化应该明确的目标，企业有健康才有未来。

谈企业的生，自然需要谈企业的死。同样的道理，企业的生死之间是客观存在的对立统一关系。我们常看到很多企业家大谈特谈企业会发展得如何如何好、如何如何赚钱、如何如何腾达，等等；但是，我们有多少机会看到企业家大谈特谈企业如何死呢？

企业的死不是应该避讳的话题，也没有必要避讳。有生就有死，万物皆如是。那么企业因何而死呢？回答这个问题，也有一个逻辑思考路径和方法。其一，企业的死亡如何判定呢？企业的命没了，企业就死了；企业的价值就是企业的命，所以企业的价值没了，企业就死了。其二，为什么企业的价值会没有了呢？一个企业对于投资人、对于市场、对于客户、对于社会、对于创造没有了价值，就必然会倒闭。其三，好好的企业怎么就会没有了价值呢？这其中有必然也有偶然。所谓必然，就是全行业的“倒闭”。随着社会的发展，我们会发现有些行业在社会上就不存在了，处于这样的行业的企业，随之必然会死掉；所谓偶然，就是行业还在产业还好，但企业自身的问题导致了其死亡。

能够深刻认识到企业是如何死的，对于指导企业如何生、如何长、如何壮大，是非常有意义的。所以，我们做出了初步的概括：简单说就是企业因病而衰，因不治而死。由此进一步分析也就容易想到什么是企业的病因、病理、病症、医药、健康等了。这些问题，我们认为是客观存在的；要全面正确地回答完这些问题，可能需要很长的时间——十年、几十年，乃至更多年。

治疗企业疾病的方法短期内无法像人类医学一样发达和有效，我们觉得只能从提出和实践企业的健康体检入手，从企业的创新研究入手，以试图解决两个问题：①检查、检测、预判、预警；②提供营养与配方，然后，在可能的情况下，进行积累和沉淀，一步一步去探寻企业得病乃至死亡的病因、病理，可用的医药以及如何医治的问题，这是一个逻辑思考过程，也是一个方法论设计。

化之效率是关键

我以为，企业用哲学的思想来认识就是化物，用管理学的思想来认识就是组织，用经济学的思想来认识就是效益，用社会学的观点来认识就是服务。

企业就是实现“化”的组织，并且主要的是“化”物，次之的是“化”人。就化“物”而言，核心就是效率，因为有效率才有价值。改革开放后的深圳蛇口，不是有一个口号吗——“时间就是生命，效率就是金钱”，这种对效率的认知是深刻的，描述是简朴的。而对于“效率”，本书给予了进一步简化抽象——将其定义为“转化的快速完成”。当然，从更广的视角看，它还可以包含工作的效率、办事的效率、开会的效率、沟通的效率，等等。其实若用“化”字来概括，也并无不妥。

化是变之成，变是化之因。

万物皆是由变而化，企业也不例外。而且，企业的核心目标就是如何实现“转化”的效率。这个提法是普遍共识，而“化之效率是关键”则是大胆假设。

企业生产的产品、提供的服务，不是天然存在的，需要一个加工和提供的过程。这个过程其实是一种化学反应——物的形态和属性都发生了变化，并不是简单地用“生产”“加工”可以描述清楚的。

企业转化的模式有很多，比如：

① 把原材料变成产品；

② 把劳动变成服务；

③ 把资本变成资金；

④ 把技术变成性能、功能；

⑤ 把旧的变成新的；

⑥ 把不存在的变成存在的。

看似最简单的物流行业，似乎只是在“搬运”，但是其实也是在发生化学反应，调度、配货、仓储、运输等的融入，使得行业成为行业，成为产业。这绝对不是简单的搬运。

大家都在“化”，而比拼的则是效率。

首先要有经济效率，即企业通过转化，具有经济性，创造出额外的价值附加在产品或服务上，得到市场的认可。

其次要有运营效率，即通过规模供应，形成有效的市场供给，如此企业才能是可运营的、有效率的。

再次要有管理效率，即通过高效的管理，形成固定流程、规范、程序，实现时间、空间的增效，从而产生效率。

因为是化学反应，所以是不容易表述清楚的。

企业转化的反应中，有很多催化剂，有很多反应变量，也有很多异常和副作用，这些都符合化学反应的特点。这样大胆假设和提出新的概念，是希望阐述一种理念即企业的内功如何提高，核心还不是看得见的部分，而是很多看不见的反应在发挥关键作用。

最直接的，是生产效率。经济学领域对这个研究得很多。使用这一概念，可以充分说明“化之效率是关键”的命题和论断。

企业的输入与输出

企业内部的运转运作非常复杂。但是可以把企业简单抽象地理解为：持续地完成一组输入到一组输出的转化机构。

企业的输入大体有：人力、智力、物料、设备、场地、资金、资源、精神、文化。

企业的输出大体有：产品、服务、浪费、污染、排放、精神、文化。

我们总是听到“企业管理”“执行力”“商业模式”等热门词汇，但其本质纹理是什么呢？比如，管理是管输入还是管输出，抑或是管转化？输入如何影响输出？输出如何影响输入？输入如何转化成输出？

所以，企业的系统论和系统组织建设是未来的课题。而系统对外的接口就是输入、输出，系统内部就是转化。

在输入端，当前存在的问题是：对智力、资源、精神、文化的输入不够重视，不构成体系，缺乏机制、程序，更缺乏检验、矫正。

在输出端，当前存在的问题是：对浪费、污染、排放曾经普遍不重视，对企业输出并展现的精神、文化也曾经普遍不重视。

企业的转化，归根结底是怎么完成的？靠人。

所以，企业必须讲精神、讲文化。如果有一天一个企业全部使用人工智能了，变成无人工厂了，那么这样的企业就不需要讲精神、讲文化了吗？一定还是要讲的，只不过要讲的是企业的产品、服务是否满足了人们的精神文化需求。

把握好、梳理清楚、控制好输入输出是实现企业转化效率的基础，在这个基础之上，才能再说企业的内在、内功、内化。

所以，化之关键是效率。

追本溯源，我们重点分析和罗列一下企业的输入投入内容（如表3.1所列），并希望形成有效的指导。

表3.1　企业的输入投入内容

层　次	类　别	项　目	说　明
支撑层	资源类	创新资源	比如实验室、专利、成果
		市场资源	比如渠道、伙伴、客户
		行业资源	比如上下游配套
	基础类	场地空间	成本和稳定性、便利性
		股东团队	合作性和贡献能力
		股权结构	是否合理
	资金类	注册资本金	越多越好，越少越是壳子
		融资资金	能够借，有人愿意投
		现金流	不依赖输血而生存
创造层	资金类	成本	成本是生存第一道防线
		创新	是谋划未来的保险金
		队伍	决定了水平和素质
		技术	决定了质量和服务
		再投入	规模性增长
	人才类	员工队伍	创造力源泉
		干部	领头羊
		培训	升级、改造、完善、挖掘
		文化	连接所有人的纽带
	改进类	技术提升	技术是创造之力
		管理提升	管理是双刃剑，收放得当
		设备提升	设备是创造之基
		制度完善	制度是红线，新旧更替
价值层	价值观	企业价值观	指引前行的灯塔
		管理价值观	以人为本
		产品价值观	以客户为本

价值的创造

价值创造是化学反应。因为价值在开始时是不存在的，通过企业组织和实施生产才能产生价值，这便说明转化的过程是一种化学的反应。

依据化学反应的逻辑，价值并不容易创造出来。

很多时候，很多企业所谓的价值创造并没有化学反应。按照能量守恒定律，企业创造的价值和需要消耗的价值应该是相等的。这样的企业假定还能够有利润，一定是隐性占用了不用付成本的消耗，比如：环境的污染、低于标准的工资、免费的场地等。不然，这样的企业早就应该关门了。

要想打破能量守恒定律，就需要实现创造——创造一种能量，而这种能量的获得可以实现输入与输出的杠杆放大效应。这就是创新之意义、价值、目的之所在。

“创”和“造”放在一起理解其实削减了一些重要信息。

拆开来看，创是创新，造是制造。所以创造是创新的制造，非创新的制造其实就是浪费，不是浪费了资源，就是浪费了时间。

所以，价值的创造首先必须是创新活动。

创新是提高和实现效率的根本，比如：劳动生产率的提高必须依靠技术，而技术是通过创新研发出来的，其本身在此之前是不存在的。

企业要实现价值的创造最重要的就是要根植于如何创新。企业价值的最大化即是由其创新能力来支撑的。比如，创造一个新产品，第一步显然应是研发，然后是试制，最后才是批量制造，从而保证投入市场时的有效性、经济性。

关于企业如何实现创新，我们可以借用一下德鲁克的研究成果。德鲁克先生认为有目的及有系统的创新，从分析各种机会开始。他进一步把机会细分为“七种创新机会的来源”。德鲁克先生总结的这七种创新机会的来源如下：

一、意外的成功及失败

意外的成功是最好的创新。要开发它只需分析这种现象，因为意外的成功是一个征兆。举例说，有一条产品线的表现远远胜过其他产品，出乎管理层的意料，又或者竞争者在某个市场里面得到意外的成功。在这种情况下，管理层一定要找出它们成功的理由，然后考虑如果要开发这个机会会对企业带来什么影响。

这种机会会把企业带进什么境界？管理层如果要把它变成自己的机会要做什么工作？怎样去做？举例说，在北京及中国其他地方，除了一些正常的机会外，2008 年奥运会是否为中国企业带来制造及销售 100 万件 T 恤的机会？

意外的失败也能引出其他机会。举例说，福特汽车公司在 1957 年研制成一款 EDSEL 汽车。EDSEL 是基于对大量顾客进行研究、找出他们对汽车外观及设计的偏好而设计出来的。但 EDSEL 一推向市场就失败了，几乎没有人选购这款汽车。福特的管理层没有责怪消费者的选择“不理智”。他们认为错出在汽车业对消费者行为的一些一般假设上。重新研究市场后，福特发现了一个新的消费者“生活方式”市场，然后迅速地生产出一款设计超卓的雷鸟汽车。后来，雷鸟成了美国汽车业有史以来最成功的型号之一。

二、不协调现象

不协调是一种差距，一种不一致现象。这种差距如果存在于现实跟人们假设应发生的情况之中，那么，无论是好的或是坏的差距，都是一种变动征兆。它意味着改变已经发生，或可以主动造就改变的发生。

德鲁克先生把它归纳成下列各种不协调现象：

1. 经济成果与产业的不协调

如果市场对某种货物或服务的需求正在稳定增长，该产业的经济成效理应随之稳定增长。在市场大势推动下，这个产业内的企业应该很容易出现盈利。如果这种企业缺乏盈利，那就会出现经济成果不调和的情况。这种情况往往出现在整个产业之内，这也为一个小而高度聚集的新企业、新制造过程或新的服务带来一个创新的大好机会。促使一个不调和现象出现的创新者可以预期在一段较长时间内不会有大量竞争者出现。固有的从业者需要一段时间才发觉他们正面对一位新而危险的竞争者。

当一个产业的管理层对产业的实际情况发生误解，然后做出错误的假设，企业的努力就会被引导往错的方向。它们把资源放在不会产生结果的地方，把真正的机会忽略了，让创新者有机可乘。

例子之一就是 20 世纪 50 年代时被认为正在迅速没落的航运业。当时业内一般假设是一艘船的最大开支存在于船从 A 点到 B 点的旅途中。航运业当时尽很大努力制造更快、更有效率、需要更少船员的货轮。但有一位创新者认为这种假设是错的，实际上航运最大的成本发生在船泊在港内等待装卸货物的时候。这个发现带来了货柜及货柜轮船的产生，整体成本由此减低了 60%。自此航运业迅速增长。

2. 产业认知的价值与顾客认知的价值的不协调

在所有不协调的情况中，这种是最普遍的。生产商或供货商一般都不能正确认知顾客买的是什么。他们假设生产商的价值等同于顾客的价值，但其实顾客的价值及期望往往与生产商的有很大的差别，顾客通常认为自己购买的与生产商认为自己销售的不一样。

在这种情况下，生产商可能认为顾客的行为“不理智”，但这中间其实存在创新的机会，能创新及高度聚焦的创新者便能把握这些潜在的机会。

3. 流程内韵律和逻辑上的不协调

这是在一项流程内的不协调之处，尤其是消费者使用产品时的不协调。例子之一是 Scott 肥料喷撒器的发明，这种机器能帮助消费者把肥料均匀地撒在草地上。

三、基于流程需要的创新

这种创新源于寻找现存流程内较弱或缺少的一环。如果消费者一般认为有需要或觉得有“较好的方法”，这种创新将使用户乐意接受。

1909年左右，贝尔电话系统公司的一名统计人员画了“未来15年人口增长曲线和一条电话中心接线员人数增长的曲线”，发现一个问题：到1925年以后，美国每一位17～60岁的妇女都必须从事电话接线工作才能满足需要。在这个问题的驱使下，1911年，贝尔公司研制了自动交换机。

四、产业或市场结构的改变

这种改变一般来自顾客偏好、口味的改变或新的价值观。另外，个别产业的迅速增长也是产业结构改变的可靠指针。日本汽车制造业依靠小型及低耗油量汽车打入美国市场，从而把握住当时燃油价格大幅度增加的机会，从消费者喜好的改变趋势中增加汽车销量。

1960年，有三家小公司勉强维持收支平衡，面对产业机会分别制定了创新策略：

- 沃尔沃定位：专业人士用车，体现其“良好判断力”。
- 宝马定位：面向“年轻的顾客”销售，希望展现“不同品位”。
- 保时捷定位：跑车，希望从汽车驾驶上获得刺激的人。

五、人口的改变

德鲁克先生认为人口的改变(年龄、教育、可支配收入、地域上的转变等)是预测未来最可靠的指针之一，也为创新带来机会。举例说，中国的人口老化、大量只有一个孩子的家庭以及上升的可支配收入可为创新带来一些什么机会？

- 任何产品和服务的最终消费者。
- 年龄、教育程度、习惯、分布等。
- 哪些产业特别受人口变化的影响。

六、理解及意义的改变

上面提到的意外成功及失败的背后，藏匿着人们在理解及意义上的改变。福特汽车公司雷鸟型汽车的成功及EDSEL汽车的失败被归结于“人们理解上”的改变。当时，汽车市场一般以顾客收入进行分割，但在顾客选购汽车时，顾客们却以“生活方式”来决定自己选购的汽车。在这种情况下，寻找创新机会须把握时机并做出准确判断。例如，创新者需要判断类似这样的问题：人们的理解是否真正发生变化，还是只是一种短期的潮流？中国的消费者是否正经历理解及意义方面的改变？(答案：是的。)

七、新知识(科学及非科学的)

新知识虽可成为创新机会的来源，却需要最长的时间。新的知识要转变成科技需要很长的时间，然后还需要一段时间才能发展成产品，推向市场。知识型创新的另一个特点是它们差不多永远不会基于一个单一的因素而产生。很多时候它们的出现是集中了几种不同的知识而成(如图 3.3～3.6 所示)。

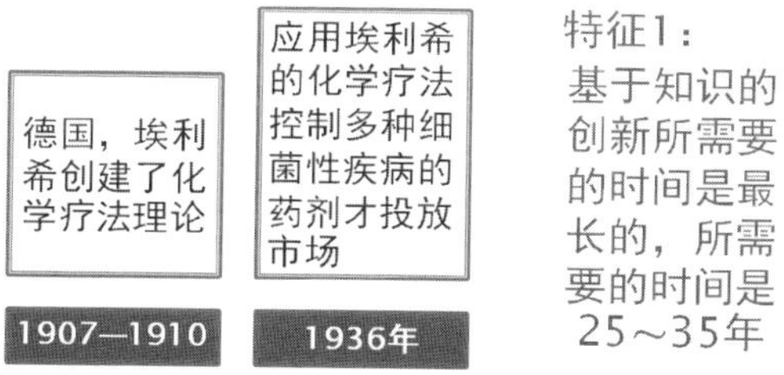

图 3.3 化学疗法的产品周期

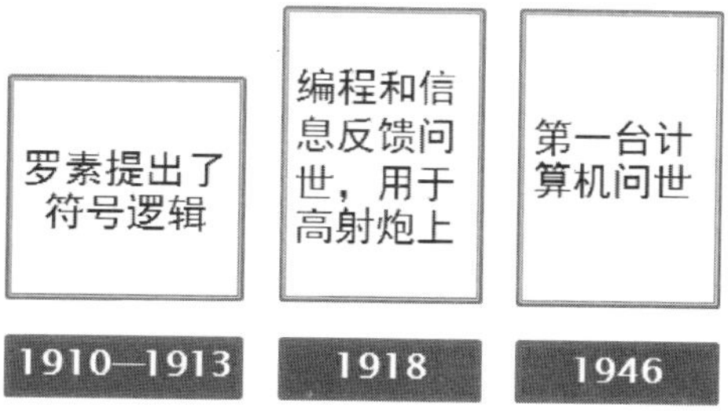

图 3.4 符号逻辑的应用周期

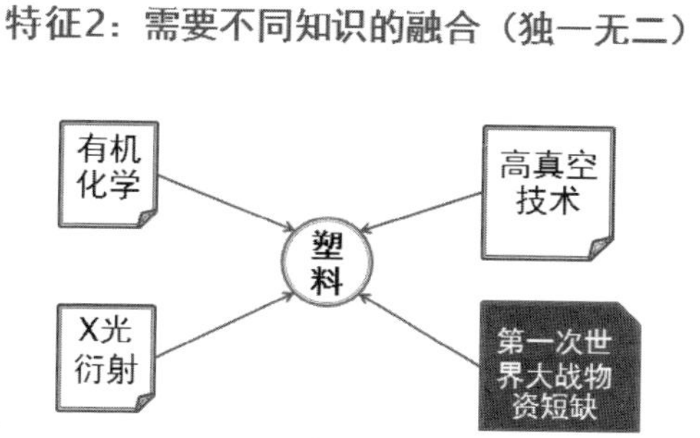

图 3.5 塑料产品的融合要素

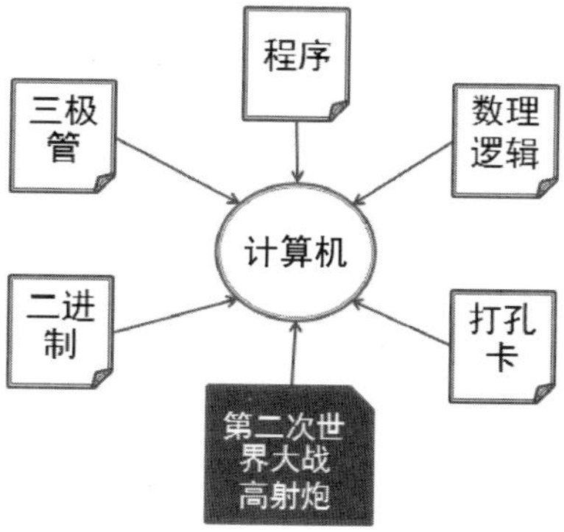

图 3.6 计算机的融合要素

- 要求对所有必要要素进行充分分析。英国人制造了第一架喷气式客机,哈维兰德公司没有分析飞机的运行和融资的问题,结果美国的波音公司和麦道公司接手了喷气式飞机的制造和销售。
- 要求有清晰的战略定位。
- 独特的风险。漫长的时间周期和知识融合。
- “窗口”淘汰期。新知识打开的“窗口”一旦关闭,将进入技术淘汰期。
- 知识必须是“成熟的”和“可接受的”。
- 在所有创新来源中,新知识引发的创新取得成功是最困难的。

还有一种创造性模仿的创新方式。创造性模仿是由哈佛商学院的李维特最早提出的,德鲁克把它作为一类成功的企业家战略。模仿本来不是创造性的,创造性模仿是指模仿品在应用上具有创造性。创造性模仿者没有创新一种产品或一项服务,它只不过完善了这种产品或服务,并给它重新定位。比如,突出产品特性以适应稍有不同的市场。这样,在短时间内,这个新事物就会真正满足顾客的需求,占领市场。

创造性模仿战略的目标是占据市场或行业的领导地位,或者控制市场或行业。它的优点是风险相对较小。在创造性模仿者开始行动时,市场已经形成,需求已经产生。市场研究可以调查出哪些顾客购买、如何购买以及可以为他们带来哪些价值等。第一个创新者所面临的大部分不确定因素已经消失或至少可以分析和研究出。但它要求模仿者具备对市场的敏感和灵活性。

创造性模仿并不是利用普通人所理解的先驱者的失败。相反,先驱者必须成功。IBM 公司就是一个伟大的成功例子。个人电脑原本是 Apple 公司的构想,当时 IBM 并不看好。可是,当个人电脑成功时,IBM 的创造性模仿,使其在个人电脑领域具备领导能力。苹果电脑的生产商只注重产品,不重视客户,当用户需要程序和软件时,它却推出更多硬件。从技术特性上看,IBM 的 PC 机与苹果电脑无特别差异,但是 IBM 从一开始就为客户提供程序和软件,而苹果仍然是通过专卖店以传统方式分销计算机。创造性模仿从市场而不是从产品着手,从顾客而不是从生产者着手。它既是以市场为中心,又是受市场驱动的。

创造性模仿在高科技领域的作用最有效,原因很简单:高科技创新者很少以市场为中心,大多数时候以技术和产品为中心。因此他们很容易误解自己的成功,不能利用和满足他们所创造的需求。

技术成果转化

成果转化是非常不容易或者不是经常发生的事情

1. 成果转化是一个看似简单但实际非常复杂的过程

成果转化是会涉及社会经济各个维度的复杂的科研、经济、资本相结合的过程,各方都希望能通过“化学反应”产生超越平均发展水平的驱动力和利润效益。

2. 成果是科研人员的目标

我们来看看为什么这样说。把“成果”当成目标,是科研人员的使命。科研人员历经千辛万苦,甚至奋斗终生,就是希望能在“成果”上有突破、有创新。当这一目标达成后,其科研的使命也就终结了、完美了。然后,为了攀登科学、科技、研发的更高峰,他们会再次前进、追寻成果的更高境界。

3. 成果转化是企业创新的手段之一

企业创新的目标,说得俗一点,就是为了赚钱,为了实现超越社会平均水平的经济利益。事情在这里就变得复杂了。

① 在“成果”拥有者的目标、价值观、使命中,不存在为企业创新提供服务的天然使命。他们的使命是不断追逐科研成果的一座座高峰。你让他放下手里的工作,与企业家一起去实现超越平均水平的经济利益,这不太可能。或者说,这样做的根本不是科学家,而是“科研企业家”。

② “企业创新”的目的是利润。但企业获取利润依靠科技创新的成果转化驱动,但需要两个条件:一是成果对市场需求的匹配度、成熟度;二是成果转化的投资效益比。这两个问题不解决,就没有企业能够获利,也就没有企业能通过成果转化去实施创新。

③ “转化”是会消耗大量外部能量的。如同许多化学反应中需要催化剂一样,成

果转化需要的催化条件、所涉及的风险、资本资源投入量等都会使企业消耗甚大，企业要有能力才行。

企业创新与不创新都很难。成果具有天然的转化为生产力并获取超越平均经济利益水平的优势。但不幸的是，世界范围内，成果从出现到变成产品，平均转化周期在25年左右。25年，这么漫长的过程！可见成果不是说转化就转化的。那么现在是什么情况呢？

一是很多时候是“为了转化而转化”。因为政府有政策红利，企业竞相申请评审为高新技术企业，或为了专利而专利，或申报科技创新经费等，不一而足，因为对某些企业来说“转化”了就具备了一种资格、一种荣耀。

二是在过去的经济发展历程中，企业赚钱靠资源、靠低成本劳动力即可。不可否认的是，多年来，依托低成本劳动力和土地资源，在从倒买倒卖、开发稀缺矿产资源、山寨模仿到委托加工等方面，中国企业确实创造了巨大财富，也打出了“世界工厂”的名声。而在用这些方式可以赚到很多钱的时候，“成果转化”这么不容易赚钱的生意，企业就不会去做了。

三是企业无路可走了，才会想起成果转化及创新。我想大半情况都是这样的。但其实企业是否创新，对于企业而言，不是阳春白雪，而是性命攸关的选择。

从宏观角度来看，传统企业特别是制造业已经无路可走。为什么这么说？因为它们几乎就没有在企业创新方面做出过正确的选择和投入。我不是这方面的专家，只是一个普普通通的观察者。我们的制造业从家电到汽车，从服装到饮食，哪里在创新？好了，现在路都堵死了，又遇到了“互联网”这一个横空出世的颠覆者。

所以，国家提出了中国制造2025，国外提出了工业4.0、工业互联网，也有人提出了“互联网＋”、互联网思维。这些需要我们弄清一个基本问题——我们在什么基础上干？

回到主题，成果转化推动企业创新，决定权在“新鸟”“老鸟”，而不在成果本身。但是，成果与利润之间的距离“近在咫尺、远在天边”。怎么办？以市场的必然性为基础，以成果转化的偶然性和高风险为手段之一，更多地聚焦时代潮流下的用户需求、市场需求，以产品创新和应用创新为企业目标，以尽可能短的距离连接市场，获得利润，因为唯有利润才能使得企业发展。

成果成功转化是小概率事件，企业实施创新是必然需求，两者之间的关系不在一个线性的维度和轨道上。企业要创新应该放弃浮躁的心态及赚快钱的想法，持之以恒地长期投入，使自己逐步成为有能力的转化成果的“运动员”，这样才能成功地实现转型升级，我们的制造业才能发展起来。

价值的实现

价值的实现是企业的使命和目标，是最为重要的部分。

有价值才可能变现。产品缺乏创新性、跟不上形势发展，竞争者出现，这些情况都可能慢慢或突然使一个企业的产品失去价值。

有传递才可能变现。把有价值的东西传递到最终的消费者手中才能变现。为了变现，有些时候，这种传递就异化成了投机、欺骗、造假。

有技术才能溢价。技术提升了一种产品固有的价值、性能，使其具有高附加值后，该产品的价格就会出现溢价。

有利益才有人参与变现。企业是生产单元，销售一事必须要经过很多的中间环节，这些环节中的参与者必须能够得到利益才会去销售该企业的产品。现在，互联网盛行，电子商务快速发展——它看似没有中间环节其实不然，物流更重要了，资金流、信息流成了新的环节和组织方式。

价值的实现是企业创造的产品最终传递到消费者手中的系列过程。这个价值传递过程如何被定义、如何发生、如何控制，便是我理解的所谓商业模式。参与的各方如何获取利益，则是盈利模式。盈利模式是点到点的、商业模式是端到端的。

图 3.7 是企业价值实现过程的示意图。

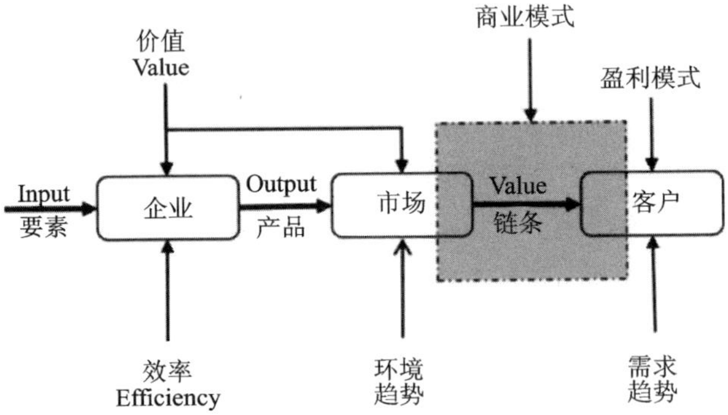

图 3.7　企业价值实现过程的示意图

企业价值的实现好比水到渠成。

第四章　要有能力做有价值的事情

天时、地利、人和

人的能力、企业的能力在不同条件下有可能被放大，也有可能被缩小，总概括这些条件就是天时、地利、人和。

《孟子·公孙丑》中说："天时不如地利，地利不如人和。"

《孙膑兵法·月战》中说："天时、地利、人和，三者不得，虽胜有殃。"

天时、地利、人和指古时作战时的自然气候条件、地理环境和人心向背。

企业身在市场，而商场如战场，所以企业是否有能力做出有价值的事情，利用天时、地利、人和的总条件，是非常重要的。

其中，天时、地利主要是客观因素，人和是主观因素。

企业仅仅利用天时、地利、人和还不行，因为还过于抽象、过于泛化。所以，我们把这个指导思想的内涵转化为企业范畴的词汇，把得出的映射结论描述为趋势能力潜力。

趋势对应企业的天时，要求是顺势才可为。

能力对应企业的人和，要求是打铁需要自身硬。

潜力对应企业的地利，要求是根深叶才茂。

顺势才有为

"虽有智慧，不如乘势。"(《孟子·公孙丑》)

"贵贱无常，时使物然。"(《野客丛书·鹖冠子》)

"人法地，地法天，天法道，道法自然。"(《道德经》第二十五章)

“天时、地利、人和。”(《荀子·王霸篇》)

“贤人君子,明于盛衰之道,通乎成败之数;审乎治乱之势,达乎去就之理。故潜居抱道,以待其时。若时至而行,则能极人臣之位;得机而动,则能成绝世之功;如其不遇,没身而已。”(《素书》)

上面的这些右文质朴无华、言简意赅,很容易理解,这应了大道至简的道理。

在生活和工作中,我们常感觉到运用这些道理的机会不多。那么,这么简单易懂的道理,应该怎么运用,又用到哪里去呢?

其实,这样的道理,在生活、工作中,应该说每时每刻都可以用到,因为“势”有大、有小,“时”有变、有化(对“化”字,前文专门进行了论述),所以它是时时刻刻可以用来指导我们的生活、工作的。

在这里我也特别想从个人创业、企业创新、企业价值提升的角度,重点谈谈“做势”与“做事”的关系。这里的“做势”包含着顺势、乘势、造势、借势、趋势、势气等各个细分部分,它们可统一表述为“做势”。就此,我想把“做势”和“做事”整合在一起,谈谈观点和做法。

我们总结为:将做势与做事结合起来考虑问题,以提升“企业价值”大局为目标、为格局、为使命,是很有意义的。

关于做势与做事,我们给出了一个计算公式:

$$\frac{\text{做势}}{\text{做事}}=\text{事半功倍}$$

上面的表达式表明了“做事”与“做势”之间的关系。它更像一个类比、一个描述,表达的内涵是,初创企业、中小微企业通常无暇顾及“做势”的问题,而这一点成熟的大企业通常做得比较好,或者说通常都非常重视(其实,有很多做得也不精微,就是做个大概而已)。

初创企业、中小微企业如果不注重“做势”,而只是埋头“做事”,是不足以把企业办好的。每个企业家都希望能够做到事半功倍。从上面的表达式中可以看到,没有了分子的“做势”,全部的注意力仅仅放在处于分母的“做事”,是不能够实现事半功倍的效果的。而且,分母越大能够实现的效率就越低,能起到的杠杆作用就越弱小。

同样的,还有一个乘法公式可作为具体的指引,这里也分享一下:

$$\text{做事}\times\text{做势}=\text{快速发展}$$

当脚踏实地、认认真真地把事情做好,实现了“打铁自身硬”时,企业便插上了“做势”的翅膀,发展就真的有可能一日千里——各方英才汇聚、各路资源靠拢、兴兴盛盛。

趋势,是企业家最忠诚的盟友,任何时候,都不能不明趋势、不顺趋势,否则就无一丝发展的机会。

“势”是客观存在的,有人说它是“定数”,有人说它是“变易”“不易”,但是很多时候,趋势显现出来的时候,战略机遇期就逐渐形成了,必须及时跟上。趋势隐藏发展的时候，战略机遇期同样潜伏而行，必须及时储备潜力，采取应对措施。这些考验的就是“做事”的人的判断力、应变力和决断力了，也是区分优劣是非的标准。

打铁需要自身硬

企业的失败，多源于团队的不完美，或者说团队间产生的矛盾，因为内因是导致失败的根源。在工作中，朋友们聊天，提到了这句话，深以为然，并且感觉其中还有很多深意，可以挖掘一下。

人没有完美的，这是自然。

但是，人应该有不断追求完美的思想和认识，甚至是理想和志向，从而去付诸行动，持之以恒地不断抵近目标。反之，千万不能以“人无完人”作为自己“不能”的借口和说辞，那肯定不好混了。

如何追求人自身的完美呢？

相信所有人都认同这一点——**“打铁需要自身硬”**。所以，从自身所得的“结果”是看不出问题在哪里的，而要追溯原因的源头的话，就只能说是自身的“硬度”不够。而这个“硬度”，必然是由**思想修养的“高度”决定的**。

要有能力的“硬度”，先须有思想的“高度”；有了能力的“硬度”，**自然有了竞争的“锐度”**。对于人的社会价值，有一句话总结得挺好，那就是角色的“不可替代性”。这里的角色当然是指各种角色以及其对应的各种价值了。

作为一个团队，必须追求完美和达到完美，否则这样的团队存在的意义就没有了——团队在一起，就是为了战斗！

团队完美是“硬度”的保障，也是建立在个体成员不完美的基础上的，因此这里面有大学问。

首先，团队的带头人是团队是否完美的决定性因素，是精神领袖。我们常常说“火车跑得快，全靠车头带”“将怂，怂一窝”“良将择明主而侍”，等等，说的都是领头人的极端重要性。这是一个团队的基因。如果领头人出问题了，那么这个团队永远不可能成为完美的团队。所以，团队完美在很大程度上是由作为引领者的领头人在人性完美方面修炼的程度来决定的。从现实的认知角度考虑，有一些建议可供参考：①“殚恶斥馋，所以止乱”。②“好众辱人者殃”。③“慢其所敬者凶”。④“亲馋远忠者亡”。⑤“自厚而薄人者弃废”。⑥“以过弃功者损”。⑦“多许少与者怨”。⑧“小功不赏，则大功不立；小怨不赦，则大怨必生”。⑨“赏不服人，罚不甘心者叛；赏及无功，罚及无罪者酷”。⑩“听谗而美，闻谏而仇者亡”。我按照自己的理解从《素书》中择了这10句话，作为给团队带头人的参照原则或方法，希望这些能够引起重视。更高层面的对领导者的要求的最后落脚点还是在顺应自然之道(特别是人性的部分)、德行高尚、仁爱有加、赏罚分明、彬彬有礼这五条，做到必然优秀。

其次，团队的成员是团队完美的基石，是原材料质量的保障。团队的领导者是决定因素，决定了团队基因；但是，团队成员也是决定因素，决定了构建团队的原材料的质量。若是原材料不好，这个团队再有精神领袖也不行，也不会有战斗力。所以，这一条强调的是，团队里面的每个人都具有行业比较优势、岗位能力不可替代性，即便看起来可能每个人的缺点都是那么突出，但是放在一起他们却是那么和谐、匹配，这样的团队成员是构建完美团队的基础。这给出的启示和对应的现实，就不需要展开多说明了。

最后，团队的配合磨合是团队完美的表现形式，是战斗力。讲一些本质的、直白的话吧，也许有人会反驳，但人性的部分真的是配合合作的唯一重要制约因素。对于团队的配合，我们应该可以大大地讲情怀，但其本质还是有一致的利益目标并且实现这个目标。所以，有战斗力的团队，一定是能够一起获得利益、公平分享利益的，否则纯属瞎扯。俗话说，“财散，人聚；财聚，人散”，就是这个道理。它说的也是组建有战斗力的团队的机制的问题。如果有人认为这很俗、很现实、不高大上的话，那么我可以引用一句话来说明一下。这句话的原文是：“德者，人之所得，使万物各得其所欲。”(《素书·原始章》)用现代的语言来理解就是：什么是有“道德”的呢？就是让每个人都能够各得其所，得到每个人希望得到的。所以说，从这个表述看，道德的标准其实并不高——就是能够让每个人得到其应该和希望获得的。我们经常说的不道德、世风日下，有些确定是因为分配不公平。这并不是提高思想认识能够解决的问题，而必须从“物欲”的角度做到“公平、公正”。

个人要修身养性，团队要靠领袖与机制，在这两个方面良好的基础之上，才有可能既追求到自身的不断趋近于完美，又可以立竿见影地打造出接近完美的团队。

根深叶才茂

办企业犹如种树；企业发展犹如树木生长、开花、结果；树木生长需要环境的支撑，企业亦然。

树木离不开土壤，企业的土壤就是潜力。

“根深叶才茂”的落脚点在于植根的土壤。把企业植根的土壤分析透了，根自然能深入，叶自然能够茂盛。

根从土壤中吸收营养，企业从潜力中吸收营养。

企业的营养核心是创新，外围是精神文化。精神文化的部分前面重点描述了，这里展开论述一下创新之于企业相当于营养。

我们现在应该把企业看作非常复杂的有生命的系统，而这里的所谓“生命”不是类比、比喻，而是实实在在地指明企业就是“生命体”。进一步概括就会得出一个结论：企业是复杂的有机生命体系统。

提出这个结论的目的是：不能把企业看成硬邦邦的组织、机构、部门、团队；也不能把企业看成流动可见的现金流、物流、信息流、工作流等。这些甚至都不是企业的核心生命要素。这种分开来的描述和管理企业的方式，现在看来已是落后的观点和做法了。而什么是先进的，什么是未来的观点和做法这些问题目前才刚刚露出苗头，其触发点则是经济转型升级——它要求企业的组织形式、管理模式、经营方式、价值观等，都要转型升级。从微观角度，并不容易回答这些问题。从宏观角度，这里提出一个“企业之营养”的概念，希望能产生抛砖引玉的作用。

若企业是有机生命体系统成立，那么：

① 什么是企业的核心生命要素呢？

答：企业的核心生命要素有三：能力、潜力、势力。其中，势力就是趋势带给企业的驱动力，包含对顺势、借势、造势、趋势等的把握和运用。

② 什么是企业的生命？

答：企业的价值、企业创造的价值。企业的价值是对于投资人而言的，企业创造的价值是对于企业用户而言的。

③ 什么是企业生长的驱动力？

答：阴消阳长，阴阳相生相克。遵“万物负阴而抱阳”的思想理论和指导原则，这里提出驱动企业生长的两个力量为：创新和守成。其中，创新属阴，属变，属易，属否定；守成，属阳，属不变，属不易，属肯定。创新与守成两个力量的复合运动驱动了企业的生长（或灭亡）。

④ 什么是企业的生长发育状态？

答：生命要素不是一成不变的，都要反反复复发生：创新或守成，守成或创新。我们进一步把创新定义为二进制的“0”，把守成定义为“1”，生命要素反反复复地发生从0到1，从1到0，再从0到1的变化，而且必然如此。因此企业的生长、生命就有了各种不同的状态——不同的生长发育状态。有一串由0和1组成的数字可以描述企业当下的生长状态，也即企业生长的密码。

⑤ 何谓企业之营养论？

答：创新是企业的营养。企业生长要消耗掉的营养，需要通过创新活动积累、产生、储存。

企业不断生长，就需要不断消耗，这背后看不到的最核心的是“营养”，而不是所谓的原材料、资金等。没有营养，不能吸收营养，企业即便有原材料、有资金，也不会健康生长。

企业创新是一个非常复杂的命题，要慎谈、慎用，因为它确实甚难。

① 企业不创新就会逐渐失去营养，慢慢衰老而死去。这可以解释为什么非常好的企业，也可能会出现不景气、倒闭的现象——内部的营养已经消耗掉了，就剩下骇人的躯壳了。

② 企业不当创新就会因营养涉入的不匹配而中毒身亡。也就是说，企业的不当创新会导致企业更快死亡。这可以解释，为什么初创企业死得快、死得多，那是因为初创企业没有营养，只能不断地消耗。所以，厚积薄发、根深叶茂才是初创企业的发展指导思想和原则，而不是“快”，因为有时候谁快谁死。

③ 在当与不当之间，没有平衡点，只有稍纵即逝的机会窗口，而且它过时不候。企业之所以难就在于几乎很难把握住这个机会窗口。比如，人们常常谈论的诺基亚的案例：在智能手机出现机会窗口时，它没有把握住，从而迅速衰落。针对这个案例，

有很多的解释，而我用企业之营养论来解释，就是诺基亚失去了创新，失去了对营养的积累、吸收、消化，其躯体内已无营养可以吸收了，所以衰落了。至于诺基亚为何失去了营养，其实涉及了一个创新的当与不当的问题。因为我们认为诺基亚不可能不创新，它只是没有抓到机会窗口而已。

④ 没人知道企业该如何创新，什么时候该创新，什么创新是对的。创新的内涵就是对未知的探索，就是“拿着手电筒打破黑暗”，这怎么可能未卜先知呢？创新也可以说是“试错”，经过反复的尝试，在无数次失败之后，寻找到正确的答案。企业之所以创新失败是因为把“伪创新”当成了“创新”，把“无知”当成了“创新”，等等。

企业没有那么容易就能吸收到、积累好够消耗的营养。

守成与创新

道不变，术多变。这就造成在很多情况下，人人都在追求术的高超运用，而往往忽略了对于道的追求和遵从。在企业的经营管理中，也存在着这个现象。企业家在商业模式、市场策略、品牌策划、宣传推广等术的方面乐此不疲地修炼、改进、提升，效果也是有的。但这些的基础则是“何为企业的生命本质”。

“一片白云横谷口，几多归鸟尽迷巢。”（此句出自禅门）办企业，就如在眼前有很多美丽的白云，如若美丽的白云遮住了双眼，企业家就不知道自己的目标，并迷失对办企业价值本元的思考和坚持。

这个办企业的本元，就是“创造价值”，集中体现在“企业价值”上，这就是企业的生命本质。企业的价值一方面是对社会讲的贡献，另一方面是对投资人讲的贡献。

企业的生命本质——企业价值。借用《易经》的思想理论体系，我们将“企业生长之道”中的企业的一元（生命本质）定义为“企业价值”。

世间万物皆应有其价值。有些有价格，比如产品，通过市场交易来确定价格；有些没有价格，比如人品，无法估量其价值。

企业自然是有价值的，并且，企业也有价格的部分，企业的价格随着其价值的变化而变化。好多的企业，也有很多无法用货币价格来衡量的价值的部分，而这些部分的价值，还多半是企业的大价值所在。

从寻找和定位企业的生长之道的角度，从道生一的内涵来理解，企业生长之道的一元最恰当的映射表述就是：企业价值。它充分体现了企业的生命本质，也是价值论投资的遵循本质。企业的价值一方面体现了其经济价值即为价格，另一方面体现了其社会价值，及其他无法用价格来衡量的价值。

企业的真正基业长青，不仅仅在于其经济价值的大小，还在于其社会价值部分的企业价值的大小。在基业长青的企业族群中，既有大型企业集团，也有百年老店的作坊式的企业。

所以，企业的生长之道所遵循的全部规律的总和可以归纳为企业价值的创造与实现，这也就是将企业价值定义为企业的一元的基本认识和理解。

追求企业价值的过程，就是追求企业“生长之道”的过程，也是不断明确和选择道路、方向、战略的过程，这样就澄清了办企业在认知层面的定位的问题。

进一步分析和判断，企业价值核心是企业要创造价值和实现价值，体现为企业存在的价值和效用。企业一定要具备明确的社会价值，也就是为人民服务，这是基础；企业通过创造产品或服务，满足未能满足的用户需求，满足还没有满足好的用户需求，满足潜在的用户需求，这些是实现价值的手段和方法。

以企业要创造价值和实现价值为原则，在商业社会、市场经济中，企业的商业价值则表现为承载企业所有员工发展成长理想和梦想的能力，为满足社会的需求所具备的生产能力，以及生产或提供这种产品及服务的质量和水平，进而核心凝聚成为企业的品牌价值。

如果说将企业的社会价值和内在价值进行统一、归一，则可以说企业价值集中体现在企业的品牌上，即企业的价值是根本，企业的品牌是表象。

如果将企业比喻为人，就如同人的声誉是人的价值的外在集中体现一样，企业的品牌声誉也是企业价值的外在集中体现。但是，在当前的社会经济发展形势下，我们才刚刚认识到企业品牌对于企业价值的极其重要的作用和影响。

企业价值集中体现为品牌是一种简化的说法，企业价值的内涵是要比这个简化的说法更为复杂的。所以企业从根本上还是要解决如何实现企业价值的问题——创造某种价值、有能力实现某种价值。实现企业的价值的过程是创造的过程，也是创新的过程；同时需要在变与不变的循环中不断重复，这就进而体现了“守成”与“创新”这两个对立统一的存在。

守成与创新，这两个维度对于企业发展而言是非常重要的切入点、方法论，也是随时可以启发指导企业发展变化的思想源泉。

万物负阴而抱阳。我们试图将其映射到企业的生长之道中来，并选择运用企业实体所应该具有的属性来描述其两仪，通过思考和分析，给出了企业的生长之道的两仪为：阳——守成，阴——创新。

这就是推动企业生长的两个驱动轮（如图 4.1 和图 4.2 所示）。

都说，物物一太极，一花一草一世界，万物皆有阴阳。所以，构建和描述企业的生长之道，采用世界观的概念，将企业看作一个世界、一个系统是有道理的。这有助于探寻和构建作用于企业的世界的本质规律——企业的生长之道。

双轮驱动企业生长的定义和内涵看来也是站得住脚的。

图 4.2 展示了企业的两仪：阳守成与阴创新。

守成与创新同等重要，对立统一，缺一不可。

守成中要注重创新，创新中要注意定规矩、守规矩。

什么样的情况下应守成？

守成，是指守住成熟的经验、成熟的做法、取得的成效、获得的成果，等等。

其实，从严格意义上讲，“成果”是守不住的。道理很简单——逆水行舟，不进则退。所以，不管是单位还是个人，一旦以“守成”为主要目标、战略，那么肯定注定是要走下坡路的。

为什么很多情况下会出现“守成”呢？这主要是因为，在99.99%的情况下，从事工作的人都是为“报酬”而工作，而不是为事业、为单位、为企业的百年大计而工作。对他们而言，这样不用冒任何风险地获取报酬是最好的。踏踏实实做好本职工作，趋利避害，对于普通人而言确实已经很好了。

图 4.1　守成与创新阴阳交替驱动

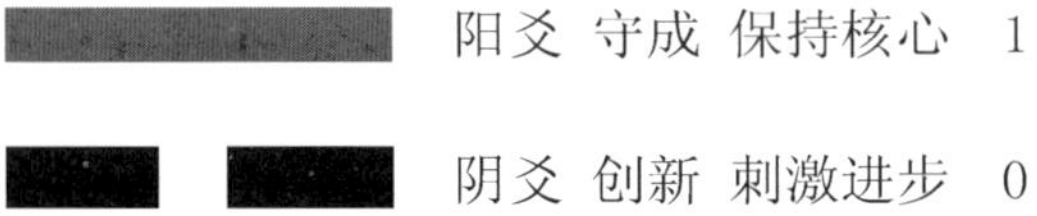

图 4.2　企业的阳守成与阴创新

所以，不能责备“为什么大家都不愿意创新、创造、试错”了。因为，成功了跟自己关系一般都不大，而失败了则可能对自己的薪酬、绩效，乃至工作岗位的影响非常大。

只有0.01%的人——作为单位负责人、企业负责人、担负全部责任的人以及愿意担当和挑战的人，多半是不以“守成”为目标的，也就是具有侵略性和不断打开局面的战略性。

另一方面，创新是悲怆的极其不容易的事情。企业或个人小有成绩了，也就意味着经验积累也到了一定的高度了。这时，他们如何有勇气否定自己？想创新的个人或团队，要使看到的问题或弊端是真实的，就需要做比普通人更多的工作：调研、分析、论证、实施、验证、说服、挑战、颠覆。在这一过程中，无论个人还是团队，如果稍有失误，都不可能创新成功。

守成与创新都有机会成本。有时，也都有投机因素在里面。

首先，守成也好，创新也罢，都有道理。企业在不同的发展时期，对守成和创新的选择也会不同，比如成熟企业内部创新的比例自然低，初创的企业从0到1，处处需要创新发展。但无论选择哪个决策，都是要付出机会成本的，至于要付出多少则要具体看是服务短期目标、长期目标还是未来战略发展目标。

其次，“投机”的氛围也是随处可见的。为什么“投机”？就是希望通过“风险”回避，通过少投入，以期望成效稳定增长、回报更大。但事实上，真没有这样的好事。

无论守成还是创新，其实风险都是很大的。但社会上普遍认为“守成”没有风险而“创新”处处是风险。我们可以观察一下，看看这样理解的是不是占多数。“守成”没有风险是假的，千万不能相信这样的论断。“创新”处处是风险，但孕育着更大的发展。所以，要时刻创造条件支持创新。

最后,“守成”的人看似为单位创造的价值很大,但是实际上其占用的成本一定也是很大的,其“成本效益率”可能不会高于社会平均水平。“创新”从表面上看没有创造价值甚至带来了混乱,但是恰恰是这种适度的混乱、挑战创造出来的矛盾,才能确保企业表现得更健康、更有免疫力、更有发展潜力。

所以,如何对不同的岗位(决定守成与创新,岗位是决定因素之一)及责任进行绩效考核和激励,如何鼓励和激励承担“守成”和“创新”的人并建立不同的绩效考核机制,恐怕对于单位与企业的百年基业而言,就是至关重要的了。

从数的角度理解和分析,站在 0 点,只有创新一条路,就是要实现从 0 到 1,实现由创新到守成;从 1 到 0 是从守成到创新。两者往复不断,从而使企业生生不息基业长青。

价值链

企业的终极使命和生命力在于价值创造,在于提供满足客户需要的产品与服务的能力及其持续性。

为了对价值创造的使命进行分解和构建,我们提出了企业价值链的构建与创造,试图给出一个模型化的企业价值链构建与创造的表述方式,指出企业价值创造的方法和目标,由此我们建立了“企业价值链太极八卦图模型”。

这个结果并不是在刻意的情况下实现的,而是在反复尝试的过程中,不经意间靠拢到了太极八卦图的表达方式。从这个侧面也说明了太极八卦图解释世间万物的广泛适用性和强大能力。

太极,中国古代哲学用以说明世界本原的范畴。“太极”一词,出自《庄子》:“大道,在太极之上而不为高;在六极之下而不为深;先天地而不为久;长于上古而不为老。”太,即大;极,指尽头、极点。物极则变,变则化,所以变化之源是太极。太极是道家哲学概念。这一概念影响了儒学、道教等中华文化流派。

太极图以同圆内的圆心为界,画出大小相等的两个阴阳鱼表示万物间的相互关系。阴鱼用黑色,阳鱼用白色,这是白天与黑夜的表示法。阳鱼的头部有个阴眼,阴鱼的头部有个阳眼,表示万物都在相互转化,互相渗透,阴中有阳,阳中有阴,阴阳相合,相生相克,即现代哲学中的矛盾对立统一规律表示法。四象为太阳、太阴、少阳、少阴。

太极八卦图中绘有八卦,每个卦中有三条线,并且每个卦中的断线、连线有着一种奇妙的规律,这是八卦的最基本单位“爻”。爻有阴、阳两类,阳爻表示阳光,阴爻表示月光。每卦有三爻,代表天、地、人三才。八卦代表八种基本物象:乾为天,坤为地,震为雷,巽为风,艮为山,兑为泽,坎为水,离为火。

太极八卦的内涵是如此丰富,以至于我们在实现将太极八卦图应用到表达企业价值链的模型时,怀有十分的敬畏,因为有些担心被认为是拉大旗作虎皮、故弄玄虚。我们只是希望能够从神秘复杂的太极八卦图哲学思想中借鉴零星,并试图以此描述企业价值链构建与创造的基石。

我们建立这样的模型的过程是非常偶然的——在反复尝试进行抽象描述的过程中，绘制出了与太极八卦图非常相似的表述模型。接下来，我们进一步试图将八卦图映射过来，赋予企业价值链模型的表达形式以及内容解释，期望对以企业价值为核心开展企业经营管理思想思路方面的研究和实践等工作有一些指导作用。

我将企业的八卦图构建和设计为价值链太极八卦图。其中，三才对应为：势爻、能爻、潜爻，分别代表行业趋势、生产能力、发展潜力。企业要发展就应该顺应趋势、能力强大、潜力无穷，只有这样才能不断提升企业价值。

以下是关于企业八卦中三爻的定义和描述：

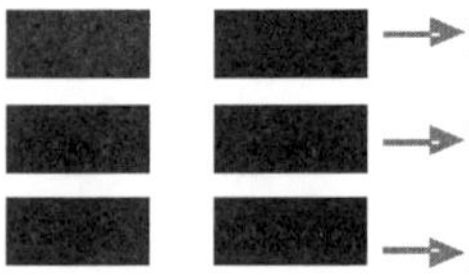

势爻：趋势是企业的天，“时使物然”（老子）。

能爻：企业1~2年能够完成的事情，“打铁还需自身硬”。

潜爻：企业未来3~5年后的可能，也即所谓“厚积薄发”。

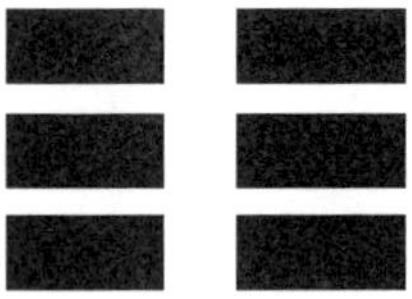

0　价值研究

含义：企业的价值是否存在，是否值得创办企业。

势爻：0　企业需要顺应的趋势的选择和确定，需要创新。

能爻：0　企业的能力遇到瓶颈，需要创新才能发展。

潜爻：0　企业创新发展的潜力，有机会转化为能力。

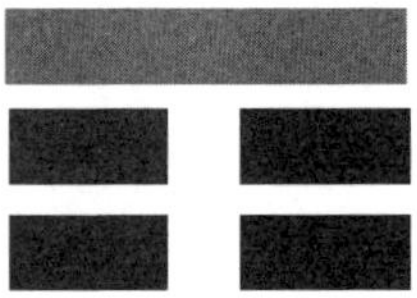

1　价值发现

含义：从 0 到 1。企业价值的发现，需从势爻首先取得成效，从趋势寻找突破点。

势爻：1　企业价值找到顺应趋势的突破点。

能爻：0　企业的能力遇到瓶颈，需要创新才能发展。

潜爻：0　企业创新发展的潜力，有机会转化为能力。

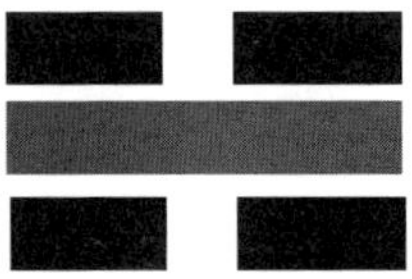

2　价值挖掘

含义：从 1 到 2。依据趋势的变化、潜力的变化指引，深挖企业的能力，突破点在盈利能力构建，即商业模式。

势爻:0　　在趋势发展里面做好应对。
能爻:1　　企业的能力即商业模式打造成型,守住。
潜爻:0　　企业的潜力创新发展。

3　**价值传播**　含义:从 2 到 3。守住趋势,营造声势,传播价值,打造能力,挖掘潜力,储备能力。

势爻:1　　守住企业找到的发展趋势。
能爻:1　　企业的能力即商业模式打造成型,守住。
潜爻:0　　继续提升企业创新发展的潜力。

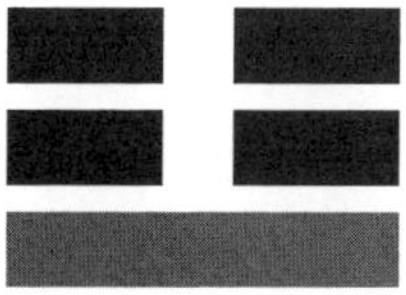

4　**价值创造**　含义:从 3 到 4。潜力表现为稳固。
寻找趋势变通。
寻找能力变通。

势爻:0　　企业需要顺应的趋势的选择和确定需要创新。
能爻:0　　企业的能力遇到瓶颈,需要创新才能发展。
潜爻:1　　企业创新发展的潜力稳固,有机会转化为创造。

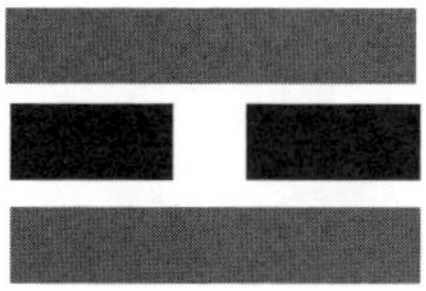

5　**价值实现**　含义:从 4 到 5。守住趋势,提升能力,求变;守住潜力,打造深度。

势爻:1　　企业需要顺应的趋势的选择和确定需要创新。
能爻:0　　企业的能力遇到瓶颈,需要创新才能发展。
潜爻:1　　企业创新发展的潜力有成效,转化为能力强。

6　**价值营销**　含义:从 5 到 6。顺势求变,跟紧趋势,守住企业的能力,守住企业的潜力。

势爻:0　　在趋势方向不变的情况下,应对趋势发展变化。

能爻:1　　企业的能力即商业模式打造成型,守住。

潜爻:1　　企业创新发展的潜力有成效,转化为能力强。

	7	价值引领	含义:从6到7。趋势发展处于守势,能力发展处于守势,潜力发展处于守势。结论:不变中应求变。

势爻:1　　守住趋势不变;若趋势变化不明显,可坚持。

能爻:1　　守住能力不变;若经营情况良好,可坚持。

潜爻:1　　守住潜力不变;若创新层出不穷,潜力巨大,可坚持。

在判断企业价值的层面,以寻找企业价值为寻找企业的道的路径,以企业价值链的构建为手段,分析和判断企业价值的状况,进而根据企业自身的实际情况,指出企业价值存在的问题,从而为企业的宏观决策提供指导、依据和工作思路。

我们将企业的价值创造分解成了八个维度(如图4.3所示),它们互相依托、互相促进,缺一不可。

图4.3　企业价值链的八卦模型图

还可以认为,以太极八卦的方式表达企业价值链的构建与创造是一种可行的方法论,也有可能比较好地表达企业价值体系的客观存在和发展变化。

从现实应用角度,企业价值链的八卦模型如何使用呢?

这就需要回答和思考:创办企业的本质是什么?

德鲁克曾经说过,办企业的目的是赚钱。那么,企业如何实现赚钱,甚至能够不断持续地赚钱，以及实现基业长青呢？

表面上看，企业赚钱是通过制造并销售市场认可的产品来实现的。但是，曾经很赚钱的企业为什么会突然倒闭或者赚不到钱了呢？仅仅靠市场认可的产品就能够确保企业成功发展下去吗？

特别是，当前社会经济形势的发展已经不同于20世纪80年代、90年代，在形势发生深刻变化变革的今天，对于如何开办企业、如何管理企业、如何经营企业，过去的很多企业管理的学问或方法，已经显得有些不适用了。

实质上，在经典的企业管理研究理论中也提到了一个概念，那就是企业家精神，现在看来它更加具有非常重要的现实指导意义了。企业家精神的核心就是冒险和创造。那么，为什么企业家需要不断冒险和创造呢？

针对上面提出的一系列问题，我们找到了一个总钥匙——那就是企业价值的构建与创造。

当今，企业不再是一个老板雇用一批员工的简单组织模式，也不再是老板经营、员工打工的模式，而是逐渐演变为平台＋合伙人的现代企业经营管理模式。

在这种情况下，企业需要关注的核心是企业的价值，因为它集中体现企业合伙人的全部集体利益。只有企业有价值大家才会在一起干，只要企业能不断创造价值，企业就会有发展。企业的价值不仅仅体现在企业的销售额、利润、市场、产品、固定资产等这一系列的指标中，更应该体现在把企业作为一个整体的市场进行的估值，而在企业的股权具有可交易性的情况下，则体现为良好的交易价格，因为这综合地集中体现了全体合伙人投资投入开办的企业的收益水平。

现在谈企业的价值构建与创造，是着重强调要从总体战略上着眼布局办好企业，这已经是一个大趋势，也是企业和员工取得“最大公约数”的一个必然的要求。

我们在这里特别针对初创企业、中小微企业的企业价值的构建和创造，总体上给出一些供参考的认识和方法。我们将其总结为：做势与做事相结合，构建企业价值链，打造企业竞争力，实现成功创业成功发展。

关于做势与做事，我们给出了以下计算表达式：

$$\frac{\text{做势}}{\text{做事}}=\text{事半功倍} \qquad \text{做势}\times\text{做事}=\text{持续发展}$$

上面的第一个表达式更像一个类比、一个描述，其表达的内涵是，初创企业、中小微企业通常无暇顾及“做势”的问题，而成熟的大企业通常做得都比较好，或者说通常都非常重视。

如果初创企业、中小微企业不注重“做势”，而只埋头“做事”，是不足以把企业办好的。每个企业家都希望能够做到事半功倍。从上面的表达式中可以看到，如果没有了分子的“做势”，全部的注意力仅仅在处于分母的“做事”，是不能够实现事半功倍的效果的，而且，分母越大能够实现的效率就越低，杠杆的撬动作用就会越弱小。

所以，企业价值的构建和创造重点在解决好初创企业、中小微企业的“做势”问题，以使它们以此为指导，更好地取得“做事”的成效和回报。

针对初创企业、中小微企业的“做势”以期高效发展、实现事半功倍这一问题，我们提炼出了一组企业价值链的要素和节点：

1. 价值引领(Value Research)：谋势

这个环节包括对于趋势的研究与把握，对于需求的研究与把握，对于企业所处的市场环境、竞争环境的研究与把握，其目标和结果是试图比较准确地瞄准企业发展的方向，跟随趋势、引领趋势、趋势制胜。依据趋势是企业家最忠诚的盟友的指导思想，引领企业价值链的其他部分，从而形成有机整体的运转机制。

2. 价值唤醒(Value Arousing)：气势

价值唤醒即点燃创业者的激情，激发创造者的力量，使其树立强大的自信，在面对创业过程中的各种困难和质疑的时候，有足够的勇气面对而不退缩；另外，还使他们能够以全面系统的能力阐述企业的价值，能够以相对优秀的能力面对投资人、用户和其他商业伙伴，能够以不断燃烧的激情支撑追求梦想的艰难跋涉，能够对创业矢志不渝，能够具有坚持的品质和强大的抗压能力。

3. 价值发现(Value Discovery & Development)：定势

价值发现即在坚定方向、激情澎湃、一往无前冲击创业成功的道路上，发现、开发属于企业自身的价值定位、趋势定位、产品定位等，进一步明确和固化办企业的价值体系、实现模式，并设计和给出企业周边交易和合作伙伴间的价值转化关系、资源共享和共赢机制，真正将企业的发展置入所有利益相关方各自的价值体系中，在利他、共赢的基础上，确定企业自身的价值定位。

4. 价值挖掘(Value Mining)：模式

企业的各种设计、各种定位，最后都要用一个统一的、可操作的机制模式来统领、实施，它就是企业的商业模式。它回答的基本问题就是将企业所有利益相关方纳入一个可实现的、靠谱的、可操作的机制模式中来，特别强调的是可实现性、可验证性，而不是似是而非和主观臆想。所以，这就需要以企业的明确商业模式来统领、来指引、来驱动。

5. 价值实现(Value Building)：方式

价值实现需要将员工、生产要素、其他各种资源，企业组织机构、规则规范、精英管理，以及市场、营销、资金、资本等诸多要素配置到商业模式中，把它们组织起来，并使它们运转起来。这就需要一个构建的过程，而这个构建的过程不同于传统企业管理的地方就在于它是以企业价值、价值链的总体指导为核心的，是服务于企业全局的，使企业内部不会各自为战、部门孤立，甚至出现潜在的不适应、不协调。这个环节，就是构造企业价值的实现方法、载体、机制、规则。

6. 价值传播(Value Showing)：造势

这个设想和提法对于初创企业、中小微企业尤为重要。通常，这类企业是没有战略规划部门的，是对企业精神文化建设较少投入的，更谈不上高水平的对外展示企业价值的意识和能力。在当前向信息社会的变革中，价值传播及造势，对于初创企业、中小微企业而言十分重要。从内涵来说，它是以形成的价值体系、价值链、实现手段为基础的；从外延来说，是企业要能够正确、高效地向社会传达自己的价值观、价值目标、企业精神文化。这些对于任何一个企业来说都是十分重要的，只是对于初创企业、中小微企业而言，往往是心有余而力不足的事。

7. 价值研究(Value Research)：取势

企业创新、企业价值链的构建和创造是以研究为基础的。在通常的创新中，对业务层面、技术层面，乃至战略层面都很注重。而在价值链构建与创造和企业价值链系统性构建的过程中，价值研究主要解决企业定位、模式定位等问题，并发挥超前标注企业价值发展方向和潜力积淀的指导作用。

8. 价值营销(Value Marketing)：得势

在企业经营管理领域，关于营销的研究是十分深入和广泛的，我们常常会听到产品营销、市场营销等。而在研究探讨构建企业价值链的过程中，我们提出了价值营销的概念。价值营销以企业价值的整体性和全局性包装和梳理为营销目标，而不是仅仅在产品层面进行的市场营销。价值营销的内容包括企业文化、企业精神、企业使命等，当然也包括产品层面的营销，还包括利益相关方在本企业价值链中关切的内容的回应和镶嵌等。

我们试图通过以上八点，从认知和方法的角度，回答企业如何"做势"。我们特别强调，这一切都是以企业价值的构建和创造为基础的，不是想当然，更不是说大话、说胡话。

企业价值的构建与创造应该不限于本篇章提到的这些内容，本篇章提到的这些内容，也可能只是星河中的一点荧光。

简单概括就是：象征天、地、雷、风、水、火、山、泽八种自然现象的八卦，原义是推测自然和社会的变化，并认为阴、阳两种势力的相互作用是产生万物的根源。我们认为，这同样适用于企业价值链的构建与创造，也有可能能够实现对企业价值的推测，并能预判变化、提升发展。

当然，基于目前对于这种应用和探索的认知程度还处在企业运营管理领域传统与变革不断发生的边缘，这些是否是真正站得住脚的理论、方法，还需要很长时间的实践、总结、研究，以及再实践检验的过程。

最后，象征着天、地、雷、风、水、火、山、泽八种自然现象，并用以推测自然和社会变化的太极八卦图，具体实例化地映射在企业价值链构建与创造中，在研究、分析、定位、应对企业自身和外部环境的变化，并促进企业不断可持续发展方面，应当具有指引、指导的基础，也应该具有相匹配的适用性，也还有无比丰富的内涵空间需要探索和挖掘。

商业模式与实现

到处都在讲"商业模式"，这样说并不过分。可是商业模式真的很重要吗？为什么？什么是商业模式？对于企业而言什么又是根本呢？

可以用一本几万字、十几万字，甚至几十万字的书来解释什么是商业模式，这个不夸张；商业模式也可以是遍布朋友圈的无数企业的成功案例。既然要写，那我也有必要阐述一下我所理解的商业模式的概念：商业模式就是企业的产品或服务所承载的价值传递到最终客户的机制和方法。其核心就两个词：①价值；②传递。所以"价值"是商业模式的根本。没有价值的产品或服务，显然不具备传递的前提条件。

那么问题来了，"价值"怎么来的？这个问题非常好。企业的使命就是创造价值。所以，商业模式是企业创造的价值的变现方式和方法——如何传递、如何盈利。

价值变现比价值传递的范畴更大、更接近实质一些。然而，这还不是真正的根本。因为对于企业而言真正的根本是"价值创造"，所以应该把"价值创造"当成口头禅，而不能把"商业模式"当成口头禅。

商业模式之所以重要是因为企业的最终发展要依靠价值变现，而价值变现依赖商业模式，但是企业的发展更依赖自身的价值创造，离开了价值创造的商业模式就是无源之水、舍本逐末。

企业商业价值的实现和构建机制比较复杂，但我们可以寻一个脉络、路径：价值发现→价值研究→价值挖掘→价值创造→价值传播→价值营销→价值实现→价值引领，稍展开来讲就是：价值发现是指发现了新商机、新市场等；价值研究是论证新商机、新市场的可行性；价值创造是生产或提供产品或服务；价值传播是对外宣传、吸引客户；价值挖掘是发现增量客户、增量需求；价值营销是向消费者宣传价值（附着在产品或服务上）。价值实现是获取收益；价值引领是不断改良或者扩大。

所以，简单而论，商业模式只是一个非常重要，但是仅仅是影响企业生存发展比较靠消费末端的环节之一而已。就重要性而言，价值创造是所有环节的根本。

企业需要持续地创造价值才可能生存发展，不能创造出价值的企业使用哪种商业模式都无济于事。

最后，"模式"一词本身，也是一个关键——模式从来都是高度抽象的、不会有很多种（我认为对于模式的数量问题的理解一直以来都存在偏差），而践行模式的实体案例则是很多很多的。所以"商业模式"本身从数量上来看就不会太多，不会超过几种（比如：低买高卖、第三方买单、免费这三种就是最主要的模式）。而创造何种价值、要满足何种需求，则是繁杂的——因为需求无止境，需求本身也可以创造，所以产品或服务的数量几乎是无限的，竞争也在所难免，商业模式仅是实现竞争目的的手段和方法而不是目标本身。

商业模式选择价值传播的机制，在具体实现层面，则展现出来了很多的办法。为此，我们把这个层面的已实现的例证，称为商业模式的实现。

盈利模式

西汉著名史学家、文学家司马迁的《史记》中有一句家喻户晓的名言："天下熙熙，皆为利来；天下攘攘，皆为利往。"意思是说天下人为了利益蜂拥而至，为了利益各奔东西。普天之下的芸芸众生都为了各自的利益而东奔西走。

什么叫盈利模式？

盈利模式由三个要素组成：赚谁的钱？定什么价？怎么收钱？

盈利模式包含了用户、价格、收费等的多种组合关系。

用　户

用户必须是明确的。明确用户需解决四个方面的问题。①定位用户：一个产品、一个服务，面向什么样的用户群、客户群？②找到用户：这些客户群在哪里？怎么找到他们？获得信任：怎么让锁定的客户群认识，并获得他们的信任？需求：聚焦的客户群为什么要用这个产品、这个服务？解决这四个方面的问题，对于任何企业而言，都是非常重要的。

定位用户。我们经常说到产品定位，但是其核心其实是定位用户——了解服务的用户，掌握有关他们的信息，引导他们的需求，等等。

找到用户。过去找用户的方式是"广告"，比如：只要打开电视、广播，在同一时间不管是谁，都会收听或收看到企业的产品广告。这不是"找到"用户，而是无差别地推送，其实从某种角度说是骚扰了观众和听众了。用户看似铺天盖地，但你真的知道他们的喜好、消费习惯、消费体验和意见吗？这些都是企业能否找到、粘住、发展用户的核心问题。现在，大数据、互联网，给了企业找到用户的好机会，千万不要浪费。

获得信任。获得用户的信任，这是企业的终极竞争力——不是与对手竞争，而是与自己的不足竞争。当企业的用户很信任、很忠诚于企业时，那么企业就很有可能成就基业长青。但问题是，信任很容易被打破，因而需要维持，而维持信任也需要投入。维持信任的核心有几个，其重要性从高到低可排序为：品牌、质量、口碑、售后、维修、服务，差不多就这些。所以，从建立信任的角度可以看出品牌有多么重要。过去，为了让顾客信任，企业花大价钱请人代言会有很好的效果，甚至一些虚假的产品都能大行其道。现在，这种方式不行了，原因有三：一是选择太多了；二是信息传递太快了；三是评价分享信息太容易了。

掌握需求。知道用户的需求，引导用户的需求，是企业开发产品、提供服务的关键。用户的需求看似简单，实则不然，因为它是动态变化的，企业在掌握用户需要的过程中，经常会出现"刻舟求剑"的情况。是否真正掌握了用户的需求、紧跟用户需求的变化，是盈利模式中用户维度的最关键要素。

价　格

免费模式。这个不稀奇，寺庙不是企业，但是是世界上最长寿的组织，进入寺庙都是免费的（现在，也出现了收费的寺庙）。在互联网时代，许许多多的应用都是免费的，但免费不是模式的终点。

收费模式。收取费用的模式中，最简单、生命力最长久的是“低价策略”——总能做到比竞争者的价格低，在某些标准化产品的市场中，是非常奏效的模式。

溢价模式。这种模式就是卖得比同行贵，也是很厉害的模式。当然，这种模式也是双刃剑，企业得有确保自己在溢价的同时不受伤的能力、水平、条件。这种模式听起来有些夸张，但其实不然。企业在很多创新产品的初级阶段，或只有少数竞争者且产品也走俏的阶段，多半会采用溢价模式。

转嫁模式。这种模式就是产品是有价格、有成本的，但是免费提供的。比如：没有听说当前的哪个互联网搜索引擎是收费的；再比如，几乎大部分电子邮件系统、聊天工具都是免费使用的。用户在使用过程中企业是需要付出成本的，而按照一手交钱一手交货的模式企业本应该定价收费。但是，互联网平台因为有用户才值钱，所以用户的参与本身就相当于付费了。因此，这类互联网服务的提供商就需要找到第三方（比如，希望投放广告的企业）为其成本买单，有这个第三方的盈利模式，我们称为转嫁模式。

收　费

传统的收费就是一手交钱一手交货，这个最容易理解，也是最常见的模式。现在，实实在在发生的颠覆传统的模式太多了。

当期收费：在提供产品或服务的同时就必须收费。

提前收费：销售的产品或服务为期权，比如健身俱乐部的会员制约定一次性缴费而分期消费。实际上，通过这种收费形式能获得沉淀资金的收益部分。这种模式应用得非常广泛。

分期收费：对于大额产品或服务，若一次性收取全部费用有难度，客户可能会抵触、质疑等，那么就可以采用化整为零的方式收取费用。这种收费形式最典型的代表就是按揭，其收取的费用中已包含了资金成本。

免收费用：免费既是定价的策略，也是收费的策略。所不同的是，作为定价策略，一开始就设计好了是免费的；而作为收费的策略，则是动态调整的。比如：当消费到一定额度的时候，可以免费享受一顿晚餐，或可以免费领取礼品，等等。但是，如果没有达到一定额度，这些免费提供的产品和服务则都是按照规定的价格正常销售的，而不是免费的。这种形式特别能够影响顾客的购买欲望和购买心理。比如，年底商场经常有买二送一活动，其中送的物品是免费的，但不是没有定价的。

先用后收费。这种情况是，客户可以先使用产品或先享受服务，在觉得满意或一定时间后，再按约定收取费用，当然价格肯定是要高一点的。这种情况，其实很多，比如：建筑工程的垫资建设、政府的PPP、BOT等，都是过一段时间后再来收取费用。

最后，分析讨论一下所谓的“羊毛出在猪身上让狗买单”的说法。

上面这个说法只是形象的比喻，请不要对号入座成为具体的动物。

这句话，反映的是盈利模式还是商业模式呢？

我以为，这句话反映的是商业模式——羊、猪、狗这三个参与者，其实一定是存在于价值链上的，并且处于价值链中的不同位置。可以断定，羊的价值最低但必须要有；猪的价值偏高，羊对于猪更重要一些，所以猪愿意被拔毛；最后狗来买单的原理是，因为希望获取的价值更高，能处在价值链的上层。在前面的前提成立的情况下，狗之所以买单是因为由低到高的价值升级最后使得狗的获利更大。

凡事有利就有弊。这个商业模式的套路中环节较多，必须一环扣一环，当中间的环节出现问题时，这个模式自然就不成立了。所以，这里还可以说一句：“所有的商业模式都是时刻面临挑战的，不能做到一劳永逸，要时刻警惕变化的发生。”而盈利模式，则要持久得多。

生产变现函数

生产函数，大家应该听说过。它是指在一定时期内，在技术水平不变的情况下，生产中所使用的各种生产要素的数量与所能生产的最大产量之间的关系。它是一个用数学方法表达的经济学问题。

变现函数，是我提的——借用生产函数的内涵，提出一种数学、图形或图表的方式，表达“产品价值变现”这一经济学问题。

将生产函数和变现函数放在一起讨论是因为仅仅顾着生产产品却卖不出去没有意义，而仅仅顾着生产但与销售变现端隔离开来，也是会对生产的安排产生不良影响的。

从经济学角度来讲，生产的含义是十分广泛的，它不仅仅意味着制造了一台机器或生产出一些产品，还包含了各种各样的经济活动，如：律师为他人打官司、商场的经营、医生为病人看病等。这些活动都涉及某个人或经济实体提供产品或服务。因此，简单讲，任何创造价值的活动都是生产。

在理解了生产的基础上，我们再来看看变现的内涵。所谓变现，就是通过将创造的价值传递给客户，并获得现金（或等价）的回报的过程。所有生产创造的价值，最终都要变现。

接下来，我用一个图表来表述一下“生产变现函数”，如图4.4所示。

由图4.4可以得出一个简单的公式：

$$现金 = F_0\{I_1,[F_1(X_1,N_1),F_2(X_2,N_2),S_1]\}$$

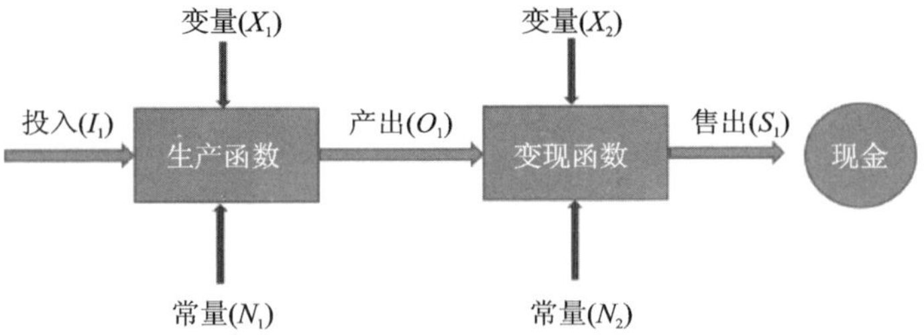

图 4.4 生产变现函数

F_0:企业通过进行投入(I_1),然后开展生产和销售,实现企业盈利的函数;

F_1:企业通过固定成本投入和可变成本投入,完成企业生产的函数,也就是生产函数;

F_2:企业通过固定成本投入和可变成本投入,实现产品或服务销售,并获得现金的函数,也就是变现函数。

实际上,重点在于对 F_0 的函数特征的分析。这又以 F_1 和 F_2 为基础。

投入(I_1):是指企业设立时投入的资本金,以及企业发展过程中可以不断持续投入的大量资源,当前形势下主要是创新资源。

常量(N_1,N_2):生产和销售环节的固定成本,这个容易核算出来。

变量(X_1):在生产环节的可变量输入,主要是技术创新;通过创新能够不断推动工艺升级;而生产的本质是创造价值。

变量(X_2):在销售环节的可变量输入,主要也是商业模式、盈利模式创新,使得产品或服务的价值传递更富有效率、效益;销售的本质是传递价值。

函数的意义:

① 投入、生产、创新、销售一环扣一环,表现了企业生产变现的逻辑关系,也说明了企业的成长逻辑。

② 常量的影响可以预测,变量的影响不可预测;对常量应该精细化管理,对变量应该具有一定的冒险精神去探索和尝试。

③ 创新,能够额外为企业的发展带来效率、效益;唯有创新,才有可能实现“无中生有”和创造新的价值。

④ 按照“能力守恒定律”,若不施加外力的话,从投入到产出的总“能量”是守恒的,并且能量还会损失和衰减,其内涵是:必须有“新的创造”发生,否则企业不会生存和发展下去。

⑤ 对于生产和变现,没有企业家不重视。生产和变现实际上是一体的,是一个逻辑非常紧密的连续流程动作,需要进行一致性、系统性考虑,不能割裂开来。

⑥ 变量(X_2)的盈利模式:涉及赚谁的钱、收多少钱、怎么收钱。

⑦ 变量(X_2)的商业模式:涉及价值传递的方式、途径、载体、平台、场所等。

⑧ 唯有能够持续获得正向现金流的企业才能够健康可持续发展，如果初期做不到，那就要不断地追加投入(I_1)，只有这样才能保证企业是活的。

这个函数怎么使用呢？还是以企业系统结构的一般性定义为指导，既可以用在战略制定过程中，也可以用在战术制定过程中。

在此，我们再一次给出对企业系统结构的一般性定义，如表 4.1 所列。

表 4.1 企业一般性系统结构定义

<table>
<tr><td rowspan="4">价值层</td><td>社会</td><td>企业的社会价值</td><td rowspan="4">价值观引领企业的发展方向</td><td>天</td><td rowspan="12">企业管理：贯穿上下</td></tr>
<tr><td>客户</td><td>产品的客户价值</td><td rowspan="3">势以成之</td></tr>
<tr><td>市场</td><td>产品价值的变现</td></tr>
<tr><td>服务</td><td>产品价值的催化</td></tr>
<tr><td rowspan="4">创造层</td><td>输出</td><td>企业的产品或服务</td><td rowspan="4">创造出价值是企业的本质</td><td>人</td></tr>
<tr><td>执行</td><td>企业的运营与控制</td><td rowspan="3">德以畜之</td></tr>
<tr><td>决策</td><td>企业运营管理的大脑</td></tr>
<tr><td>团队</td><td>企业的创造者</td></tr>
<tr><td rowspan="4">支撑层</td><td>领导</td><td>企业的领头羊</td><td rowspan="4">企业生长的土壤环境</td><td>地</td></tr>
<tr><td>架构</td><td>企业组织机构</td><td rowspan="3">物以形之</td></tr>
<tr><td>股东</td><td>企业的投资人</td></tr>
<tr><td>资源</td><td>企业生生不息的根</td></tr>
</table>

生产变现函数实际上也就是：支撑层(I_1)、创造层(F_1)、价值层(F_2)的数学抽象。理解了这层联系，关于函数如何使用就相对简单了。

以生产变现函数为指引，在企业确定其战略和目标时，分别有三个维度，建议如下：

三个战略：

战略 1：势以成之——顶天——价值观引领；

战略 2：物以形之——立地——生生不息；

战略 3：德以畜之——人为——打铁需要自身硬。

三个目标：

目标 1：今天——能力提升——知己；

目标 2：明天——潜力积累——知彼；

目标 3：后天——趋势把握——探索。

若干重要元素

技　术

企业为创造价值而生，而创造一事是技术活儿。

技术，从广泛的范畴而言，到处都有。

对一些行当，技术不是关键，只是必要条件。

有些技术是基础，但不是关键。比如，开餐馆、开餐厅，这样的业务经营，技术当然是基础，但是有好的烹饪技术并不是关键。因为开餐厅投入大，得有钱；来吃饭的人得方便过来，地段得好；食客都希望上菜快，所以人员、场地要足够。这些情况都是非技术因素。再比如，开理发店也是如此。以此为例，可以找出许多的业务形态都是如此的。不仅仅是服务业，开软件公司也是如此：有很好的软件开发技能并不是关键，因为这样的人很多，而核心其实是商业思维、用户需求、市场开拓，而这又涉及其他门类的技术。

在知识经济时代，在智能化社会来临之际，技术已成为充分必要条件了。

站在当今的历史时代节点上，没有技术、不掌握技术、不更新技术、不发展技术的企业，是不可能创造出价值的。

还是以开餐厅为例，因为大家都喜欢吃，对这个行当最了解。地段不好，可以通过网络销售，做得好吃就变成核心竞争力了。当然，事实上还是要有商业思维，现在也更加强调商业模式了。其实，因为网络悄悄地重构了我们的现实社会，所以现实中处处都蕴含和植入了“网络化”，因此就对开餐厅多了一项技术要求：掌握和利用网络技术、拓展网络市场。

在制造业领域，技术必须成为核心。

像苹果公司、华为公司、特斯拉电动汽车公司等领导趋势和潮流的企业，都具有先人一步的技术优势。

通过技术才能创造价值。

企业既然以创造价值为使命，那么唯一的途径就是依靠技术。技术一部分是公共产品，一部分是商业产品。很多原理性突破的技术都是公开发表的，而在企业内部形成的技术是保密的，形成专利公布出来后是受保护的。早年间，很多企业做不到自己研发技术，因此就出现了大量的侵犯知识产权的行为。

发展技术主要有以下几条路线：

① 从公开发表的技术文章中寻找创新的线索。对于从事具体行当的企业而言，理解和感知这类技术的出现应该不难。难在很多的企业不知道、不重视这类技术的出现，而往往这类技术恰恰是颠覆式的。

② 从已经公开的专利中寻找技术创新的线索。与专利覆盖领域相重叠的企业，自身的“发现”能力可能不足，但其依据前人的发现“发展”技术的能力应该是有的。这样，通过对专利进行检索，发展技术的机会就有可能出现了。

③ 企业内在的技术 DNA、研发能力、研发投入还是非常非常重要的。如果把企业比作人，企业在这个方面的提升，就相当于人不断提升自己的技能一样，企业如果不去提升自己的技能，就会被技能更高的竞争对手取而代之。

④ 引进人才。企业发展到一定阶段将面临的突出问题就是人才瓶颈问题，这会

导致企业不知道怎么干，也不敢干。所以，需要引进人才，尤其在人才培养方面要杜绝“近亲繁殖”。

⑤ 参股并购。在很多情况下，企业无暇顾及新技术的发展，因而有可能偏离自己的主业太远，所以参股、并购也是发展技术的一种有效手段。通过跟跑和买入技术团队，有可能使企业赢得未来发展的机会。

企业追逐新技术的过程中有两个典型陷阱：一个是“坐井观天”，视野格局太窄；另一个是“盲人摸象”，盲目自信、盲目自大。而且现实是，这两种情况在非超一流的企业中都是普遍存在的。

知　识

知识就是力量，这句话不假。

但什么是“知识”？“什么”是力量？有知识就有力量吗？为什么还有知识无用论？

这几个问题很是复杂，在此尝试分析一二，然后再探讨知识与企业的关系及其作用。

世界上有各种知识，比如：社会知识、专业知识、文学知识，等等。俗话说“艺多不压身”，知识越多当然越好。但问题来了，获取知识是有成本的，因此要记住“成本”二字，因为这是影响“知识就是力量”的大问题。

一个人为了获取知识，需要付出的最直接的成本是时间，间接的明显成本是“机会成本”。投入时间获取知识还要有学习的能力、足够的智商、对知识的执着追求，等等。这里我们只说“时间”，它是有成本的，有巨大成本。你让一个在岗位上每天需要工作 10 几个小时的工人拿出时间来学习知识，造成的直接影响可能就是他的健康出现问题，因为没有足够的时间休息。一旦健康没有了，一切就都没有了。所以，这一类人，不是不重视知识，是根本没有时间学习知识。再退一步，时间上稍微空闲一点的，需要照顾家，需要养老养小，时间也是不够用。所以，不论知识有用没用，都没时间投入进去了。

一个人为了获取知识是要付出机会成本的。学此知识，就会耽误对彼知识的学习。这两种知识到底哪个重要呢？不好说。这就有可能造成出现了机会但抓不到的情形。更坏的结果是造成什么都没有学会，只是处在彷徨中。

知识是什么力量？我的理解是知识是我们改变自身的力量：从思想到技能。我们只有改变了自身，才有可能获得新的力量——解决各种问题的力量。

接下来，我们探讨一下知识与企业的关系——在上面的分析基础上稍加修改即可。

企业为了获取知识需要付出的时间成本和机会成本都更高。

别忘了，企业的成本是企业的生命。当把有限的生产时间、生产资源、人力物力投入新知识的获取中时，企业还干不干主业呢？即使这些知识对于企业而言十分重要，企业在如何决定时间成本的投入上也经常难以决策，更别说后面紧跟着的是资金成本，是风险代价了。

企业的机会成本非常高，有时关系到企业的生死。所以，在发现知识的过程中，应如何确定方向、投入，如何防范风险，现在看来依然是企业普遍遇到的大问题。所以，从宏观社会层面来说，需要全社会创造更多的公共知识、公开技术，实现更多的技术成果转化，只有在这样的协同环境下才能从根本上扫除企业获取知识的瓶颈和阻碍。

怎么办？

① 先积累好自己的知识。企业自身是能产生知识的，诸如：案例、经验、教训、方案、规程，等等。这些知识是零散但能够有效收集、组织、加工和再次使用的，是使企业走向知识型、智能化的第一步、基础性的工作。

② 支持让员工提问题。企业的每个人都是有知识的，如果每个人都从自身的角度提出看到的问题，企业再对这些问题实施加工和转化，也不失为一个办法。

③ 企业的领导要提高认识。现实中，企业的领导、决策层往往会认为自身的知识、能力是全覆盖的，这种情况是有的。在这种情况下，让员工提问题的情形不太容易发生。俗话说“三个臭皮匠顶一个诸葛亮”，对从问题驱动还是从需求驱动，企业的每个员工都有可能结合自身岗位提出真知灼见。这其实已经上升到企业文化的层面了。

④ 要明白知识距离发挥力量、形成产值是比较远的，一方面不能好高骛远，另一方面不能完全实用主义，这两个方面都是不足取的。要知道知识重要，也应该知道知识不是马上就能转化的。知识的力量是持续的续航能力的保障，不是瞬间的加速启动，而技术就具有瞬间加速启动的作用。

在这个问题上，怎么说知识看起来都是软实力，并不像是硬实力。

品　牌

简单而言，我认为品牌是容易建立进而形成影响力的。这与很多人对品牌的认知理解不同。

这里举一个例子：某一天，在你所住的小区附近新开张了一家小餐馆。餐馆装修考究；卫生保持得也很好——或是多雇用了保洁员抑或是保洁员工作频度比较高；这里的服务员笑脸相迎、笑脸相送，应该是进行了认真的培训；餐馆提供的菜品也是很精致的。这样的环境、服务和产品内容，很多人都喜欢，餐馆也慢慢在周边小区形成了影响力。

从这个案例里面我们可以看到，这家餐馆很重视对自己品牌形象的建设、投入，并且依赖这种投入和有效经营，不断获得影响力乃至逐渐形成了品牌。

那么，如果在经营的过程中，突然有一天，餐馆发生了顾客食物中毒的情况，餐馆的品牌形象受到了巨大打击，那么接下来会发生什么情况呢？

这种情况如果出现在餐馆刚刚营业不久，即品牌影响还不稳定、经营收入还未覆盖成本时，这个餐馆可能就要倒闭了。

餐馆老板对品牌形象建设做的投入刚刚开始有获得回报的迹象，这一突发事件即造成所有投资失败。老板在反思的过程中，很可能会认为进行品牌形象的投入是最没有必要的，因为回报周期太长，风险太大。

如果餐馆已经非常好地经营几年了，在小区周边有了非常稳定的客户群体，此时出现食物中毒事件，会使大家对餐馆的卫生条件产生怀疑。在这种情况下，品牌形象虽然受到了很大的影响，然而恰恰是在此刻，就需要发挥品牌的作用了。老板可以做的就是，充分耐心解释发生的原因，公布事件的结论，更好地服务忠实的顾客。因为多年形成了品牌，大家愿意倾听、了解所发生的情况，也愿意相信老板的解释和改进。此时，真正能够对餐馆继续经营下去发挥主要作用的就是其长期以来积累形成的品牌影响力。

上面的例子说明了一个问题：品牌建设的投入回报周期较长，也就意味着风险较大。在出现不可控事件的时候，品牌建设的投入会首当其冲，面临损失风险。

上面的例子还可能发生一种情况：当餐馆以高标准完成了软硬件建设包括品牌建设之后开始经营，可是一段时间后客流量仍然不理想，餐馆总是处于亏损中。产生这种情况的原因有很多，但是因为餐馆在品牌建设上的投入属于非直接生产性投入，在所有导致亏损的投入中，这一部分投入就会显得最没有意义，因为即使建设了品牌也没有顾客可以去影响。

将上面的例子换成其他行业，进行规模的放大，情况也是类似的。

然而，为什么企业在实际经营过程中的直接感受是品牌的建立很难呢？这涉及几个问题：

以上面的小餐馆为例，它所需要重点关注的就是周边小区的人群，并以此为理想目标，希望它的品牌影响覆盖周边直径一公里即可，这是我们在上面的例子中看到的容易实现的原理之一。我们还假定，餐馆经营很成功，并计划未来在城市内复制50家甚至更多的餐馆，那么其品牌影响力覆盖的范围则成指数增长。能否按照第一个店的经验进行复制？随着规模的放大，风险也会增大很多，面对的竞争对手的情况也变得更复杂，直接复制几乎很难取得成功，必须是升级式的发展。所以，希望产品影响和覆盖的人群越大，越难以有效形成品牌影响力。

期望品牌影响覆盖的范围越大，需要建设投入的成本也越大。在一定成本投入下进行内容分配时，品牌形象所占的投入越大，对生产经营性的投入就会越少，这会直接影响到关于如何投入的决策。并且，每个企业都希望尽快赚到钱，由此也对应着需要尽快投入生产经营，而对品牌形象建设这种长期性的任务往往说的时候觉得重要做起来时就放在一旁了。随着不断的积累，就会发现这方面的投入需求越来越大，而影响力的建设看起来却总是很滞后。结果是，很多企业就会觉得自身品牌影响力的建设总是很困难、不见效、没头绪。

为什么很多企业没有品牌？这有历史的原因，在过去一段时间内，一方面需求大于供给，生意好做，企业自然会忽视品牌的重要性；另一方面，很多外贸型企业承载的核心就是生产、制造的转移，产品或服务的品牌建设责任不在企业本级。还有一些，是因为短视和投机——先赚到钱再说，不行再干别的，这种思想也是存在的。

辛辛苦苦地建设起来的品牌影响力并不能很容易地转化为生产力和企业的效益、利润。并且，受其占用资本资源所累，企业反而在维护品牌影响力方面需要增加更多的成本投入，这会造成企业现金流更加紧张，这是常有的事。

接下来，我们来看看如何实现从影响力到生产力的有效转化，创造出利润。

首先，品牌定位要准。这是有一定难度的，很多企业会觉得品牌建设很重要，但品牌建设的投入产出效果并不明显。这在理论上应该没有错，可是在品牌定位这第一个环节就出现了问题。因为，品牌定位是不容易的事情，市场竞争如此激烈，要想脱颖而出就需要在这个环节真正下足功夫。

其次，品牌背后的价值观与产品脱节了，变成了两张皮——说得非常好，宣传得非常好，但消费者还是不买账。原因是产品的功能、特性、作用与所宣传的品牌及其价值观脱节。这里是说基本品牌定位精准但产品定位不精准，或者严重来说质量有问题，那么品牌影响力自然不会形成。

再次，品牌与企业文化脱节。品牌是企业文化的集中展现窗口，一个企业没有企业文化，没有企业精神，其品牌影响力也是无法真正建立起来的。在这个脱节的现象中，不是品牌难以建立，而是其背后的企业文化、企业精神难以建立。

最后，期望品牌覆盖更大的范围，就需要更长的时间周期。如果一个企业只希望在10名顾客中形成良好的品牌影响力，那是非常容易做到的。如果一个企业希望在1亿用户中形成良好的品牌影响力，除了资本投入之外，其他需要做到的还有很多，这是非常不容易的。是发展客户规模为先，还是打造品牌影响力为先？是规模影响了品牌，还是品牌影响了规模？这基本上类似于是鸡生蛋还是蛋生鸡的问题。所以，要树立长期持续投入建设品牌的经营理念，需打持久战才行，并且只有切切实实地以企业文化、企业精神为根基，才能真正打造出一流的有影响力的品牌。

一句话概括就是：品牌根植于企业文化和企业精神，服务于企业能够和希望覆盖并影响到的客户群。

质　量

传统意义上，狭义地来理解，质量是指产品质量。质量是实现企业“价值变现”的梯子，企业的产品（或服务）销量、规模、品牌向上而行，是通过“质量”的梯子爬上去的。若没有严格的质量管理，没有经过这个梯子，一是上不去，二是上去了摔得更狠，这样的例子比比皆是。

关于质量的重要性就说到这里。

此处重点要讲的是在企业范围内质量涉及哪些范畴。

产品质量。它可通过内外部来控制，必要的时候由外部的计量、检测、认定机构来把关和核准。这是最核心的、最通俗易懂的。

组织质量：从管理学的角度说，企业是一个组织——一个经营组织。其组织质量体现在企业的静态组织机构、重要岗位人选方面。企业组织的质量没有办法计量、检测、认证。并且，组织质量对于企业的所有质量范畴而言是决定性的。即便是管理质量，也是以组织质量为载体、为基础、为条件的。

管理质量。管理学发展至今，关于如何管理以及用何种手段、方法管理的探讨已经非常深入和广泛了。我们想提示的是，对于不同的企业应使用个性化的管理、个性化的方法，这是必然的要求。在这个基础之上，应该有意识地关注到“管理”的质量问题，简单说就是目标与结果的差值。然后，进行问题分析的过程中，会追溯到其他的维度，这便把问题追踪了下去。管理质量面临的最大的敌人是官僚化、形式化，它们对企业的损伤都是内伤，一时半会儿也不容易发现。管理究竟是“管”还是“理”？很多时候企业都做反了。

机制质量。机制等于组织加制度。在保障组织质量的前提下，制度如何设计、如何调整、如何因时而变，是企业发展过程中既动态又静态的质量问题。核心是动态，没有一劳永逸的好制度、好组织。所有的所谓创新，其能否成功、能否发生，全部取决于机制的质量。但机制的质量很难考量，特别是当涉及创新时，因为创新本身就是双刃剑，具有高风险。

软实力质量。企业不只有硬实力，还有相当一部分软实力，这包括企业的精神、文化、氛围、工作环境、教育培训、劳动保护等，它们是软实力也恰恰都是在刚性之外最具弹性的，最具有凝聚人心、发挥合力的功效。这个方面的质量最是参差不齐，甚至我们可以说，很多企业在这个领域的得分都是不及格的。

生命质量。这里提出一个崭新的企业质量涉及的范畴即生命质量。企业是有生命的，而生命体的生长是有其客观规律的。生命的生长是需要投入、消化、吸收、交换的。提出企业生命质量是宏观与微观相结合的问题的目的是启发企业家有时候能把思路和眼光调整一下，想想自己的企业生命生长问题，这样也许能够别开生面。

如果，一切都在理上，那么各种事情的发展就是积极向上的，就会出现支撑企业向上发展的一个又一个“阶梯”，这就是高质量企业的内涵。

组　织

从管理学的角度说，企业就是一个组织，一个以实现“盈利”为目标的组织，组织中的每个人的目标都是“盈利”，他们为了盈利而组织在了一起。

从化学科学的角度说，由不同结构形成不同分子，即便组成分子的元素相同，分子的性质也可能迥异。从常识角度，任何物体都是有结构的。将不同要素按照一定的规则、关系组织在一起，这种规则、关系形成的实体既是名词概念，也是动词概念——组织。

此处，我们不谈形而上的组织学理论和组织行为，我们只浅显地分析组织在企业实施价值变现的过程中的重要性。

企业实现价值变现是通过组织实现的。所有的部门既有分工又有协作，当销售端把产品销售出去、收回回款的时候，我们应该想到的是“企业收回回款”，而不是“销售收回回款”。这样讲就简单了，企业的所有行为都是通过“组织”来完成的，绝不是通过一个部门、一个团队、一个领导来完成的。恰恰，在这方面我们的企业存在较大问题。利润中心地位高，成本中心地位低。所谓阴消阳长，没有成本中心的基石，就不会有利润中心的战绩。

企业是通过动态的组织、一环扣一环实现价值变现的。上面是把“组织”看成一个整体、一个人。这里，我们把“组织”看成一连串的动作、行为。而恰恰，这一连串的动作、行为有时在部门内，有时在部门间，有时甚至在企业间进行，所以动态的“组织”活动能否实现一环扣一环，对于企业价值变现的每一步都很关键。

因为习惯都是通过训练养成的。所以就如同人一样，一个企业静态和动态运作一段时间后，会形成惯性、习惯，这个问题值得重视。习惯有好坏，惯性大体上来说总是障碍。人进入企业组织就会变成组织的人（习惯、惯性）。那么，引进了优质人才就有用吗？显然，如果组织的习惯、惯性有问题，任什么人来都会被同化的。这就是说，企业组织的文化（习惯、惯性）是一个大染缸，进来的都被染成一个颜色了。

强调组织比强调团队其实更重要。毋庸置疑，组织只要形成、存在下去，就一定有自己的文化，所不同的是，组织的文化是有计划、有目的地建设发展的，还是自由自发无意识地生成发展的。组织与个体不同，它的特质在于只要进入就会被同化，不被同化就只能走人——羊群里面养不了马，马群里面出不来龙。

所以，文化对于一个企业组织而言是非常重要的。

人　才

不能用“人才”的差异、竞争、水平掩盖“组织”自身的问题——虽然人才很重要，这个必须先放在前面说。因为能够决定企业生死的“人才”几乎是没有的，也不用去想。所有的问题根子就在如何建立组织、如何动态地组织方面。

“近朱者赤，近墨者黑”说的就是一个人容易受到一群人的影响。

关于企业的人才，我想提出的观点是：人人都是才，应该人尽其才。

第一，很多时候，人才是被浪费了，而不是不足。造成这个问题的原因是，领导有个人的人性局限——发现人的优点比发现人的缺点容易得多；还有就是，认为员工越听话越好。现实如此，哪里还有人才？

第二，远远没有做到人尽其才。我们的企业设置了岗位，把人按照“功能”进行了安排，却不知人最厉害的是主观能动性，而且企业在支持员工发挥主观能动性方面，从古典管理学到现代管理学一直在发生改变，但还远远不够——人只相当于处理事情的部件，这样是远远没有做到人尽其才的。

第三，激励都是双刃剑。每个企业都有激励机制，但是运行下来，有损有益。不是说不该激励，但是对如何恰当地进行激励，企业普遍把握得不好。所以，从表面上看是人才不够，而实际上是人浮于事，没人真正做出自己最大的努力。

第四，优秀的人才先离职。这话虽有些片面，但是反映了一个道理。企业作为组织有自己的深度、广度，当有人发现一个碰触到企业深度、广度的屏障后，就很可能提出离职。而最先发现者，多半是能人。都说企业不养懒人，但实际上企业里大部分都是无法充分发挥自己全部才能的“懒人”。

第五，引进人才不如好好对待自己的人才。引进人才在很多地方成为了组织发展的法宝。但那要看是什么样的组织以及组织有着什么样的目标。企业好好对待自己的人才（每一个员工），好好培养、培训他们，从而满足企业自身发展的需要，就能够不断地取得胜利，甚至会形成对优秀人才的吸引力，使得他们不请自来。

在人才之中，的确有天才。

当一个企业、一个组织存在一个天才的时候，那真是幸运的事，相当于买彩票中奖。在天才没有出现之前，希望企业能把每个员工都当成人才来看待、来使用。

管　理

李泽厚的《中国古代思想史论》中有众多引文，其中有如下两段：

【1】《吕氏春秋·用民》说：“用民有纪有纲……为民纪纲者何也？欲也、恶也。何欲？何恶？欲荣利、恶辱害……不得其道而徒多其威，威愈多，民愈不用……故威不可无有而不足专恃。譬之若盐之于味，凡盐之用，有所托也，不适则败托而不可食。威亦然，必有所托然后可行。恶乎托？托于爱利。爱利之心谕，威乃可行。威太盛，则爱利之心息。”

【2】《为吏之道》中：“宽裕忠信，和平毋怨”、“慈下勿凌”、“恭敬多让，宽以治之”、“有严不治”等词语。

这些古汉语比较容易理解。联系到日常，我想到了一句话：**“管理——犹如用盐、犹如用药。”**何解？一方面上面的第一段文字提出了“用盐”的比喻；另一方面，较早以前，我也提出了另外一个观点“管理就是解决问题的药方子”。在这里，将两者汇合成这一句话，目的是希望为管理者提供参考和借鉴——管理本身如用盐、用药，不及和过火都是错误的。

就我个人的体会而言，我们在日常生活中经常提到管理，对管理很重视，认为出了任何问题，都可归结为管理方面的问题。这对不对呢？亦对，亦不对。

用盐，多则不可食，少则无味；用药，多则致命，少则无效。规律浅显，但是把握甚难。一是众口难调；二是因人而异；三是同病不同药、同药不同病，常有。所以，管理者，非常类似给人看病的医生，职责在于提供解药，其工作成效在于“疗效”。

因为管理，把“问题”治死的常见；因为“管理”，把“问题”放任的亦常见。管理，用人——犹如用盐、用药。用盐，经验可以逐步提升，但面对众口难调亦无更好办法——只能尝试，关注反馈意见；用药，经验可以逐步提升，但面对因人而异亦无更好的办法——只能临床观察。用人呢？只会比用盐、用药更难上加难。**此话何解？在这里，还是咬文嚼字一下：**

管理 ＝ 管＋理

借鉴百度百科对“管”和“理”的解释，稍加归纳总结，结论显示如下：

管:管辖、控制、管教、担任、负责、过问、干预、保证、保障、招待;

理:纹路、层次、规律、标准、根据、加工、处置、理睬、理会、事理。

所以,可以窥到:“管理”这一极为普通的词,其内涵是极为不普通的。

这里,我顺着逻辑和思路,提出一个定义和感悟:所谓管理,不是用人,而是管好秩序。我们经常说**对事不对人**,这里就隐含了这个道理。秩序可以简单理解为“理”的全部内涵,即:纹路、层次、规律、标准、根据、加工、处置、理睬、理会、事理。

管理,用人之说,盛行天下久已。管理,管好秩序之说,也许并非创见,但此说的影响力怕不如“用人之说”吧。

这也可以说明为什么管理总是那么难:是因为,我们在“纹路、层次、规律、标准、根据、加工、处置、理睬、理会、事理”的环节不重视“澄清”,常处于“混淆”状态,将其归结为“人的问题”,这样就把管理的力气使偏了方向,把问题的解决也搞错了方向。方向错了,就会越走越偏。

无秩序,不管理,非用人也。

秩序,不仅仅是制度,甚至最重要的也并不是制度,而应是“事理”,即,按规律办事,管理亦不能超越事物的客观规律。规律决定秩序。管理的标的是“秩序”,而非用人;**没有了秩序,管理也就剩下“用人”了**,这是越走越不通的路子。至于秩序如何建立、如何改变、如何调整,则是另一个问题了。

所以,我们现在面对管理时,常常感觉“不讲理”,是因为对事物背后的规律多有未知、违背、不求、不理、不问、不闻,而陷入了“用人”“人治”“服从”等之中。

做好管理,必须遵从、把握、维护、探寻事物的事理规律,如此才可能找到解决问题的药方子。

在这里还是说一句:“言不尽意。”因为要表达的意思其实很多,就写着写着,也不知写出了几成意思、写对了几个意思。在此分享,供大家参考着读吧。

做　势

势,对于企业而言也是非常重要的,比如:企业团队的气势、企业发展的形势,等等。这里面都有一些“做势”的成分。

我们前面曾提过“化”一字的广泛而丰富的内涵,这里再增加一个“势”字,作为指导、指引企业更好地实现价值变现的要点。

从物理学的角度说,势能是非常重要的能量。由于地球引力的存在,物体距地面的高度越高,其所具有的势能就越大。势能可转化为动能,可以提供其他形式的能量。比如,水力发电就是水的势能经过转化变为电能而成为一种新的能源。

细细体会这个原理,对于理解企业中的“势”是有很大启发作用的。

以势为核心,可以找出一些词组,在此列举一下:优势、趋势、形势、气势、阵势、势力、造势、借势、谋势、乘势、顺势,等等。我们可以借用物理学的概念,将这些归结为企业所处的一种“势能”状态,若换成用一种驱动力概念来概括的话,也可以综合广义地将其描述为企业的“势力”。

做势有什么好处呢?

我们给出一个等式来形象地描述一下:

$$事半功倍=\frac{做势}{做事}$$

对“事半功倍”一词我们都非常熟悉,且能理解其意思,但并不知如何做到。上面的等式鲜明地给出了一个方法:做事需要做势来支撑。

把事情做好,需要很多的内外部条件,比如:内部的协作、外部的环境等,这些都是做事时所需要的“势力”。超出势力范围,事情就很难成,或费了很大的劲成效却不显著;当然,其实超出能力范围,连“做事”本身都谈不上了。

传统营销方式中的电视广告,其实就是企业在“做势”,并配合企业生产的高质量产品,形成推动企业发展的合力。

我还概括出了另外一个等式来说明做势的功效:

$$快速发展 = 做事 \times 做势$$

对“快速发展”一词我们同样都很熟悉,也能理解其意思而不知如何做到。根据上面的等式,乘势而上就是“做事”乘以“做势”,所形成的效果是倍数、级数的关系。这就简练解释了为什么有些企业的发展是如此迅速。快速发展是乘势而上的结果。前提就是争取的谋势、借势加持在企业务实地做事上。

做势是一个概括性的说法,其中包含了很多不同的细微的行为动作,这里就不展开讲了,留待读者慢慢思考。

那么,应围绕什么来“做势”呢?

我们根据前面提出的企业的三层系统结构,从天时、地利、人和思想出发,提出企业有价值观、创造力、潜力三个维度。

从价值观维度:就是企业如何形成**势能**,包括价值主张、价值定位、社会价值、产品价值、服务价值等。

从创造力角度:就是企业如何造就自己的**优势**,包括能力、团队、技术、生产、质量、营销、市场、经营、组织等。

从潜力角度:就是企业如何跟进**趋势**,包括厚积薄发、潜力聚集、技术激励、创新研发、形势跟踪、借用资源之势,等等。趋势是企业的天,这话不假。但是跟进趋势,需要从“地”即所谓潜力做起,而不是仅仅坐井观天。

做势也是一个药方,能够帮助企业提高免疫力、抵御风寒病,也能够使企业在重大战略转折期不至于重病不起。

做势,就好比把灯泡点亮。在没有点亮之前,灯泡所占据的势力范围就是其自身物理尺寸的范围;当灯泡亮了之后,它的势力范围则可达到其光线所能覆盖的所有范围。企业应当如同灯泡点亮一样把做势做好,如此其影响力会大大提升。

不懂“势”的企业,是不可能发展起来的。这句断语,希望起到启发和警示的作用。现实中,有很多企业不知不觉利用了“势”,但如果能够更加积极主动地利用,则形势必将又是一番天地。

投　诉

没有不被投诉的企业，没有不被投诉的产品，也没有不被投诉的服务。

从宏观角度，所有的投诉都是使企业健康进步的“消炎药”。甭管用户的投诉多么离奇，都有其必然存在的理由。

我们在这里从一个崭新的角度来分析投诉的目的：“企业有病，得治。”

企业的用户的投诉，就是对企业是否存在病症、存在什么病症的最好预警、反馈、刺激。

从“企业有病，得治”的理念出发，对企业究竟是不是有病、得了什么病，用户是非常有发言权、感知最早最明显的。所以，用户投诉时是企业有可能发现自身问题的最早时刻。

投诉是刺激企业进步的良机。我们会明显发现，有时候用户的投诉很无厘头、没道理，这是站在企业的角度；如果站在用户的角度并深刻理解他（她）投诉的逻辑，是非常有可能促进企业获得意外进步和发展机会的。这样的例子很多，稍加留意就可发现。

投诉一般是语言形式的，很少有写信投诉的，所以要把投诉的内容原汁原味地保留下来，以便保留所有的信息。利用这些信息对企业进行刺激以使其健康、进步是一件比较难的事情。有时候，我们会得到提示：通话被录音了。但是，我们可以想象，目前投诉还只关注在结果的处理层面，还没有深入“投诉的逻辑实在”层面。所以，在此大胆提出：对投诉进行知识化、信息化处理，使其变成结构化、半结构化的信息，恐怕是提升企业全面发展的一个“牛鼻子工程”。

由于接待投诉、应对投诉的人员多半对企业文化、企业产品、企业发展等没有什么了解，有的企业甚至用录音机、传声筒来回应投诉，这大大减低了投诉对于企业的价值，也大大浪费了投诉所蕴含的丰富营养。这剂营养药比创新这剂营养药对企业而言要容易得来得多。所以，与其绞尽脑汁思考企业如何创新才是对的，不如踏踏实实地把从投诉中汲取营养做好，因为这可能就是一个事半功倍的方法。

客户满意度调查的管理方法太粗线条了，会导致损失投诉可能带来的大部分的有关企业改进完善的信息。客户满意度高，不代表客户提出的意见、建议没有价值。对发展到一定阶段的企业而言，即便有较高的客户满意度，客户的一些意见中也有可能蕴含着重大的机遇。比如，客户抱怨自己用的产品应该如同其他竞品一样，或与自己使用的其他用品一样如何如何，这类信息是很有价值的。与其组织技术人员搞闭门造车式的创新，不如组织一只力量从技术和创新的角度来看待用户的投诉。从社会学层面，这也是善莫大焉的积极做法。

竞　争

关于竞争的理论有很多，典型的就是博弈论、稀缺论、性价比、竞争力等。

这里还是提出一个新的观点——企业的竞争对手主要是自己。企业是否能够不断革新、否定自己，是企业是否具有竞争力的根本。

企业不容易否定自己。能够经常做到否定自己的企业终将成为伟大的企业，就如同成就伟大事业的人一样。

企业该怎么跟自己竞争呢？

争效率。企业的生产、经营、管理都是在固有的速率上进行的。企业要能够意识到自己一直处于这个相对惯性的速率上不是好事。所以，企业应该定期或制定机制反省自身，即在哪些方面是可以提升的。

争人才。企业要靠人、更要靠人才，企业能够用的人就是眼前的这些员工。能否考虑把每个员工变得更厉害？如果能够实施一种机制或方法，使每个员工都变得更厉害，那么这样的企业还会存在竞争力方面的问题吗？

争责任。企业在日常经营管理过程中总会出现责任问题。企业应该树立一种从上至下的、负责任、有担当的文化和氛围，谁积极主动承担责任，虽败亦奖，谁逃避责任，则应严肃指出并批评惩罚。当一个组织里面的每个人都愿意负责任时，这样的组织的战斗力、竞争力，应该也是没得说的了。

争成效。如果一个事情可以做好，那么能不能自觉地争取做得更好一点呢？能不能在做得更好一点的情况下，给予激励、奖励和表扬？因为在这样的情形下，会有许多人愿意多出力。若每个员工都愿意多出力，自然而然地，企业的总产出无形中就会增大很多。

争荣誉。企业的每个组成部分都应该有自身的荣誉感。既要改变吃老本的组成部分，也要改变混日子的组成部分。这种情形其实是很常见的，这里我们把这个放在荣誉的维度来说说。每个人、每个部门一般都会非常重视荣誉，只是这种荣誉的授予机制在企业中不系统、不科学罢了。人是以情感性为主的，如果经常受到表扬，自然干劲十足。而表扬，不能仅仅依靠物质，给予荣誉也是很有效果的，设计得好效果也会更好。

顺着这个逻辑，针对不同的业态，每个企业还是可以有很多的启发的。总之，先不要考虑如何把竞争对手干掉，而应想想自己能否站立得更稳、更高、更强，这才是正道。

资　本

资本，简单说就是“本钱”。现在，关于资本运作说得很多、说得太专业了，简直令人眼花缭乱。这些，我也不懂。我只能从“本钱”两个字的角度，以外行的眼光，提一些自己的思考和观点。

所以，我理解“资本运作”就是“本钱运作”，就是把别人的钱拿来当办企业的“本钱”，以增加本钱、弥补自身不足，或者降低自身的风险。总之，就是“找钱”办企业，这就是所谓的资本运作吧。

如果，做买卖把本钱赔光了，也就没法干下去了。

创业者一开始自己有点“本钱”，于是开始开公司，并且开始的时候就知道自己这点本钱是杯水车薪。所以,创业者必须从一开始就进入“资本运作”的状态——找别人的钱过来,形成本钱,投入企业里面去。

同样,成长型企业,想发展壮大、扩大市场、扩大规模、研发新产品等,在原有的本钱、积累的利润不足以支撑的情况下,也需要寻求别人的资金投入形成本钱,以把企业做得更好。

成熟的企业,理论上不应该缺本钱,而应有余钱,所以它们可能提供钱给其他融资的企业。如果一个成熟的企业还缺钱,还需要融资找钱充实资本,那么要么是企业发展得不好,要么是企业需要开拓新的领域。

企业公开上市理论上是因为成长型企业需要发展,所以到资本市场募集本钱,以试图把公司做上去。这个道理是清晰的。但是,在我们的股市,20 世纪 90 年代,很多国企的 IPO 目标是找钱充实资本以解决企业发展得不好的问题。随后几十年,又出现了很多企业为了圈钱而不是为了发展而到资本市场找钱充实资本的现象,这就造成了募集的钱根本就没有明确的目标用途,从而会出现故意圈钱、大股东侵占中小股东的利益的不当思想。

当然,资本还不仅仅是钱的问题。

我们说一个人有资本,也不仅仅是说这个人有钱,还有可能他是教授,是明星或者拥有其他的非财富性资源。这对于企业而言也是一样的,一个企业有没有足够的资本也包含了全要素的概念,比如,技术实力、市场占有率、创新能力、竞争力,等等。

所以,对于资本运作应该可以这样理解:包括本金在内的各种可以投入到企业、形成企业发展有效输入的要素都是资本,这些要素的获取、经营、转化过程是资本运作的更为完善的内涵。这就好比企业创新的核心就是创新要素作为本钱的运作和经营。也可以说,企业不创新,就缺乏一种“资本”;企业没文化,就又缺乏一种“资本”;依此类推,看看这种逻辑对于读者理解资本运作是否有些新的启发和帮助吧。

归　零

归零是一种常态,同时也是一种重要的转换。

在大千世界中,所有的事物都最终要归零。

在观察和分析企业的生命、企业的价值、企业创新、企业产品与服务升级的规律的过程中,我们提出要非常重视归零。这包含几个方面:客观上,归零一定会发生;主观上,要有归零的心态;战术上,要针对何时及怎样归零制定策略和措施。

所以,企业的生长就是从 0 到 1,再从 1 到 0,周而复始、生生不息的过程。

有一个很好的例子,可以形象地描述“归零”的内涵和意义。这个例子就是计算机学科领域的搜索算法:爬山算法(如图 4.5 所示)。它并不复杂。

爬山算法是一种局部择优的方法。它采用启发式方法,是对深度优先搜索的一种改进,它利用反馈信息帮助生成“解”的决策,属于人工智能算法的一种。(从当前的节点开始,和周围的邻节点的值进行比较。如果当前节点是最大的,那么返回当前节点,作为最大值[即山峰最高点];反之就用最高的邻节点来替换当前节点,从而达

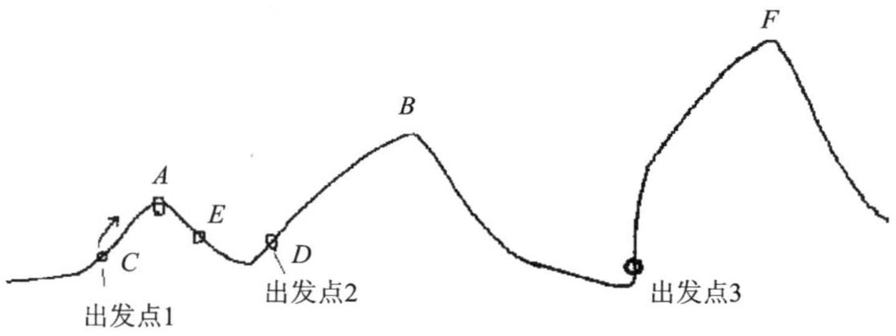

图 4.5　爬山算法示意图

到向山峰的高处攀爬的目的……如此循环直到达到最高点。)

从图 4.5 可看出此算法的缺点:因为不是全面搜索,所以结果可能不是最佳的。

一般来说,爬山算法存在以下问题:

① 局部最大:某个节点比周围任何一个邻节点都高,但它却不是整个问题的最高点。

② 高地:也称为平顶,搜索一旦到达高地,就无法确定搜索最佳方向,会产生随机走动,使得搜索效率降低。

③ 山脊:搜索可能会在山脊的两面来回震荡,前进步伐很小。

我们用白话描述一下这个算法就是:

① 为了实现"目标",每次的选择都是从**比较优势**的方向出发和移动的;这样,最终一定会实现**目标**,也即达到顶峰。

② 达到的目标具有局限性。若希望寻找更高的目标,通常需要从"山顶"走下来,再次寻找出发点,这个过程就是"归零——再次出发"。

对于寻求企业创新、企业价值、企业的生长发育等的最优解而言,我们看看图 4.5 中的几个高点 A、B、F,必须从不同的点出发才有可能抵达。其内涵是,企业的发展终究会有瓶颈,所以必须时刻准备着寻找新的出发点。在这个内涵的指引下,不破不立、涅槃重生、从头再来,则是非常正常不过的现象和要求了。虽然,这很难做到,但是一个企业不应该停留在一个点上不动。

在此通过以这个算法为例试图形象地说明:归零是寻求更高目标的必然选择。这也意味着,只有归零才可能不断登顶更高的山峰。除非你没有这样的目标理想,否则不归零是没有任何机会的。

所以,归零无关乎情怀,它涉及了理想,也涉及了生存。空杯心态也不是心灵鸡汤式的慰藉,而是真正的具有方法论意义的指引和要求。

只有归零,企业才能走向更高的目标和理想!

第五章　要时刻聚焦客户需要的价值

满足需求是立足现在，创造需求是引领未来。可以说，客户知道自己需要的价值，也可以说他们不知道自己需要的价值。所以，要聚焦客户需要的价值是有难度的。

立足现在

满足需求是立足现在的目标。需求是价值变现的充分必要条件。

① 需求有可见的、不可见的、增长的、减少的部分。

② 需求有能满足的，有不能满足的，有未来可能满足的部分。

③ 在能满足的范围内，还有满足的质量、满足的效率、满意的程度之分。

从上面的寥寥数语，便可以看出一个企业要实现满足需求的目标并不是容易的事情，所有的企业办得好不好的本质性分水岭就在于"满足需求"一事上。

立足现在，可以假设：

① 用户的需求全部已知；

② 用户的需求短期内不会有变化；

③ 用户的需求处在供不应求的阶段；

④ 企业的产品与用户的需求相匹配。

我们只需做上面的四点假设，就会发现"满足需求"的情形是几乎不存在的。

首先，什么叫用户需求全部已知？这个是不可能的，用户（B 端、C 端）在发展自身需求的道路上永远不会止步，或者有时干脆换码头、换口味、换兴趣点了。

其次，什么叫用户的需求短期内不会变化？真实情况是需求随时都在变化，每时每刻。而产品没法做到这么快的迭代、服务没有办法一时一刻一个样子。

再次，处在“供不应求的阶段”。有几个有这么好的天时、地利，自己的产品生产多少都不够卖的？现在物质、产出极大丰富了，几乎不会再出现供不应求的产品或服务了。当然，高阶技术垄断性产品，在技术壁垒没有被打破的周期里面，通过垄断还是可以做到实现产品的供不应求的。

最后，产品与用户的需求相匹配。这个也是非常不容易的，一般情况下会动态出现“匹配”然后“不匹配”，再然后又“匹配”的不断平衡再平衡的过程中，这就是产品需要迭代的本质原因。

长江后浪推前浪，仅仅立足现在，怕是总有立不住的危机潜伏着。

面向未来

立足现在，稳稳当当，不错。但千万别走向保守、固执、守旧。因为，现在的一切总是会被未来的一切替换掉的，这是固有的规律。

面向未来的路又险了一些。

在经济领域，在经营领域，收益本就是通过对风险的尝试来获取的。企业的核心其实也可以概括为对“不确定性”的经营。

所以，面向未来不是口号，不是愿景，而是企业应该踏踏实实开展的工作。人们通常会自觉不自觉地把“面向未来”理解为一种号召、一种精神，其实它应该是一种具体行动，而且对于企业而言是应该刻不容缓地采取的行动。

面向未来包含几个维度、角度。

一是，未来在哪里？

都说未来在脚下，这没错。但要补充一句话，那就是“抬头看路”。意思就是说，不能仅仅顾着低头走路，而忘了抬头看看路在何方。

企业对变化的感知程度决定了其对未来的把握。“春江水暖鸭先知”，鸭子因为整天泡在水里面，所以能随时知道水的温度变化。在此借用这句诗来说明一下：未来是在脚下的，没错。像鸭子一样天天泡在水里，即可得知。问题是，我们应怎样看企业里面的每个人？是谁的脚丫子天天泡在水里呢？这个问题就变得复杂了。这里不展开讲，留待读者思考。

未来是谁的未来？是企业的未来、产品的未来、技术的未来、团队的未来、个人的未来、用户的未来，还是需求的未来？这些都是重量级的要素。而恰恰，在企业的设计和组织过程中，对个人的未来提得最少，个人的未来与企业的未来挂钩最少，这隐含着大问题，早晚是一个事。

列一个等式：

企业的未来＝产品的未来＋技术的未来＋团队的未来＋
个人的未来＋用户的未来＋需求的未来

所以，未来就在这个等式里面。

若换一个数学符号，把“+”变成“×”，则是：

企业的未来=产品的未来×技术的未来×团队的未来×
个人的未来×用户的未来×需求的未来

这样一看，又彰显出一个问题：企业要么均衡发展得以快速成长，要么就是某一项短腿到为零，如此企业的未来就为零。这样的表达是很有意思的，也很让人受启发。

集体的力量是强大的，探索未来的路途上，谁发挥好了集体的力量，谁的机会就多一些。未来是具有不确定性的，不能断然决定“是”或者“不是”。

二是，如何面向？

简单说，就是得有人想闲事、做闲事、做虚事。

有生于无，未来在没有变成现实的时候，都是虚无的。

按照因果关系推导，希望面向未来是一种机械式思维，而这种思维怕是在面向未来的过程中反而会起到阻碍作用。

思维的惯性同样是阻碍面向未来的大麻烦，按照现在的希望走向未来，大多数情况下是走不通的。

未来是无中生有的基本逻辑。

所以，面向未来需要通过创造、创新来实现。这又再一次说到了创新，这个没办法，因为任何一个企业都绕不过去。这里再一次展示了创新的重要性，以及创新的一个重要使命，那就是面向未来靠创新。

在当前社会发展的时代背景下，如何面向未来？答案是：科技创造未来。

通过在科研、技术、创新等领域开展探索是面向未来的必由路径。所以，科技创新也就自然会成为国家战略。以此为指导，科技创新也应该是企业最高层级的战略。

为了未来能够在对的方向上、对的节奏上，需要付出的就是探索，这也意味着企业额外成本的支出，并且风险级数显著增高。这个对于很多企业而言是一个资金投入的门槛，很骨感、很残酷。

所以，俗一点来说就是：为了面向未来，就要投入人、财、物去做一些侧重于探索的事。在探索过程中也会形成先烈、先驱、先行、先赢的差别。因为很残酷、很悲怆，所以结局的不确定性也是企业不容易去探索未来的原因之一。

没什么好办法，只有一句话要说：因为只有面向未来，企业才有未来。

三是，何时会来？

这个涉及时间概念，通常描述成机会、机遇的出现。

有这样一句话：“机会是给那些有准备的人的。”这句话对于企业迎接未来同样适用。

没人知道未来何时会来，因为一般人都不会是先知先觉的，即便是，这种先知先觉也多是不靠谱、无法被信任的。

所以，对于何时会来的问题的答案就是：积极等待——得时而动、择机而行。也就是说，看到机会了就要有所行动，不能无动于衷；时间合适了，就要采取大动作，不能贻误。此过程中的核心是两个字：一个是时，一个是机。时，可以宏观概括为“天时”；机，可宏观概括为“地利”。

在未来什么时候会来的天时上，企业能做的很少；反而，企业应该在“地利”上寻找机会、寻找机遇、寻找线索，这也是企业应该做、可以做、必须做的。

以“地利”论，不是希望生搬硬套中国传统文化，而是希望让大家看到，问题恰恰就是如此——机会是给有准备的人的，有准备的人就是天天找机会的人——这是描述性的语言，而它与农业工作者则是极其匹配的。希望这个说法能给读者以启发。

四是，从何处出发？

走老路到不了新地方。

通向未来的出发点的确是隐藏不露的，否则入口肯定堵满了人——就像春节高速路的入口，进入入口意味着向着未来出发了。

上面已经提到了“天时”和“地利”，用“地利”的描述指出了如何等待时机。同样，未来的起点、入口，也应该在“地利”的维度下功夫——天生时，地生利。

在企业概念范畴，地利意味着什么呢？对此我做了如下简要分析与探讨：

① 资本。企业能够设立，一开始就是依靠资本的，包括资本金，也包括资源资本，如：场地、技术、专利、成果、市场等。即所谓开办企业一定要有“本钱”。在探索和确定未来的方向和路径的过程中，“拿钱开路”是总也绕不开的。

② 股东。企业是由股东来创办的，企业未来的方向如何，最终的决定权在股东手里。并且，股东最终是一系列有权做出决定的个人，这些个人组成的决策团队，能否对企业未来的方向和路径有所感知、有所行动、有所筹划，基本上决定了企业的未来，甚至决定了企业的生长发育、成长发展。

③ 创新。创新主要指产品创新、技术创新、市场创新，这些活动开展的过程中主要面向的是眼前看到的、未来可能发生的需求和情形。离开这个具体实践，就谈不上为未来做准备了。

④ 参股。若企业本身拿不准、分不出精力，则可以参股其他与本企业未来发展有关的企业的股权，一方面可以跟进，另一方面可以占领。

“没有土壤不长苗”，这句话够朴素，但也够深刻。什么惶惶大论，其实不过尔尔。只看到苗生苗长，论来论去；却看不到土壤贫富有别，看不到一切皆由地利所生。如此这般，哪来的面向未来？怕都只能是些空中楼阁罢了。

满足用户

永远不可能让用户完全满意，也永远不可能让所有用户满意。

这个可以作为借口吗？

如果企业在如何满足用户一事上找借口，而不是想办法、找突破口，那么肯定是走不远的。

但凡事都有个度，那么满足用户应该达到什么度呢？

通常的做法是通过反馈、调查等形式得知客户满意度，并将其作为管理运营的重要依据。但这个方法还不够严密、严谨，也不能真正让用户满意——用户一旦有其他选择，还会选择眼前的产品和服务吗？

所以，满足用户的最高标准应该是：**即便当前用户使用的产品和服务在市场上出现了可替代品，用户依然选择使用企业的产品，不是被动地而是愉快地选择。而这样的产品才是真正满足用户的产品。**

我们已知，在市场中，各种产品的竞争都是激烈而充分的。一旦用户用脚投票，选择了其他的替代产品和服务，就说明当前的产品和服务已经不能够满足用户了。理想的情况是，在单一市场领域，个别独占鳌头的企业的用户满意度就是最高的。

这里是不是有问题呢？有一点，用户并不是一个，也不是一组，甚至也不是一个群体。所以，满足用户的前提是要知道"用户是谁"。

如果对"用户是谁"的回答存在问题，则满足用户基本上就是无根之木，无法持续下去，所以才说用户是企业的上帝。但问题是，对于哪些是"上帝"，不能一竿子打枣，而要非常精细地定位和划分。这就是为什么现在又出现了"细分市场"的概念，其背后的目的就是满足特定细分用户群的需求，而这就是生意。

随着物质、精神需求的不断升级、发展，人们也越来越个性化，定制化、多元化必然是势不可挡的。所以，要满足用户不能泛泛而谈，而必须站在"人"的需求发展的大背景下进行战略考虑。

过去，用户的最重要属性是"购买力""阶层"，这个认识指导企业的管理运营很多年了。现在，市场上的主力消费群体基本上是80后、90后，甚至00后。他们已打破了所谓的购买力和消费阶层了。

企业的决策层、战略规划者必须把消费升级、消费群体的变化认真地考虑进去，才有可能更接近于"满足用户"。

上面说的听起来像是C2C(个人对个人)的，其实B2B(企业间)的不也是一样吗？因为，许多企业的经营管理者也主要是80后及90后了，他们虽为企业服务，但怎会不掺杂自身的感觉和感受呢？

上面，谈了"满足谁"的问题。下面，谈谈对"怎么满足"的思考。

① **从无到有**。假定一个需求是创造出来的，那么企业应该重点做的是尽快实现

“从无到有”——通常是通过试用、测试、志愿者等形式出现，目的是抢占市场。

② **从有到好**。如果有了市场，有了用户，也有了销售，接下来就是奋力地实现从有到好了——特别重视用户的每一点反馈、尊重每一个用户的意见，等等。这样，企业距离存活和取得成功就近了一大步。

③ **从有到特**。当市场形成，竞争者日益增多，先行者、竞争者就不能过于保守，而应该头脑清醒地选择走从有到特的发展路线。这个“特”可以包含的内容很多，如：特征、特性、特殊、特价、特能，等等。这个维度，说起来话就非常长了，所以不展开讲。

④ **从有到无**。这个过程就是归零的过程，对已经遇到瓶颈的产品进行归零、否定之后重新再来。这个基本的逻辑是从现有的需求、产品的框架中剥离出一个“创新维度”，尝试一个不存在的需求、不存在的产品、不存在的功能等。

请思考：

微信之于腾讯公司，是不是实现了“从有到无”？乍一看，腾讯够大，什么也不缺，可是微信之于腾讯公司非常重要。

微信之于张晓龙团队，是不是实现了“从无到有”？微信团队在没有推出微信之前什么都不是（主要是前面的标签撕掉了），所以从零再次起步，并且腾讯公司给了这样的环境和土壤。

从无到有和从有到无其实也是很难分开的，其核心标志是：新生或重生。

与用户互动

这一小节有些偏预研和假设，不是如传统般地讲如何服务用户的问题。

假定用户是企业的上帝，那么，企业是不是每天都要向“上帝”祷告，请求“上帝”给予恩赐和帮助呢？是的，这就是企业要认真思考的与用户互动的问题。

企业与被类比为上帝的用户之间必须互动。

随着“互联”的集聚性、交互性、爆发性通过“互联网”载体得以淋漓尽致地表现出来，我们相信“连接用户”将是未来必然出现的事物和场景。我们暂且从企业自身的需求出发，用现在的传统语言把这种事物描述为“与用户互动”。

用户在过去大多数时候都是被动接受某一个产品的。企业生产了什么，用户就只能买到什么。所谓的选择，就是在不同的生产企业之间挑选。

这种情况或许会随着“互联”时代的来临发生根本性的改变。未来的所有企业，都有可能是为个人提供个性化的产品或服务的企业，这种模式可以称为“私人订制”，它现在已经在市场上出现了、崭露了头角。

这个阶段已经开始了，我们暂且将其定义为萌芽阶段吧。

随着需求从用户端产生的规模效益、个性化竞争、多元化中不断分裂，与用户互动将成为企业“生产线上的环节”，而不是像现在一样属于“生产之后的环节”了。

当“互联”时代的企业构建自身的生产线时，“与用户互动”作为一个模块，应该尽可能地被前置到产品设计、产品定义、产品加工、产品生产、产品销售等环节。而像现在这样——它仅仅是“售后服务”的事情，在未来是绝对不可以的。

这可以给我们一些启发——应如何过渡到这个阶段，过渡到什么程度，应走什么样的路径。也许，这些启发里面就蕴含着未来。

我们把能够做到上面这些设想的企业定义为“用户的企业”，是“用户的企业”，而不仅仅是股东的企业。它真正以用户为中心，而不是以“生产”、“销售”或者“服务”为中心了。眼里始终只有用户的企业也许才是未来最成功的企业。

用户驱动企业改进和完善

这里接着前一节继续谈谈对现在和未来的想法。

在现在及未来，每个用户都是产品的设计者。这个说法不为过。

而且，未来必然会形成完善的虚拟世界与现实世界的融合，“用户”一词的概念也会发生变化。比如，在互联网领域，较早出现了“用户产生内容”的说法。在这个模式里面，用户就是内容的生产者，相当于做了“丰富产品内容”的工作。

很多企业现在应该遇到了一个问题——企业的未来在哪里?

前面已从企业自身的角度谈了企业应如何面向未来。这里再介绍一个解决办法，那就是到群众中去，即善用用户驱动来改进和完善企业，最终实现成功地面向未来。

脱节是常见现象，在企业与用户之间也存在。而“到群众中去”也是企业寻求制胜的法宝之一。

这种提法在于强化“用户驱动”，在于提供一个可行的方法论观点和措施，而不是仅停留在“重视用户”“用户是上帝”的理念认知层面。同样，我们也可以称实现了这种行为的企业，为“用户的企业”。

用户是谁、用户在想什么、用户在哪里、用户如何认识企业，等等，这些都是非常重要的问题——在未来，将是对于企业而言致命的问题。

“用户驱动”的提法的特色在于，企业在运营管理的战略、战术层面不能闭门造车，而应开门办企业，让用户驱动成为企业的主要驱动力之一，甚至成为企业的第一驱动力。在此之后，才是技术、人才、团队、服务等对企业的驱动和保障。

若我们这里提出的“用户驱动”是企业的第一驱动力能站得住脚的话，那么接下来的操作就是如何落实“着力点”，而这需要弄清驱动什么、怎么驱动、怎么校验、怎么反馈、怎么平衡、怎么控制，等等。这便有可能产生新的“企业系统及控制论”。

每个企业所处的行当、面对的用户（个人或上下游企业）都是差异很大的，但是用户有一些共同的诉求和愿望：

① 希望产品好——什么是好产品，能够表达清楚吗？

② 希望服务好——怎样的服务算是好的？

③ 希望价格合适——为什么贵？为什么便宜？为什么这样看？

④ 希望得到尊重——每个用户都希望得到尊重，企业有可能给予吗？

为什么用户有这些希望？对这些诉求和愿望的探索、解决、回应，本身就是驱动企业发展的力量，而且是长期隐藏、不易被发现、有待挖掘的力量。我想，发挥这些力量的机会成本并不是太高。核心是如何看待、如何构建用户驱动的企业治理机构和精神文化吧。

重视不寻常的用户意见

企业总会有一些很不寻常的用户。他们是另类，但是有可能也是价值的发现者和启蒙者。

这是小概率事件，但要抓住这些小概率事件并不容易。在实际的工作中，随着企业长年累月的发展和积累，有些小概率事件是一定会发生的，也一定会以某种渠道、形式传递到公司内部。

所以，在公司内部，应该竖起"雷达天线"以便能够敏锐地发现这种小概率事件及其他小概率的事件。往往，这些事件都能反映深刻的问题，而这些问题往往就是发展的机遇所在。

思维都是有惯性的，工作都是有边界的，正是这种惯性、边界使得小概率事件总是不被人关注，有时即使引发大的问题，人们也会忽视其背后的深刻内涵和价值。

对于这样的例子就不再列举了。读者根据自身的工作经历，稍加回忆，就能发现类似情况的存在及由这些情况导致的深刻影响。

用户的口碑就是企业的金杯

任何企业都是依赖用户的选择和支持而生存的，所以才说用户是企业的上帝。而现实是用户对于企业，可真没有"上帝"那么大的影响力。真到具体实际，用户在企业面前往往是弱势的。真正把用户当成上帝的企业是很少的。

不过，随着时代的进步、用户的进步、需求的进步，发生的一切变化都会在企业端展现出来——用户越来越对企业产生更大的影响力，但是达到"上帝"的程度，不知还需要多长时间，店大欺客的情况还是时有发生。

从移动互联网时代、自媒体时代、网络营销时代等开始，口碑已然成为影响用户选择购买的重要因素，并且必将成为决定性的指标和力量。

随之而来的问题是：好的口碑如何建立，如何让每个用户都说好，如何让不满意的用户能够转变和理解，等等。

好口碑当然是以产品的质量为基础的，但是仅仅有这个基础还是不够的；在质量有瓶颈限制的情况下，通过服务提升口碑也是必然的、重要的。

企业希望获得一个又一个的"金杯"来证明自己，而最实在的、最有价值的"金杯"就是用户的口碑。

怎么重视用户的口碑都不过分，主要要看企业能够进行多大的投入。在这里，需要提示的是，这里面是有门道的，它对于企业的生意而言也是主战场。

第六章 要善用技术成果产业化

成果转化的核心在于转化

成果转化是企业创新、社会区域创新发展的重要手段和方式之一，也是当前备受关注的主题之一。但是，在具体实践过程中，特别是企业从过去的“模仿创新”向“自主创新”方式转变的过程中，区域产业经济升级发展过程中，成果转化的重心过多地放在了“成果”本身，而忽略了“转化”才是核心的规律。

成果，通常我们可以认为它在科研院所、技术团队、高等学校手中；市场，通常我们可以认为它需要企业去开拓。这显示了成果的形成主体和一般形态，也显示了成果转化的主体必然是直接面向市场的企业。同时成果转化的目的是推动企业的技术创新，也就是最终目标必须导致新产品的产生、新市场的占领，在这个目标的实现过程中，最难把握的是“转化”而不是“成果”。

图 6.1 为技术成果转化示意图。

对于“成果”我们通常大可放心，比如与之相关的技术鉴定、成果鉴定、专利证书、软件著作权等，大体上说明了成果的功能和效用。那么为什么成果转化成功率不高、让人采用或者转化不放心呢？这些问题不是“成果”本身造成的——否则成果就不能称其为“成果”了，而是由于“转化”本身的不确定性造成的，很多时候大家把这个账记在了“技术不确定性”上了。

转化的不确定性要考虑的范围大于成果中间包含的技术不确定性，即除了技术成熟度、成果先进性等不确定因素外，还包括团队稳定性、影响力、市场成熟度、转化成本、生产成本、预期利润率、转化周期、目标市场变化、突然的新技术替代等，不确定

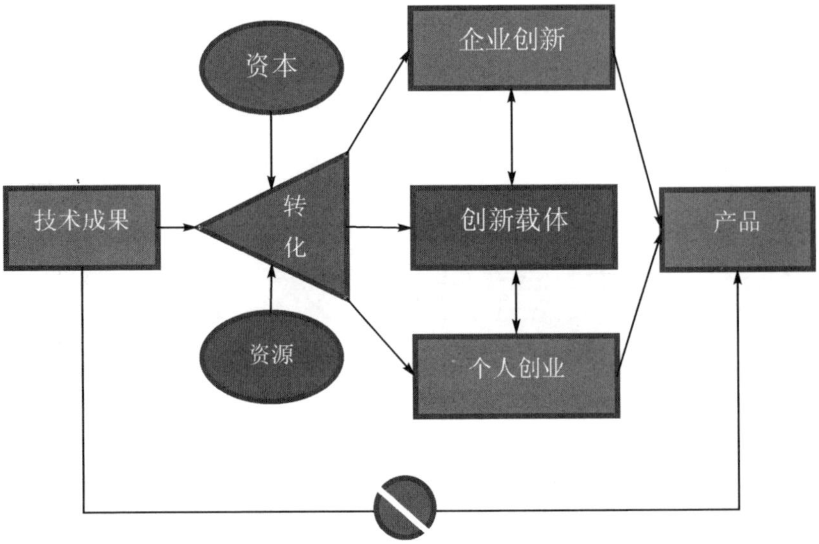

图 6.1 技术成果转化示意图

因素还可以有很多。如果“成果”是技术创新的输入之一,“产品”是技术创新的输出之一,那么这个反应过程就叫“转化”,需要考虑的因素非常多。

转化过程中的不确定性还包括,单一成果的有效性、配套技术的可获得情况以及随之而来的不确定性。应该说,通过总结、观察、分析,我们认为单一成果要素导致新产品产生、新竞争力形成的现象是不多见的。通常是在多个成果技术要素或者非技术领域的其他重要情况发生并综合发生作用的情况下,成果转化推动企业、行业潮流发展的情况才会发生。

创新都有风险,都是在试错。因此,“成果转化”本身具备明显的二次创新、迭代创新的特点。也就是说,成果转化并不是站在了巨人的“肩膀上”,而只是接过了“接力棒”。这里有个“接力区”,就是转化过程,其中不但竞争激烈,而且风险重重。更吸引人的是,这个接力区蕴含了真正的驱动技术创新的机会。

成果转化的接力赛缺乏裁判机制、训练机制和足够的运动水平。我们看看接力赛的两方代表:科研院所高校代表队和企业代表队。大家看看,他们能够配合好,一起完成“成果转化”的接力赛吗?很显然,在“接力区”他们互相很不熟悉,这就使机制保障方面存在问题,比如很突出的知识产权保护不力的问题。更让人忧虑的是,科研院所高校代表队越来越高大上,绝大多数的企业代表队是跟不上科研创新的步伐的。现实的情况大体如此。管中窥豹,我们可以看到要推动成果转化的成功实施有多大的困难。

如果想在短期内提升成果转化的水平、效率,可行的抓手是大力扶持和发展高水平的成果转化服务机构。以深圳为例,深圳虚拟大学园引入国内及国外院校落地建设深圳研究院,目前入驻院校已达 57 所。这种方式在成果转化的环节上,发挥的就是高水平中介服务机构的作用——让两方代表队更好地开展接力区里的训练，促进水平的提升。

如果成果转化的“接棒者”企业一方不愿意、没能力参与这个比赛，那么就必然会被淘汰。各级政府看到了这个问题，就花大力气推动企业去“接棒”。如前所述，成果转化是又一次的创新过程，成果转化失败归结起来还是我们的企业创新能力、实力、水平不够。完成这个过程，最惨烈的状况就是一批企业倒闭、一批企业新生，这样的事情每天都在发生。同时，企业倒闭（包括停滞、后退）和企业新生的速度在很多地区是失衡的，这正是经济在当前周期遇到的重要问题之一。

在全球化、国际化的大背景下，在资源充分流通和交换的时代潮流里面，企业新生就一定是选择最适合的“土壤”扎根。这个土壤，在成果转化的环节，我们的描述就是区域协同创新环境，竞争的就是环境的优劣。一方面，传统落后的企业停滞、后退甚至倒闭了；另一方面，新生的企业在其他区域有选择，没有在此扎根，由此会产生剪刀差的情况，该区域的经济发展就会遇到大问题。比如，我国东北地区曾经是重工业经济发展的典型代表，而现在则是经济发展滞后的典型代表，这其中的根本原因是人才外流、资金外流、企业新生慢。在这种情况下，通过成果转化而新生的企业一定会向人才密集、资金密集、配套成熟的区域快速转移，拦是拦不住的。

政府发现了这些问题，表现得比企业更着急、更忧虑。但是，政府不是运动员，企业才是运动员。所以，以成果转化为代表的技术创新、企业创新，核心在于转化、在于有没有有能力的企业接棒致力于二次创新，从而实现老树发新芽、涅槃重生，或者是崭新的企业落地生根、发芽壮大。

转化的过程如此重要。人们重视成果，更应该重视转化，也就是要进一步加强对企业创新主体的认识、市场需求引导的重视，大力扶持高水平成果转化服务机构的设立和建设，帮助企业通过成果转化提高效率和水平，从而实现弯道超车、实现转型升级、实现跨越式发展。这类机构，目前有政府主导建设的，也有市场主导建设的，但不论是哪种，目前都是处在不断创新探索发展的过程中，其自身发展规律、机制并未完全成熟，中介服务水平和作用也有待进一步提升。

成果转化与企业创新

成果转化是非常不容易或者不是经常发生的事情

1. 成果转化是一个看似简单但实际非常复杂的过程

成果转化是社会经济各个维度都会涉及的复杂的科研、经济、资本相结合的过程，各方都希望能通过“化学反应”产生超越平均发展水平的驱动力和利润效益。

2. 成果是科研人员的目标

成果是科研人员的目标。我们来看看为什么这样说。把成果当成目标，是科研人员的使命。科研人员历经千辛万苦，甚至奋斗终生，就是希望能在成果上有突破、有创新。当这一目标达成后，其科研的使命就终结了、完美了。然后，为了攀登科学、科技、研发的更高的顶峰，他们会再次前进、追寻成果的更高境界。

3. 成果转化是企业创新的手段之一

企业创新的目标，说得俗一点，就是为了赚钱，为了实现超越社会平均水平的经济利益。问题也在这里变得复杂了。

(1) 在“成果”拥有者的目标、价值观、使命中，不存在为企业创新提供服务的天然使命。他们的使命是不断追逐科研成果的一座座高峰。你让他放下手里的工作，与企业家一起去实现超越平均水平的经济利益，这不太可能。或者说，这样做的根本不是科学家，而是“科研企业家”。

(2) “企业创新”的目的是利润。但企业获取利润，依靠成果转化的科技创新驱动，需要两个条件：一是成果对市场需求的匹配度、成熟度；二是成果转化的投资效益比。这两个问题不解决，没有企业能够获利，也就没有企业通过成果转化去实施创新。

(3) “转化”是要消耗大量外部能量的。如同化学反应中催化剂的存在，成果转化需要的催化条件、所涉及的风险、资本资源投入量等，消耗甚大，得有能力才行。

企业创新与不创新都很难

成果具有天然的转化成为生产力并获取超越平均经济利益水平的优势。但不幸的是，世界范围内，从“成果”出现到其变成“产品”，平均转化周期在25年左右。25年，这么漫长的过程，岂是说转化就转化的。那么现在是什么情况？

一是很多时候“为了转化而转化”。因为政府有政策红利，企业为了参加评审高新技术企业，企业为了专利而专利，企业为申报科技创新经费等，不一而足，“转化”了就具备了一种资格、一种荣耀。

二是在过去经济发展的历程中，企业赚钱靠资源、靠低成本劳动力即可。不可否认的是，多年来，依托低成本人力和土地资源，从倒买倒卖、占有稀缺矿产资源、山寨模仿到委托加工等，中国企业确实创造了巨大财富，也打出了“世界工厂”的名声。而在这样的方式可以赚到很多钱的时候，“成果转化”这么不容易赚钱的生意，企业是不会去做的。

三是企业无路可走了，才会想起成果转化及企业创新。我想多数情况都是这样的。企业是否创新，对于企业而言，不是阳春白雪，是性命攸关的选择。

从宏观角度来看，传统企业特别是制造业举步维艰

为什么这么说？因为它们几乎就没有在企业创新方面做出过正确的选择和投入。我不是这方面的专家，只是一个普普通通的观察者。我们的制造业从家电到汽车，从服装到饮食，哪里在创新？好了，现在路都堵死了，又遇到了“互联网”这一个横

空出世的颠覆者。

所以，国家提出了“中国制造 2025”，国外提出了工业 4.0、工业互联网，也有人提出了“互联网＋”、互联网思维。这些需要我们弄清一个基本问题——我们在什么基础上干？

回到主题，成果转化推动企业创新，决定权在“新鸟”“老鸟”而不在成果本身。但是，成果与利润之间的距离“近在咫尺，远在天边”。怎么办？以市场的必然性为基础，以成果转化的偶然性和高风险为手段之一，更多地聚焦时代潮流下的用户需求、市场需求，以产品创新和应用创新作为企业目标，以尽可能短的距离连接市场，获得利润且唯有利润才能使得企业发展。

成果成功转化是小概率事件，企业实施创新是必然需求，两者之间的关系不在一个线性的维度和轨道上。企业要创新应该放弃浮躁的心态及赚快钱的想法，持之以恒地长期投入，使自己逐步成为有能力的转化成果的“运动员”，才能成功地实现转型升级，我们的制造业才能发展起来。

技术成果转化的问题

为讨论方便，我们首先需要对技术成果转化的内涵进行初步界定。相对于科技成果转化的广义内涵而言，比如：专利知识产权转让、授权、联合研发等，本文中的“技术成果转化”主要是指产业化，是指通过科技成果的应用研发，形成新产品、新工艺并成功走向市场的过程。所以，此处使用技术成果产业化的狭义内涵来代替技术成果转化的表述。

实施产业化的技术成果应具有的特征

客观上，高校研究出的大多数技术成果不能够实施产业化。得出这个结论并不难，这里就不展开论述了。那么，具备什么样特征的科技成果能够成功实施产业化呢？

首先，这些成果要具有一定的技术超前性。这是指在产业领域具有一定的技术超前性，特别是正处在技术向产业转移的启动阶段时，业界的大量企业为了利用此项科技成果占据市场优势地位，也做好了投入的充分准备。

其次，这些成果要满足和适应市场需求。有很多科技成果的技术水平很高，但是没有市场需求，因此也就没有市场驱动力，业界资本就不会配置到该项科技成果产业化的过程中来。只有满足和适应了当前市场发展需求的技术成果，才能够顺利地启动产业化过程。比如，瞄准国家“十三五”期间对战略性新兴产业的大力扶持与发展，与之相匹配的技术成果产业化将具有空前的机会。

再次，拥有技术成果的团队具有迫切需要产业化的诉求。技术成果形成后，其产业化能力聚集在技术团队核心人员身上。脱离了技术团队迫切需要产业化的诉求，仅凭技术成果本身的技术超前性和正确的市场需求，产业化过程也很难成功。因为只有有了技术团队的实质投入和参与，才能保障科技成果产业化的持续性，才能确保攻克产业化过程中遇到的各种技术风险。

科技成果产业化的关键要素

即使具备了前面所述的基本特征，科技成果产业化成功之路依然十分艰难。有几个关键要素是必备的。这里我们给出一个简单的等式：

产出 =f(投入×风险)

首先，如果要通过产业化获得产出，必须有持续的投入。通过上面的等式，我们可以看到投入越大产出会越大，当然，产出只要达到产业化的合理投入需求即可。对于究竟投入多少是科学、合理的，这里不展开论述。如果投入不足，那么所有投入很可能归零，这将直接导致产业化失败，产出自然为零。因此，要清醒地看到：没有明确、持续投入的产业化过程就无法成功。即使有短暂的风光，也只会是昙花一现。

其次，要想通过产业化获得产出，必须承担一定的风险并管理好风险。实际的确如此，没有风险的产业化不会有产出，这是市场的基本原则。很多时候，决策层对风险都是厌恶的，谈到风险或者在完成风险的充分论证后，很多决策就不了了之了。当然，为论述方便，这里就不展开讲风险的内涵和边界了。实际上，产业化不能成功，很多时候是缘于不接受风险、未认清风险、厌恶风险，以及产业化过程中风险的确很多，且很多外部风险根本无法管理和控制，只能采取一些相应的风险防范措施而已。所以，也注定实际的科技成果产业化成功概率不会太高。

再次，还有一个隐含的要素，那就是合理的机制。从静态角度看，为实施成果产业化会组建团队、设置机构、安排预算、配置资源；从动态角度看，要将上面这些内容有机组织以形成有效生产力，就需要建立相对应的合理的生产关系，维持这一生产关系最重要的要素是机制，其中包括激励机制、运营机制、合作机制等。考虑高校自身的科技成果管理特点，以及科技成果管理机制、评估机制、分配机制的变革与创新，不用再多展开，这已经足够复杂了。所以，很多时候现有的机制不满足生产力发展所要求的生产关系，致使很多可行的科技成果不能走向产业化之路。有时候，为了一次性规避这些机制约束，释放科技创新生产力，很多技术成果及其团队绕开了机制创新这条路，以个人名义开公司，实施科技成果产业化，这也是当下高校科技成果产业化的现实。

科技成果产业化要采取协同创新、集成创新

首先，单一成果产业化很难。当前经济社会发展形势下，单一的科技成果实施产业化很难成功。从技术角度出发，产业化过程中需要多学科交叉，需要更多关联技术成果的导入；从产品研制角度出发，单一科技成果发挥的作用不是全部，比如：要确保经济性、可量产、可稳定重复生产等，如果仅仅聚焦单一成果的技术优势而忽略以上

内容，产业化过程中就会不断遇到未知的困难。

其次，单纯来源于高校的科技成果要产业化很难。这主要是因为，在这些科技成果产出的过程中，市场需求、产品量产、经济性等并没有被作为成果评价的目标进行考核。在现行高校科技成果考核指标下形成的结论，缺乏明确的市场需求牵引、缺乏对产业化阶段要素的考虑。这并不是说这些成果没有价值，毕竟高校在基础创新以及人才培养过程中，也会为社会发展提供巨大的间接支撑，甚至会不断引领技术创新革命，这也是高校的另一个社会责任的体现。

再次，协同创新、集成创新会增加成功概率。高校的科技创新转化为生产力，为社会发展做贡献，已经越来越多地受到关注。高校只有大力实施产学研用相结合，联合生产链上的上下游部门，实施协同创新、集成创新，才能更好地发挥高校的这一社会使命。围绕市场需求，产业界提出新产品、新工艺特征要求，高校作为研发机构，应整合和配置相关科技成果资源，进行整体支持和运作并利用募集的各类资金，以取得应用市场为目标，组建产业化研发平台（实验室、实体公司），进行市场化运作，进而成功将科技成果推向市场。

当然，上面仅仅就几个问题进行了简单的分析，试图为高校科技成果产业化工作提供借鉴。关于科技成果产业化的要素和过程，有很多文章、文献可以借鉴，然而，科技成果产业化终究是一个实践过程，所有的道理都只能通过实践来检验。从业者的机会很多，但任重而道远。

产学研用结合

从不断探索尝试的过程中一路走来，从“产学研”到“产学研用”的深化，有很多工作需要参与的各方重新思考和设计，从而确保组织机制、运行机制、管理制度等能够切实落实到以“用”为出发点和落脚点，以“用”为指挥棒的工作部署和执行上来。

当然，既然是“产学研用”四个方面，就需要进一步从顶层梳理产、学、研、用参与各方对各自的基本认识定位、相互协作关系机制，从而在新的条件下形成新的工作格局，使得产、学、研、用相互融合、互为支撑、形成体系。

产学研用是一个整体

强调产学研用的整体性，是要进一步强调和明确以“用”为目的而不是以“研”为目的，从而会避免在工作中，尤其是全局工作布局和决策中，出现对“目的”定位的偏移——即产学研是手段，用是目的。

同时，也不要认为“产学研是错的”，因为作为技术创新的一种重要手段，产学研的作用是很大的；更不要有把产学研和用割裂开的想法和认识。

如图 6.2 所示，产学研通过用形成了稳定的星形结构，互相之间的联系更明确了。

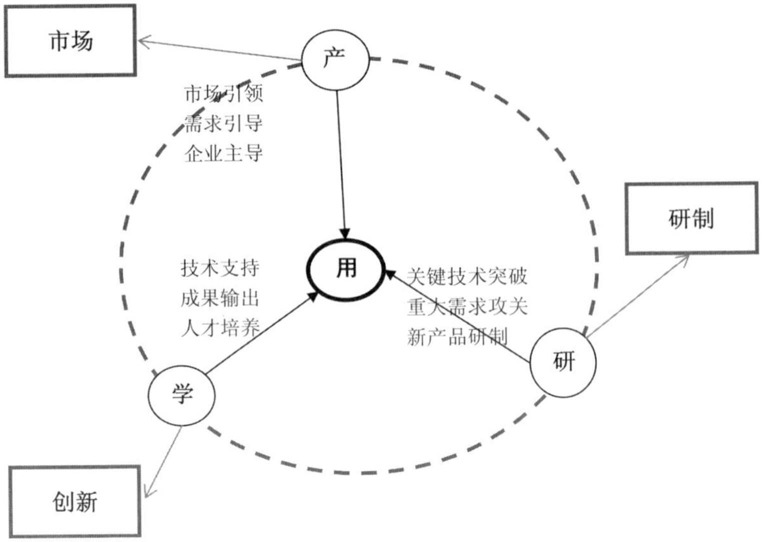

图6.2　产学研用四者的关系图(产学研用结合的“飞轮”模型)

用是目的，其他为支撑

2012年全国科技创新大会上明确提出了从最初的“产学研”拓展到“产学研用”，更加明确了科技创新的目的、产学研结合的出发点和落脚点，其实也就是用“市场”作为引领和检验产学研是否成功的标准。如果仅仅从字面上认为增加一个“用”是很简单的事情，那就太缺乏对产学研的深刻认识了。应该说，我国实施“产学研”结合，国家大力支持技术成果产业化，已经有20多年的时间了，这期间科技创新为社会经济发展做出了巨大贡献。但是，面临建设创新国家(城市)的更高要求，如果“产学研”不能够应用、不能够成为用户需要的产品，科技创新对社会经济发展的贡献率不能够大幅提升，那么就不能得到支持、不能够配置资源。

研是关键，是技术创新的关键环节

有了市场的引领、应用的明确需求，实施成功的技术研发就成为最关键的环节。

这个环节是最为特殊的环节，它的主要特点是“三高”。

1. 投入高

技术研发的投入很大。这包括设备设施、工具材料、组建团队等，越是高精尖技术的研发，投入越大。对于任何一个企业而言，投入大笔技术研发费用进行技术创新都是很具挑战性的事情。这样实际上就造成了很多企业技术研发能力很弱(投入不足)。以广东地区为例，数量众多的民营企业中，很多是同质化竞争的，大家比拼的是低成本。由此在科技创新上的投入会更加不足，或者很难实施。

2. 风险高

实施科技创新、技术研发，不论是在企业还是在高校，其风险都是很大的(真正意义上的创新)。从产学研用的角度讲,在众多的风险中,最主要的风险是“投入不足的风险”(对于这个,读者可以深入思考)。而这个风险,可以从另外三个风险“是否有市场、是否在时间资金成本下能够完成、团队是否稳定”中来寻求措施和答案。一旦有市场,那么市场上的投资资金就有可能跟进,解决资金的风险;一旦在限定条件下能够完成,那么就可以进行技术成果转化,获取必要的研发资金。实际上,风险太不确定的事情,在产学研用的协同创新平台上是不能够立项的,这也就回归到是否有足够的研发经费这一个风险及判定命题上来了。

3. 回报高

一旦技术研发成功,实现了别人不能实现的技术创新,能够提供市场上没有的新产品(工艺、服务),其回报之大即可想而知。而且,如果这一创新(新产品)还具有好的商业模式,那么其在传统市场和资本市场上同时获得的回报真的会是巨大的。

产是引领,是方向

不论是产学研还是产学研用,产业需求都是主导。这意味着,要以产业需求为引领,要发挥企业的创新主导地位。企业的创新主导地位意味着,企业要敢于在科技创新上投入、敢于研发新产品。产学研用模式的优势在于,在企业单独承担风险和独享回报成功概率太小的情况下,提供了更为有效的科技创新、技术研发的可靠模式。企业能否在科技创新和技术研发上下定决心,是制约产学研用能否有效发挥作用的关键。回顾过去四十多年来改革开放、经济快速发展的历史阶段,我们会清晰地看到大多数企业不是靠科技创新和技术研发获得市场的,这是在当初市场不成熟、产品竞争不激烈的历史条件下自然而然的选择。然而,在新的建设创新型国家(城市)的历史条件下,在国家大力鼓励和扶持战略性新兴产业的政策引导下,在传统产业(产品)逐步面临被淘汰的困局下,企业唯有走科技创新之路,下定决心利用技术研发新产品,才能在这一轮科技创新的浪潮中获得发展机遇。

学是技术成果资源,是高端人才储备

大学是科技创新的重要源头之一;并且,大学作为科技创新源头服务社会区域经济发展的作用也日益突出。大学作为技术创新源头,在技术、成果、人才,乃至教育方面拥有非常明显的资源优势,而这些恰恰是产业界开展科技创新最为缺少的部分。因此产学研用一体的结合创新方式,依托“学”所拥有的技术资源和人才储备,是企业开展创新的非常有力的支撑,而大学则是其重要的合作伙伴。

人才、科技、资本、产业四要素

2012 年全国科技创新大会提出了很多针对实施科技创新的新要求、新精神、新思路,特别强调了突出企业的创新主体地位,实施以市场需求为指导的产学研用相结

合策略。在另一篇关于如何实施产学研用的文章中(参见《论"产学研用"的科技创新之路——以北航顺德产业基地建设的实践为例》),笔者提出了采用"人才+科技+资本+产业"的科技创新模式。这篇文章对此科技创新模式的有关问题进行了分析探讨,希望能够为产学研用工作的开展提供有益的借鉴。

产学研用的核心要素包括了**高级人才、科技创新、资本运作、产业需求**。离开这四个要素的有机组合和有效机制设计,产学研用还是不能够得以顺利实施,而正确厘清和把握这四个要素之间的关系是成功实施产学研用的关键。如图 6.3 所示,"产学研用"的核心要素是产业需求,这也进一步体现了在科技创新中企业的主导地位和对市场的引领作用。

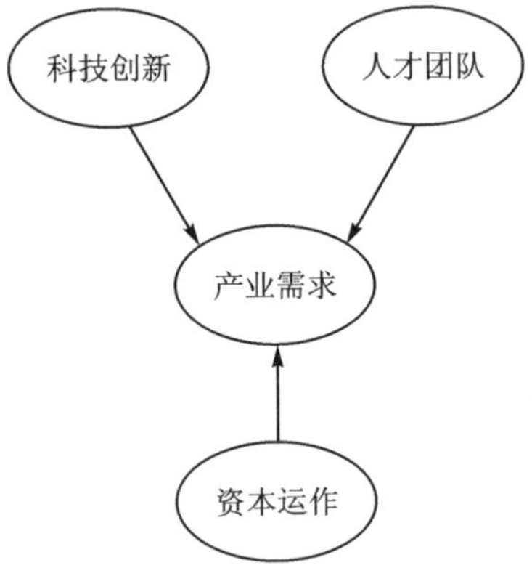

图 6.3　产学研用的四个核心要素

首先,谈一谈四个核心要素深度融合的必要性。从 20 世纪 90 年代初期起,我国就开始大力提倡和扶持通过产学研结合的途径和方法,实施技术成果向产业的转移转化,以推进产业界的科技创新。随着时代的不断变迁、产业发展需求的不断调整、应用技术创新逐步向集成化协同化深刻发展、以市场为创新主体的格局不断形成,单一的技术作用、简单的产学研结合已不再适应这种背景下的科技创新。要满足这种新发展新需求提出的要求,我们认为要进行科技创新的系统性设计和诸多要素的深度融合。另外一个佐证是,2012 年国家科技创新大会突出的新特点之一就是明确提出以企业为主体进行科技创新,实施产学研用相结合策略,这是因为把握和跟踪产业需求是企业擅长和精通的。在传统的产学研结合过程中,部分忽略了"用"的引领和指导作用,一旦将这一重要的出发点和落脚点融入产学研过程中,四个必要因素的融合就形成了更为有机的整体。

其次,谈一谈高科技技术成果转化的几个突出问题。高科技技术成果通常具有一定的技术超前性,走在产业需求的前面。但是,有很多科技成果技术水平很高,却没有市场需求,也就没有市场驱动力,产业方及资本方就不会下决心将有效资源配置到此成果的转化过程中来。技术成果形成后,其成果实施产业化的能力还是聚集在技术团队核心人员身上，脱离了技术团队人员的迫切产业化诉求和直接研发投入，仅凭技术成果本身的技术超前性和正确的市场需求，产业化过程也很难成功。决心通过产业化获得科技创新的成功产出，就必须有持续的投入。如果投入不足，那么所有投入都很可能归零，这将直接导致产业化失败。在转化过程中，还有一个重要的问题，就是各方对自己承担风险的喜好或者厌恶态度。产学研用相结合过程中必须承担一定的风险并管理好风险。没有风险的产业化不会有产出，这也是市场的基本原则。很多时候，决策层对风险都是厌恶的(人之常情)，谈到风险或者完成风险的充分论证后，很多技术成果产业化的决策就不了了之了。还有一个隐含的要素，那就是合理的机制。从静态角度讲，为实施成果产业化需要组建团队、设置机构、安排预算、配置资源；从动态角度，要将上面这些内容有机地组织起来以便形成有效的生产力，就需要建立相对应的合理的生产关系。维持这一生产关系最重要的要素也是机制，其中包括合作机制、激励机制、运营机制等。

再次，探讨一下四个要素融合实施科技创新模式的路径和方法。当前经济和社会发展形势下，单一成果产业化很难。从技术角度而言，产业化过程中需要多学科交叉，需要多种关联技术成果交叉；从产品研制角度而言，单一科技成果发挥的作用不是全部，如果忽略技术成果产业化的经济性、稳定量产等市场化要求，产业化过程中就会不断遇到未知的困难。四个要素的结合需要采取协同创新、集成创新，需要结合产业需求进行引导和资本运作，这样能在很大程度上增加科技创新的成功概率。国家科技创新大会大力提倡产学研用相结合，就是要求联合科技创新链条上的上下游部门，围绕市场需求，进行协同创新和集成创新。由产业界提出新产品、新工艺的特征描述；高校等作为研发机构，整合和配置相关技术成果和研发人才等资源；资本方(产业方)提供必要的产业化资金；共同依托产业化研发平台(孵化器)，采用市场化的运作机制，从而形成有效的“人才＋科技＋资本＋产业”的科技创新模式。

产学研用相结合中人的组织

当前的大背景是，科技创新驱动已成为全社会、全世界的共识。科技创新驱动的要素总体上包括科技人才、科技成果、成果转化和企业创新四个方面。

而在全社会实践和开展科技创新驱动的过程中，在各个维度加倍努力，试图通过科技创新创造新的增长点的过程中，讨论得比较多的是“成果转化”的问题。通过成果转化这一方式手段，推动企业创新、产品转型升级、领先发展是一条好路子，这是普遍共识。

通过细微的观察、对实际工作进行总结反思，以及对若干成果转化、产学研合作、校企合作的失败案例进行分析不难发现其中有一个特别突出的问题，即高科技人才的组织的问题。

成果与团队(Technology & Team)是密不可分的。简简单单的技术交易买卖、成果输出已经不能解决当前企业创新驱动发展过程中遇到的难关，也不能做到通过创新实现长期可持续的驱动发展。所以，人是第一位的，以人为本，关注人的核心价值作用，成为越来越重要的课题和问题。有几个做法和思路需要探讨一下：

① 依据高校科研人员的特点，以创新实验室为载体凝聚人。

首先，高校科研人员不大可能（绝大多数）以市场效益、以产品经济性为目标开展科研工作。一方面，由于职称、论文、绩效等的驱动，使他们只能去做不断攀登科技高峰的事情；另一方面，术业有专攻，老师们的优势是研发，是建立实验室，是组织关键技术突破。因此，适当的投入、关键技术需求突破的引领、具有一定挑战性的项目的立项，可以促成更好的合作匹配度，也就相对更能服务于高校科研人员自身的发展，聚集很多的人才。

其次，产学研用合作的过程中，实验室的定位要有别于高校内部的实验室。学校的实验室有优势、有成果，但主要是在原始创新、探索创新、自有创新方面，并不具有明显的产业化目标指导（具体原因这里不展开论述）。而产学研用合作、校企合作的实验室，是往后续阶段的，主要是开展应用创新、产品创新、技术改造等，具有明显的市场需求引导、经济指标、投入产出效益限制。

设立创新实验室，按照高校科研人员熟悉的逻辑和组织方式，凝聚人才、设立项目、协同开展工作，是非常有效的载体支撑平台。

② 依据创新实验室的定位，以有效的项目驱动组织人。简单地说就是：人得有事干；而产学研用合作、校企合作，得干双方协同一致的事。否则，创新实验室就是一个空壳实验室，也可能仅仅是为了能够获得政策红利而设立。所以，实验室要有项目，要既能发挥高校科研人员的优势，又能面向企业、市场、需求发展需要，而这个正是难点。

首先，项目需要边界。这包括明确需求定义，进行方案论证、系统开发设计，确定技术路线、完工周期、预算额度、管理机制等。这些都需要明明白白的，这个时候项目才算是“完整”的，而不是残缺的。很多时候，项目烂尾的很大部分原因是没有界定清楚“项目”的内涵和外延。

其次，有项目有计划大家才能劲往一处使。通常，在产学研用相结合、校企合作的前期、中期，都不会出现很多问题。问题往往出现在后期、验收期。为什么？这是因为项目没有规划、没有管理约束，大家主观上都很投入、很负责，但奈何仅靠这样的方式是干不出成果来的。其中，一个确定的原因就是高校科研人员最不擅长的——项目运营管理，这对于他们而言就是关公战秦琼，不在一个维度上。虽然这些项目是以科研创新为核心的项目，但项目运营管理的基本逻辑和方法是不变的，要求是相通的，因此企业的优势就应该融入和发挥到项目的组织中去。

③ 依据企业的投入和产品的未来，以市场化的原则激励人。这句话的本质内涵是：企业是“市场的主体”“盈利的载体”。高校科研人员无论为企业做多少事情，最终的最大价值都要到未来的市场中才能够体现。试想，如果研发阶段企业没有能力投

入那么大，或者故意不做必要的足够的投入，高校科研人员看到这样一个局面，会自己承担研发的风险、投入的风险，真心实意地与企业携手创新吗？应该是不会的，因为高校的科研人员的机会成本是很高的。

首先，有一个问题比较突出但受关注度不够，这个问题是“对价时间不匹配”：高校科研人员在研发阶段取得的成功，需要通过企业在后续市场开拓过程中再次确定成功，才算最终的成功。这个周期是好几年。那么，研发阶段取得了成功，高校科研人员的劳动付出如何计价呢？又如何让人满意呢？

其次，两三年后企业果真赚到钱了，愿意与前期进行研发的人员一起分享利益吗？如果企业愿意，那么又以什么样的量级、方式核算分享呢？还有更低一个层次的，企业不分享又如何？所以，高校科研人员一定希望得到他们按照成本核算的研发费用，但往往企业会存在没实力，对研发有怀疑、没把握的情况。如此，到最后，合作是谈不成的。

再次，要把握一个原则即“风险共享、收益共享、阶段分配”。风险在哪个阶段都有，比如：企业会面对研制的新产品没有市场、不盈利的风险，但是依据这个风险能压缩科研人员的研发成本费用吗？这显然是不合适的。所以这里给出一个可能的方法：

——第一步：课题委托，少投入。解决正确性、完整性、先进性的论证；最多到原型系统（原理方案）等的研制。这个过程中会面临对失败或成功的大方向进行选择判断的问题。

——第二步：项目立项，中等投入。确定产品（系统）的功能、性能的正确性、经济性、可靠性等，差不多到初试阶段，最多到中试阶段就结束。

——第三步：产业化、大投入。解决市场开拓、产品推广、面对市场风险、量产等方面的问题。此时已经与高校科研人员没有太大关系，至少在一次迭代中就完成了。

在这个方法中，从第一步到第三步贯通考虑，这样就是“风险共担、收益分享、阶段分配”了。

第七章　企业需要的重要伙伴

政　府

按照亚当・斯密提出的观点，政府是一只看得见的手，市场是一只看不见的手，他们都会同时作用在企业的身上。

所以，把政府当作"企业的重要伙伴"是必须的。至于是否称其为"伙伴"，却是可以商榷的事情。我们暂且这么表述，以便不影响主要观点的提出和分析。

在这里，又可以把一个企业比作一个人。一个企业有生老病死，这个与人相似，前面也做过了类比。一个人生老病死的全过程有很多环节是离不开政府的——比如办理各种证明文件；同理，一个企业的生老病死也是离不开政府的：

- 政府给企业颁发"出生证"——营业执照；
- 政府给企业指定合法的经营范围；
- 政府对特定行业设定准入条件；
- 政府对限制行业制定门槛和约束条款；
- 政府对经济的过热或过冷进行调节；
- 政府间的合作、竞争会影响企业的进出口贸易量。

所以，任何一个看似与政府毫不相干的企业，都应该认真地研究一下——企业所在地的政府如何？企业所在行业的国家政策如何？与企业进行国际贸易的当地国与中国的关系如何？这些都是常见的、浅显的需要考虑的问题。

本书反反复复讨论的核心是"企业价值"。我们可以看到，政府的某些决定、安排、规划，极大地影响着企业的价值。比如，就在本书编写过程中，人工智能火热、独角兽特殊上市渠道的安排，这些都是政府在发挥政策指导引领的作用；而在市场上，显现的则是这样的企业的价值“溢价”现象十分明显。这个例子说明，一个企业所从事的行业、企业自身价值的评估，是会受到政府政策的影响的，而且这种影响的力度是非常大的。

在深圳，很多民营企业长年进行着对外贸易，所以，也长年不用与深圳本地政府打交道。对于这些企业而言，最大的一个变量参数是“人民币汇率”。这个参数是不同程度地由中国政府、中美政府间的关系来决定的，企业当然是无能为力的，但是这种影响的确是非常大的。为了平复汇率的波动，这类民营企业就需要采取其他的对冲的办法，而最好不是无动于衷、听天由命。

有时政府为了鼓励产业创新、科技创新，会出台一些政策。但因为任何政策都无法做到在本行业内雨露均沾，因而不可避免地会造成同行企业发展的不平衡，这是十分值得研究和讨论的问题。

在一个良好的企业生态环境中，应该有参天大树型的大企业，也应该有小花、小草层级的企业。因为是这个层级的企业供养了整个生态环境存在和发展所需的初级能量、基础能量、环境氛围，从而使一棵比一棵高的参天大树脱颖而出，并且能够有机会基业长青。政府的政策对形成参天大树与小花、小草齐头并进发展的良好势头有决定性作用。

银　行

每个人头脑中都有一个“银行”的形象。对大多数普通人而言，银行就是发工资、取工资的地方；再多一点，就是贷款买房、买车的地方。

对于企业而言，“银行”的形象又是怎样的呢？

企业的收入要到银行；企业的所有支出几乎都通过银行；企业的现金几乎都存在银行；企业通过银行把工资发到员工账号，所有的钱还在银行。对于银行而言，这项存款的额度暂时几乎不发生变化。

企业与一家或几家银行保持良好的关系是十分重要的。

不同的银行有不同类型的业务，所以一个企业通常与多家银行有业务往来关系。银行间的差异越大，企业需要建立往来关系的银行数量就会越多，未来应该会形成这个局面。

通常，企业在缺钱的时候、想贷款的时候就会想起银行，而的的确确这也是银行的基本功能之一。所以我们常常可以看到，国家为了鼓励和支持某一领域的发展所采取的一项货币政策就是降低存款准备金率，这样就使得银行有更多的钱可以给企业用。

银行把钱贷款给企业其实也是银行必须、不得不做的事情，原因是银行手里的存款是负债、是要向储户支付利息的（息差由此产生），所以必须通过放贷把存款放出去才行。

那银行应该怎么做呢?

理论上,一方面银行需要把每一分可以放贷的钱都放出去;另一方面,银行希望每一笔贷款的每一分钱都没有风险。在这两个“目标”的驱动下,每个银行都在寻找的贷款目标就会重叠,就会很少:一种是大型国企,一种是上市公司,还有一种是优质非上市公司,除此之外的其他企业因为不能够做到“理论上的无风险”,所以应该很难从银行拿到贷款。这样描述这个问题是否恰当我不确定,但我想表达的是从社会学层面可以看到银行对于经济的发展能产生巨大的影响,而这种影响要多深刻就有多深刻。

像现在,在中国的上市公司中,银行的利润是最高的。考虑银行赚的是息差——即所谓用“薅羊毛”的模式赚取利润,所以银行挤占了实体企业生产经营产生的利润。这个利润的转移是直接的、现实的、可计算的。

银行不能够给高风险贷款客户以资金支持,那么企业就会转而寻找其他渠道、方式获取资金,其中还有一种就是所谓的“高利贷”。在企业急需资金、否则就无法运行的情况下,高利贷是可以救命的,但是高利贷同样也是会来取命的。于是就需要一种“投资银行”,它可以给企业钱,可以承担企业经营产生的还款风险,同时也可以分享企业渡过风险后的高收益。目前,有一种“股权投资”,其目的比较狭隘——买入的目的是卖出;而我所提到的“投资银行”的目的还不是这个,其目的是扶持企业,给企业提供生产经营所需的资金,而不是通过这个过程获得巨大的投资回报。这种银行,不是为了收益,而是为了方便企业能够“贷到钱”,进而有可能通过锁定股权的形式来控制风险,就比如已经上市的公司的股票质押。这涉及很多金融领域的问题。

从宏观角度,金融市场、银行服务对于微观的每个企业而言都是非常重要的——钱,就是企业的血液,一刻不可或缺。

大学

大学在我们每个人的眼中都是学术的圣地;大学对于企业而言既遥远又很近。

一个社会要发展,从根本上讲,要把教育放在第一位,而且要把高等教育放在第一位。纵观近几百年来人类社会发展的历史,大学的教育、人才的培养,是不同区域发展背后最本质的差别之一。

从企业创造价值角度看,大学之于企业,更是无比重要。

企业创造价值必定需要两个链条:知识链、创新链,企业不可能离得开大学的创新研发。没有一家企业的发展未从大学的知识和创新中受益过——当然主要是间接受益,所以企业要想“靠前”和“引领”创新,就需要把握好**与大学的距离、与大学合作的程度和温度**。据此,实际上可以十分容易且清晰地看出企业对创新的重视程度、投入程度、依赖程度。换句话说,在这个方面做得不怎么样的企业,其创新也一定是不怎么样的(甚至可能是伪创新)。

这一点,政府很清晰地认识到了。所以,目前有很多地方政府邀请大学到本地区落地建研究院。其目的当然不是政府自己需要技术成果,而是政府认为当地的企业需要,产业、社会经济发展需要。

大学不能仅仅局限于技术和成果。大学真正推动人类前进的终极力量是“思想”,当人类插上思想的翅膀后,才能加快发展,而不是依靠技术——虽然,我们到处都能看到技术改变生活的情况。

所以,大学对企业最有力的供给是人才的供给。有了人才就有了对各种问题给出优秀答案的可能。当然,人才供给不仅仅是大学的责任,企业自身也需要有意识地培养人才,包括把一些人再送到大学里培训和深造。

大学培养出来的人还不能叫“人才”,只能叫“人材”——可造就为人才的人,即有可能通过培养而成为人才的相对合格的材料。

企业从大学里面接受了“人材”,需要依靠有效的方法、计划使这些“人材”尽快成长为人才,否则就会造成“人材”的浪费和损失。

大学的另一个使命是:为企业提供“思想的油、技术的油”。思想和技术是有机地蕴含在了大学培养出来的“人材”或人才身上的。若没有这个使命,大学对于企业就没有意义了,而大学对于社会的意义,也相应地就应该打折扣了。

我们在这里不能要求大学怎么做或做什么。我们想要分析、探讨的是希望能够让企业十分深刻地领悟和认识到:企业的价值创造是离不开大学的。

让企业认识到“企业离不开大学”“企业离大学越近越好”,就是本节文字的目标和意义。

载　体

第一个载体是物业和场地空间。企业自身应附着在一个场地上,有的企业还需要厂房以实现生产、加工、制造。没有这个,企业就没有办法运营管理、开展工作。所以,一个企业多半要租用场地或购买土地。

第二个载体是企业价值传递的渠道。像水载舟一样,企业的产品或者服务在向客户传递的过程中,需要渠道(“渠道”一词可能还不是最准确的)。这个性质的载体包括市场、物流、贸易或者其他能够提供此类服务的企业。

第三个载体是口碑。同样的道理,企业靠“口碑”得以载舟,同样也会因为“口碑不佳”而覆舟。所以,用户其实是企业的创造者,也就是说他们也是企业的重要伙伴。

智　库

企业不是一个自己能够做成什么事的、有意识的主体，它必须通过一个一个的员工来实现其目标，所以企业的智慧行为能力并不高。有时，一两个高层领导就决定了一切，这种情形现在看来肯定是不行的。

企业用到智库的说法还不常见；企业用到智力的方式也还不成体系。

由于企业经营管理的主要形式为“在市场上战斗”，所以动手看起来比动脑子重要且时间、机会要多很多。动脑要优于动手，这句话在企业“经营管理”上也是对的。问题是，最终企业只能靠自己在若干的可能性和不确定性中做出选择，并且只能自己承担这种选择带来的可怕风险，所以外部的智力要在企业中发挥作用本身就比较难。

需要探讨的是企业需不需要建立自己的智库，以及如果需要则该怎么建立的问题。我的答案和建议是：企业需要建立自己的智库，因为这会对企业的发展非常有帮助。

很多中小微企业自身不可能有能力建立自己所需要的智库，所以这个时候就需要政府帮助建立覆盖一个行业、一个领域的智库，同时还要有一种机制使得智库能够服务到广大的中小微企业。

联　盟

结成联盟是有意义的，也是有效的。现实是，很多联盟正在发挥作用，当然也出现了一些不发挥作用、发挥不了作用的联盟。

结盟，最早可以追溯到著名的春秋战国时期的“合纵连横”。

企业是否应该参加某一个联盟组织，是否应该寻求与其他伙伴的结盟，是一个重要的值得思考的问题。

我的观点是：企业应该有盟主、盟友，以形成合力。

联盟是有明确宗旨、使命、目标和章程的。在规范性建设方面，中国的企业联盟要做的改进和完善工作还有很多很多。目前的很多联盟在促进和推动联盟成员发展上的作用还有待进一步挖掘。

联盟本身是超越一般企业而存在的社会组织、经济组织或者公益组织。既然是一个组织，就应该有使命和目标。事实上，联盟在运作起来之后，由于自身的发展也如同一般的企业一样，因而也会遇到生存、发展的问题，如果发展不好联盟的声誉、身价就可能会一落千丈。

联盟要想改变，要想做得更好，必须在超越一般组织的生存机制方面有独特的办法，必须能够给予每一个联盟成员可以感受得到的发展助力甚至发展提升，并能够使每个企业与联盟同频共振，形成发展的合力。

面对市场失灵的部分，联盟是依靠政府还是依靠捐赠？面对市场化的部分，联盟是唯利是图还是从长计议？这些都是现实得不能再现实的问题。需要明确的是：在联盟内，企业与企业之间通过结盟建立了"哥们儿"式的关系。

行业协会

作为自发的、非营利性组织之一的行业协会，具有弥补政府失灵、市场失调的重要作用。

本质上，行业协会属于"社会中介机构"，而社会中介机构的特点在于它的独立性。这种独立性的首要表现就是它的"民间化"，或者叫"非政府化"。对政府，它不是附属物，而是独立的社团组织，是企业利益的代表者，是国家利益的维护者；对企业，它不是管理者，而是服务者。它就是要在许多政府部门不应管又不便管、管不了也管不好的事情上，发挥监督、协调和信息服务作用。在企业与社会的有关方面发生矛盾时，行业协会代表企业与有关方面进行求同存异的友好协商，以维系社会经济的稳定发展。

改革开放以来，我国大多数行业协会是由政府兴办的，要么是政府直接或者间接组建行业协会，要么是由政府专业经济职能部门转变为行业协会。因此，行业协会从其诞生时起便打上了很深的"行政"烙印，成为政府的附属单位、助手，这样必然使行业协会具有本不该具有的许多管理职能，政府官员兼任行业协会的主要领导更加剧了行业协会的行政色彩。这对行业协会的功能产生了极大的影响，致使行业协会的独立性不强，缺乏代表性，社会整合力量不足，无法更好地为企业提供服务。

行业协会是每个会员企业的"娘家"，是在企业需要的时候为"企业"说话的组织。所以，建议企业考虑积极参与相关领域的行业协会，也同样建议各种各样的行业协会发挥为企业发展提出主张以及担任企业"娘家"的作用。

第八章　有健康才有未来

企业的问题错综复杂，而企业是社会经济发展乃至社会稳定的最重要的社会组织机构之一，也是最重要的经济组织。

鉴于企业的经济性、重要性、社会性，研究企业的专家非常多，把企业办好的企业家非常多，从事创新创业创办企业的人也非常多。因此可以说如何把企业办好的思想和认识已经是非常丰富的了，并且随着社会经济、技术的飞速发展，各种理论思想和成功经验也层出不穷。

企业像人一样会生病，进而也有生老病死的问题，这些统称为“企业的健康”。所以，对于企业来说也是有健康才有未来。

沿着这个思路逻辑，我总体上想到了以下几个问题：

- 从形而上，需要研究“病理”；
- 从形而下，需要研究“处方”；
- 从逻辑上，需要研究“系统”；
- 从实践上，需要研究“样本”；
- 从效果上，需要研究“标尺”；
- 从应用上，需要研究“工具”；
- 从推广上，需要研究“价值”。

这里有一些命题需要定义和研究，比如：何为企业的生命，何为企业的系统，何为企业的健康，何为企业的生长，何为企业的病症，何为企业的病毒，等等。

总论:企业的生死

对企业,从各个角度进行研究探讨的都有。我们也提出一种研究和探讨企业的维度即企业的生长,即从提出企业有生命一说入手。一旦提出企业的生长命题,我们就会自然而然地想到企业生老病死的一系列发展的问题。

因何而生

"万物得一而生,一生于道。"这句话可以作为分析探讨企业因何而生的命题的指南和指引。我们循着这句话,需要回答两个问题:"得一"和"道"。

企业的生长之道,与万物的生长之道是一致的,遵循相同的规律。老子的几句话对这一规律概括得比较抽象和富有哲理:"道生一,一生二,二生三,三生万物""一阴一阳之谓道""道以生之,德以畜之,物以形之,势以成之""万物负阴而抱阳",这些就足够了。把这些规律和思想映射到企业的世界、企业的维度、企业的实体,这便是回答企业生长的核心基础。道可道,非常道,对企业的生长之道进行抽象和提炼,将是没有止境的任务,但我们相信企业的生长之道的的确确是客观存在的。

企业因"得一而生"。这句话说起来很抽象,但我们对于企业都不是陌生的,如何阐述、分析"企业得一"呢?这里我们理解和认识到"企业得一",就是企业未来满足某种市场需求而担负的创造价值的使命,即所谓"不忘初心,方得始终"。

企业的"得一",概括起来,就是企业的价值——为了价值而生,因为价值而生。不同企业的价值是差异很大的,当然也有相同的,价值在企业的生命就在,价值不在企业的生命就不在。对于企业的价值认识,也要从几个维度来评判。其一,市场价值;其二,客户价值;其三,投资价值;其四,创造价值;其五,社会价值。

因何而长

企业的生是一回事,企业的长是另外一回事。我们可以把注册一个企业得到的营业执照看作企业的"出生证",它使企业有了身份,有了生命。

接下来,是企业如何长的问题了。万物负阴而抱阳,企业的生长基因、生长动力必然会遵循这句话,这句话是一句真理。所以企业因何而长的道理就在阴阳相生相克相冲的规律里面,如果仅仅把问题停留在这个层面是不行的,还需要进一步完成一件事,即定义企业的阴、企业的阳。在完成这个定位的基础上,才能进一步一层一层地分析企业生老病死的更多问题。

作为我们需要研究出来的结论,最核心的、最重要的第一个就是"如何定义企业的阴、企业的阳",一旦完成这个定义,后续的问题就都有了指引和方法了。针对这个问题,答案我们已经找到(发现),并做了一个定义:创新——企业的阴,守成——企业的阳,在一些时候简称为:阳守成,阴创新。看到这个结论,我们可能马上就会意识到,为什么创新之于企业是如此重要,那是因为创新是企业能够生长下去要遵循的阴阳相生相克相冲的阴啊！

阴的作用是养、是藏，阳的作用是动、是消。很多企业，没有创新就意味着没有营养，也意味着过于消耗，而致走向灭亡。很多生命周期很短的企业就是因为很快消耗完了而不能补充营养，都还没达到阴阳如何平衡的问题层次，而是干脆就没有“阴”，一味抱守着“阳”。这样的企业不就会分分钟灰飞烟灭吗？道理，就是这么简单。再做任何复杂的分析都没有用，企业要想长起来、长得好就必须通过创新补充营养。

所以企业的长就是创新和守成相生相克相冲，互相牵制、互相发展、互相依托。以这一点认识为基础，我们可以自然而然地将创新和守成放到太极图中并替换掉传统太极图中标注的阴阳，这时得到的太极图就是企业的太极图，我们给这个图也起了一个名字叫“企业价值”。你看，企业价值是太极，是企业的生命；企业的创新、守成是企业的阴阳。这样梳理和分析，就可以遵循中国传统文化的哲学思想、理念、方法，一路探寻下去，从而有可能全面、准确地回答有关企业的生长的所有问题了。

因何而成

企业为什么能取得成功，又该怎么做呢？也就是企业创新、企业守成两个力量应该作用在哪些点上呢？首先，我们知道，三生万物，那么企业中是不是也存在三个一组的着力点呢？这就是我们一路分析下去的基本思维逻辑和方法论指导。

这一组阴阳互为作用的着力点，我们认为包括三个方面：其一，能力；其二，潜力；其三，趋势。能力有守成与创新，潜力有守成与创新，趋势有守成与创新。阴阳相生、阴阳相克、阴阳相冲的过程，就是企业在取得成功的道路上，守成与创新的对立统一的不断平衡和再平衡的发展过程。要深刻地理解，平衡总是要被打破的，平衡总是为了被打破而存在的，也即所谓不破不立；还要深刻地理解，平衡都是短暂的，大部分时间里企业都处于非平衡状态，因为只有非平衡状态才能发展；至于严重的失衡状态，那则又是一种致命的问题了。

所以，适度混乱有利于创新；过度规范只能守成；既然万物都遵循阴阳之间的对立统一的约束规律，那么企业也就必然要处理好自身发展过程中在能力、潜力、趋势三个点上的平衡与非平衡问题了。企业取得成功，原因就在于能够处理好阴阳平衡并能打破阴阳平衡，反反复复、周而复始、曲直而行。

因何而死

谈企业的生，自然需要谈企业的死。同样的道理，企业的生死也是一对客观存在的对立统一关系。我们往往看到很多企业家大谈特谈企业会如何如何好，如何如何赚钱，如何如何腾达，等等；但是，我们有多少机会看到企业家大谈特谈企业如何死呢？

企业的死不是应该避讳的问题，也没有必要避讳。有生就有死，万物如是。那么企业因何而死呢？

回答这个问题，也有一个逻辑思考路径和方法。其一，企业的死亡如何判定呢？企业的命没了，企业就死了；企业的价值就是企业的命，所以企业的价值没了，企业就死了。其二，为什么企业的价值会没有了呢？一个企业对于投资人、对于市场、对于客户、对于社会、对于创造没有了价值，这样的企业不就需要关门倒闭了吗？其三，好好的企业怎么就会没有了价值呢？这其中有一种情况是必然的，还有一种情况是偶然的。所谓必然，就是全行业的“倒闭”。随着社会的发展，有些行业在社会上就不存在了，处于这样的行业的企业，随之必然要死掉。所谓偶然，就是行业还在，产业还好，企业因自身问题而导致其死亡。这里的偶然是说，其他同行企业都好好的，而这个企业自己把自己折腾灭亡了。

如果能够深刻地认识到企业是如何死的，那么对于指导、指引企业如何生、如何长、如何大，该是一个多么有意义的事情啊。

所以，这又是我们研究的一个目标。我们做出了初步的概括：简单说企业因病而衰，因不治而死。进一步分析也就容易想到——什么是企业的病因、病理、病症、医药、健康等问题了。这些问题，我们认为是客观存在的；若全面、正确地回答完这些问题，可能需要很长很长的时间——十年、几十年乃至更长。

对企业疾病的医治短期内无法像人类医学一样发达和有效，我们能做的，就是从提出和实践企业的健康体检入手，从企业的创新研究入手；试图解决两个问题：(1)检查、检测、预判、预警；(2)营养与配方。然后，在可能的情况下，积累、沉淀，一步一步去探寻企业生病乃至死亡的病因、病理、医药、医治的问题，这是一个逻辑思考，也是一个方法论设计。

企业的生命

企业有生命，也就有“生老病死”，也甚至几乎所有的企业都难逃一死，或者说此企业已非彼企业了。

我们常常说一个企业“死了”。那么，什么是一个企业死了的标准呢？我想它应该如同宣布人的死亡所具有的医学标准一样。

这是一个看似简单的问题，但是又是一个极富哲理性和现实性的命题。因为，知道企业什么情况下死了，对于活着的企业而言就是最最重要的一件事情；同时，它也是其他企业为想方设法避免自身死亡最终必须守住的底线。

我们给出的答案是：企业的价值 ≤ 0。当出现这个情况的时候，企业就是死亡了，也就可以宣布企业死亡了。

企业的价值 ＝ 资产价值(货币) ＋ 创造价值(预期)。

也就是说，当企业的货币价值即资产评估为负，即小于 0 的时候，企业并不一定死亡了，而且在互联网时代，这样的企业有很多还活得非常不错。这是因为，当企业创造价值的能力极其强大时，它可以随时为企业增加现金的投入以改善自身的资产负债。

所以，企业不能仅仅盯着利润、盯着盈利，虽然这是活下来的重要基础之一；企业更应该盯着是否具有不断创造价值的能力，因为有了这个能力，企业就有了继续生存下去的最大的资本。从这个角度，能够深刻地解释为什么科技创新是企业生存的充分必要条件。

按照这个标准，我们的很多企业都不具备“创造价值”的能力，而仅仅是赚取“剩余劳动价值”“不对称信息价值”“不同区域经济极差价值”。这些企业并不是通过创造价值来获得自身的价值和可持续的发展。

企业生命力的核心是“创造力”，创造力的核心则是“创新”。

总结一句话，企业的价值就是企业的生命，企业的创造力就是企业的生命力，企业维持自身生命的关键手段就是“创新”。

关于创新也有很多种说法和研究结论，我们在这里给出一个非常朴素的直白表述：创新对于企业而言，就像企业生长所需的营养液，喝多了会中毒而死，不喝又会因营养不良而死；个中关键，就是要把握好创新的度、创新的时机、创新的风险、创新的组织，等等。

借鉴中国传统哲学思想中的“阴阳二元理论”，创新属阴、属变化；相对应的，守成属阳、属不变；对于企业而言，从宏观、中观到微观，每时每刻都在面临着“守成”和“创新”的判断与选择，稍有不慎就会生各种疾病。

企业的发育

企业有生命，有生命力，就有如何“发育”的问题。

企业的发育有两个重要阶段：①从 0 到 1；②从 1 到 N。其中，从 0 到 1，九死一生；从 1 到 N，步履维艰。

那么，是什么导致企业生长发育的呢？

寻找万物生长发育的规律，有助于回答这个问题。对于这个规律，有一句话可以借用：“道以生之，德以畜之，物以形之，势以成之。”这句话是老子在《道德经》中说过的话，是历经千百年传承下来的，并且是被广泛接受的。

老子的这句话，适用于世间万物。从字面看它似乎很简单，但其实非常难懂，也不容易在形而下的工作中得以利用。我们很多灿烂光辉的传统文化思想，都有不好用的时候。

学以致用，以用带学。

我们在这里以“企业生长”的语境，进行一次从思想到实际的映射，看看这句话如何能解释和描述企业的生长：

- 道以生之：企业是在一种自然法则下出生的。
- 德以畜之：企业是在一种客观规律下生长的。

- 物以形之：企业是在一种具体环境下存在的。
- 势以成之：企业是在一种具体趋势下成功的。

如果还是觉得上面的这段话玄之又玄的话，那么可以这样简单理解：企业的生长有规律，这个规律找到了，企业就能够发展得好，找不到企业就会出问题。

企业的健康体检就是找出这些规律并用这些规律作为研究的切入点和立足点，同时也是帮助企业保持健康、保养得宜的切入点和立足点。

我们接下来会更完善地把“道以生之，德以畜之，物以形之，势以成之”的思想运用到企业的一般性系统结构的定义中。

万物负阴而抱阳。我们试图将其映射到企业的生长之道中来，并选择运用企业实体所应该具有的属性来描述其两仪，通过思考和分析，给出了企业的生长之道的两仪为：阳——守成，阴——创新。

这就是推动企业生长的两个驱动轮（见图 8.1）。

图 8.1　守成与创新交替驱动实现企业价值

都说，物物一太极，一花一草一世界，万物皆有阴阳。所以，构建和描述企业的生长之道，采用世界观的概念，将企业看作一个世界、一个系统是有道理的。这有助于探寻和构建作用于企业的本质规律——企业的生长之道。

双轮驱动企业生长的定义和内涵看来也是站得住脚的。

图 8.2 所示为推动企业生长的阳守成与阴创新。

两仪：阳守成与阴创新

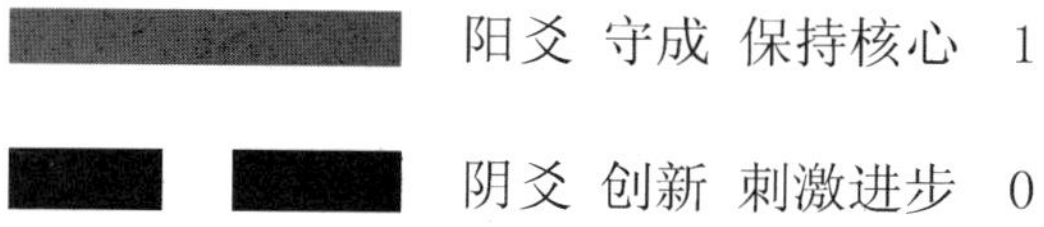

图 8.2　推动企业生长的阳守成与阴创新

守成与创新同等重要，对立统一，缺一不可。

守成中要注重创新，创新中要注意定规矩、守规矩。

什么样的情况下要守成？

守成，是指守住成熟的经验、成熟的做法、取得的成效、获得的成果，等等。

其实,从严格意义上而言,成果是守不住的。道理很简单——逆水行舟,不进则退。所以,不管是单位还是个人,一旦以守成为主要目标、战略,那么肯定注定是要走下坡路的。

为什么很多情况下会出现守成呢?这主要是因为,在99.99%的情况下,从事工作的人都是为"报酬"而工作,而不是为事业、为单位、为企业的百年大计而工作,因此不冒任何风险地获取报酬对他们来说是最好的。踏踏实实做好本职工作,趋利避害,对于普通人而言确实已经很好了。

所以,不能责备"为什么大家都不愿意创新、创造、试错"了。因为,成功了跟自己关系一般都不大,而失败了则可能对自己的薪酬、绩效,乃至工作岗位的影响就非常大了。

只有0.01%的人——作为单位负责人、企业负责人、担负全部责任的人以及愿意担当和挑战的人,多半是不以守成为目标的,也就是具有侵略性和不断打开局面的战略性。

另外,创新是悲怆的极其不容易的事情。企业或个人小有成绩了,也就意味着经验积累也到了一定的程度了。如何有勇气否定自己?想创新的人,可能看到的问题或弊端是真实的,他就需要做比普通人更多的工作:调研、分析、论证、实施、验证、说服、挑战、颠覆,对于个体(团队),如果稍有失误就不可能创新成功。

守成与创新都有机会成本。有时,也都有投机因素在里面。

首先,守成也好,创新也罢,都有道理。企业在不同的发展时期,对守成和创新的选择也会不同,比如成熟企业内部创新的比例自然低,初创的企业从0到1,处处需要创新发展。选择哪个决策,都是要付出机会成本的,具体要看是服务短期目标、长期目标,还是未来战略发展目标。

其次,投机的氛围也是随处可见。为什么投机?就是希望通过风险回避,通过少投入,以期望成效稳定增长、回报更大。但事实上,真没有这样的好事。

无论守成还是创新,其实风险都是很大的。但社会上普遍认为守成没有风险而创新处处是风险。我们可以观察一下,看看这样理解的是不是占多数?守成没有风险是假的,千万不能相信这样的论断。创新处处是风险,但孕育着更大的发展。所以,要时刻创造条件支持创新。

最后,守成的人看似为单位创造的价值很大,但是实际上其占有的成本一定也是很高的,成本效益率可能并不会高于社会平均水平。创新从表面上看没有创造价值甚至带来了混乱,但是恰恰是这种适度的混乱、挑战创造出来的矛盾,才能确保企业表现得更健康、更有免疫力、更有发展潜力。

所以,如何对不同的岗位(决定守成还是创新,岗位设置是决定因素之一)及其职责进行绩效考核和激励,如何鼓励和激励承担守成和创新的人,是保持企业活力的关键。

从数的角度理解和分析,站在0点,只有创新一条路:就是要实现从0到1,实现由创新到守成。从1到0是从守成到创新。两者往复不断,从而使企业生生不息,如此企业才是基业长青的。

企业的健康

生物的生命发展是不可逆的，方向一直朝向死亡；而企业的生命发展是可逆的，企业可以返老还童，可以归零重生。所以，企业的健康是更有研究意义和实践意义的。同时，经营企业的人的生命发展与企业的生命发展周期并不匹配，所以这里面存在着非常激烈的矛盾冲突。

企业的健康，非常简单地说就是“不生病”“正常发育”。

如同人一样，实际上不生病的企业是不存在的；也如同人一样，有很多的病症对于企业而言，是能自愈的。

真正的问题在于，有很多时候企业是“小病”不治，“大病”来袭，根本不用说提前预防“治未病”了，而这其中涉及的就是企业的健康体检问题。企业健康体检的作用，与人的健康体检一模一样，也非常必要、重要。

严格意义而言，所谓企业的健康，就是“企业能够持续地创造价值”“企业的价值能够持续增长”，反之企业就不健康。

企业的健康问题如同人的健康问题一样，是非常复杂的。

现实中，头疼医头、脚疼医脚非常普遍。

现实中，有病乱投医、庸医害人的情况也是普遍的。

现实中，有很多企业的病相比人而言，治疗的方法更好找；只要发现了，都容易有对症的“处方”。

所以，企业的健康体检重在“预防”，治疗、治愈本身并不难，因为企业最后实在不行可以破产，可以归零重来，而人的生命只有一次。

我们提出的企业健康体检问题，有别于传统的企业管理咨询，对我们来说更重要的是希望寻求理论和实践的突破，同时能够更容易地使企业家开始重视企业自身的问题——这种问题是病症，背后存在的是病因，若不及时治疗将可能使企业走向死亡。在这个立意下，我们希望企业的健康体检问题能够得到重视和推广。

企业应该定期进行体检，以通过小投入获得大保障。谁都知道，对人的身体而言，健康体检多么重要；因此，人们也能够认同企业健康体检的重要性了，并且，现在更深刻地认识到帮企业的难度是越来越大的——从外因看是因为社会经济发展变化剧烈，从内因来看是因为“打铁需要自身硬”，企业必须健康、有生命力。如果能够通过企业健康体检，合理应对危机，对于企业抓住机会，健康可持续发展而言，真的是通过小投入获得大保障的十分必要的行动。

如同人的身体健康体检，企业的健康体检也需要必要的理论指导和实践经验的积累，然后就是对相关理论的论证、升华和不断完善发展，只有这样才有可能形成科学有效的方法和措施。我们可以想象到，这样做有可能建立创新的企业管理模型，改变企业管理学科及其应用；当然，最重要的是可能会更好地帮助企业保持健康，实现可持续发展。所以，第一步是实践，第二步是研究，第三步是应用。

企业是需要从其自身是否健康的角度来提升管理、提高效益的。企业作为极其重要的社会组成部分和推动发展的动力，其使命有很多，也很重。从企业是否健康的角度看，其内在的本质使命是“企业价值”，因为企业价值承载了投资人、员工的投入产出。所以，企业健康体检的主要目标就是提升企业价值，从而实现利益相关方的回报预期。

针对企业的健康（不论宏观还是微观），我们提出一个大的标准框架：

① 能力——打铁，自身硬；

② 潜力——根深，叶才茂；

③ 趋势——顺势，有可为。

下面将逐步陆续围绕这三个健康标准逐一展开描述和解释。

企业战略健康体检模型（钻石模型）

取得卓越绩效是每一个企业的首要目标，运营效益和企业战略是实现这一目标的两大关键因素，但二者发挥作用的方式差别很大。企业的综合优势与劣势，都来自其全部运营活动的总和，而不仅仅是其中的某些活动。

我们用“传统＋现代＋西学”三者混合的方式来进行描述和给出建议，其中当然是以我们的传统文化为引领，以现代语言为表述方式，同时在“术”和“策略”的层面也不排斥与西方管理学方面的观点和结论结合。

我们的依据是企业的一般性系统结构定义，如表 8.1 所列。

表 8.1　企业的一般性系统结构定义

<table>
<tr><td rowspan="4">价值层</td><td>社会</td><td>企业的社会价值</td><td rowspan="4">价值观引领企业发展方向</td><td>天</td><td rowspan="12">企业管理：贯穿上下</td></tr>
<tr><td>客户</td><td>产品的客户价值</td><td rowspan="3">势以成之</td></tr>
<tr><td>市场</td><td>产品价值的变现</td></tr>
<tr><td>服务</td><td>产品价值的催化</td></tr>
<tr><td rowspan="4">创造层</td><td>输出</td><td>企业的产品或服务</td><td rowspan="4">创造出价值是企业的本质</td><td>人</td></tr>
<tr><td>执行</td><td>企业的运营与控制</td><td rowspan="3">德以畜之</td></tr>
<tr><td>决策</td><td>企业运营管理的大脑</td></tr>
<tr><td>团队</td><td>企业的创造者</td></tr>
<tr><td rowspan="4">支撑层</td><td>领导</td><td>企业的领头羊</td><td rowspan="4">企业生长的土壤环境</td><td>地</td></tr>
<tr><td>架构</td><td>企业组织机构</td><td rowspan="3">物以形之</td></tr>
<tr><td>股东</td><td>企业的投资人</td></tr>
<tr><td>资源</td><td>企业生生不息的根</td></tr>
</table>

图 8.3 所示为企业战略健康诊断模型（钻石模型）。

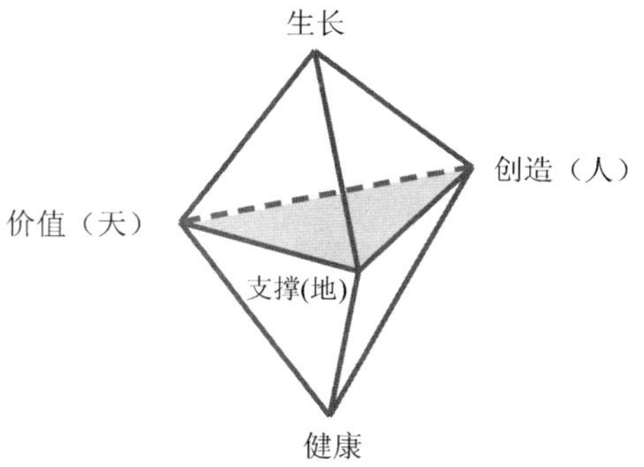

图 8.3　企业战略健康诊断模型(钻石模型)

势以成之——顶天——价值观引领

(1) 企业的社会价值，决定了企业长久的生命力，显然每个企业都必然存在着某种社会价值。

(2) 产品的客户价值，也就是需求驱动、需求满足、“客户是上帝”理念等；有战略研究人员将其归结为“顾客价值中心战略”（1997 年，肖恩·米汉和特里克·巴维茨）。

(3) 产品的价值变现，也就是现在非常热门的概念——“商业模式”，要解决的核心问题，其中还隐含着“盈利模式”，它们是不一样的；盈利模式也是三句话：“赚谁的钱，收多少钱，怎么收钱”；商业模式问题比较复杂，怎么说的都有，其实也就是一句话：“如何把价值传递到顾客手里。”做到了，就是生意；做不到，就不是生意；这可以借鉴古典战略理论的“定位学”。

(4) 产品价值的催化，通过服务实现顾客对产品价值的持续认可(或者不反对)，甚至使客户成为该企业产品价值的宣传员、推销员，从而实现企业产品影响力的不断扩大，创造更多潜在客户。

当然，一般而言，“天”不能总变。当企业处在“非战略转型期”时，以上讲到的四个小战略，不容易发生变化，也不应发生变化，也就是说要有能力守成——守住成效、守住成果、守住成绩。

物以形之——立地——生生不息

这里说明一下：“物形之”，其实不太容易理解，至少我是这么认为的。检索到的很多解释，的确存在着一些差异。为此，我曾专门写过一篇小文章《“物形之”的辨析》以作分析解释。

(1) 企业的生生不息，主要靠资源。实际上，我们的经济在发展初期，几乎所有的企业都是资源驱动型的，比如：自然资源、政策资源等；而经过几十年的发展，这些资源都失效了。那还有什么资源呢？有，那就是创新资源。所以，从这里我可以再一次印证:创新对于企业的重要性的核心在于它推动企业生生不息。当然,更广泛范围的其他资源,对于企业而言也是越多越好。对于任何一个企业而言,创新战略就是第一战略,它绝不是口头说说、人云亦云,而是要真创新、真冒风险才行。当然,关于企业如何创新的话题,一旦展开也停不下来。建议感兴趣的朋友翻看一下德鲁克关于企业创新的系统论述,会有帮助的。

(2)企业的投资人,要有投资融资的战略规划。关于这个,从起点到发展,可以讲无数的话。这个层面有两个问题:①跟谁合作;②需要多少钱。对于跟谁合作,也就是找谁做合伙人,在目前的形势下,讨论得非常多。当然,大家都知道其中的利害了,这里不再赘述。至于钱,似乎越多越好。但是,需要多少就能要到多少吗?现实是不可能的。给多少钱都能控制得好吗?现实也是不可能的。所以,也有一句话:企业家的主要任务之一就是不断地找钱。这是因为企业的发展支撑永远离不开投资。对于大多数企业而言,仅仅靠市场利润积累所得支撑企业生长发展是比较难的,这样的时代也已经过去了。

(3)企业的组织结构,是大家通常认知的企业的结构,但它不是企业的系统结构。结构解决了企业的"有序"的问题,也就是任何事项都是在结构中安排和解决的。对于结构的重要性,这里就不用多说了。需要重点提示的是,应该每年至少检视一下企业的组织机构是推动力还是阻碍力,这两个力量通常都会存在,此消彼长,当真正发现严重问题的时候,多半时机上会出现严重的延误。构建企业组织结构的重点是企业董事会的建立和运行,也就是遵循现代企业治理结构,并真正把它落到实处。现实是,很多企业的董事会的作用发挥得并不好。企业出现的问题往往在基层多一些,但是一旦顶层出问题,基本都是严重的问题。

(4)企业的领头羊:企业家。火车跑得快,全靠车头带。一个企业搞得好不好,归根结底是企业家自身的问题。在企业的所有战略层面,企业家精神是决定性的,千万不能出现"头疼"而"医脚"的情况。企业的问题往往出在企业家的精神层面(我们假定它是"精神病"),而很多的药方则是用来医治脚的,比如强调执行力、学习力等,这是没有用的。企业的发展,必须由企业的领头羊在前面引领着,大家才能一起跟上,推动企业的发展。但"头疼医脚"的情况在企业乃至各种组织中都是很常见的现象,大家不妨仔细观察一下。当企业的领头人存在问题时,企业的肌肉和骨骼再健壮也是不行的。

德以畜之——人为——打铁需要自身硬

这里需要说明的是,"德"不仅仅是我们现代人理解的"道德"。那么,什么是德呢?在黄石公写的《素书》中有一段话:"德者,人之所得,使万物各得其所欲。"其内涵就是指人顺应自然的安排从而各有所得,它支配万物,使万物各得其所、尽其所能。

这恰恰是企业系统结构的"创造层"制定战略时应该遵循的大道。同时,这个层面也要注重的一个基本原理是:生产力与生产关系的关系。否则,即便战略十分正确，但没有好的生产力和生产关系来实施，企业一样无法从正确的战略规划中获取发展的指引和力量。

（1）企业的创造者。企业的战略中，经常忽视“谁是战略的执行者”这个问题，也就是说“事”“人”要匹配，其涉及合适的人、做合适的事、有合适的条件保障这三个要素。通常，大家称这个维度为“团队建设”，并认为它十分重要。要我说，团队建设不足以表述重要性，“企业的创造者”才更合适一些——企业是人创造的，不是规划出来的，不是钱砸出来的。

（2）企业运营管理的大脑。这个描述是想进一步强调：①大脑要做大脑该做的事——思考；②大脑要不停地思考，而不是不停地“越位”去干“胳膊腿”该做的事情；③脑子好不好使，十分重要；④脑子要根据情况，及时更新，甚至换脑；⑤脑子有迷糊的时候，所以需要外脑辅助；⑥脑子有听不进去的时候，所以要有纠错机制；等等。在战略的制定过程中，企业运营管理的大脑（相当于CEO）是受制于企业“支撑层”中的“企业的领导”的（相当于董事长），这涉及一个深层次的问题：企业的所有权、企业的运营权如何科学有效地配合起来行使权力的问题。这还真是一个事，尤其是在现在的很多民营企业都遇到接班人的选择和职业经理人的引入问题的情况下。如果，企业运营管理的大脑中是一脑子糨糊，那给他多好的战略他也无法执行和实施，此时就要考虑更换这个部分了。

（3）企业的运营与控制。从系统论、控制论的角度说，没有系统和控制，企业就是一盘散沙。如何检验企业的系统性和控制水平呢？有人把这个部分总结为“执行力”。这个说法同样不够全面——执行力，似乎成了领导要求下属好好干活的“说辞”了。先不说执行力的维度，其实企业的运营与控制，就是联动、信号、调控、反馈、检测等，然后是执行、协同。这些一起形成了一个“闭环系统”，之后的执行才是有意义的。否则，仅仅把这个系统运行归结为“员工的执行力”的话，是欠妥的，也会导致出现混乱的局面。相信我这个推理在具有实践经验的企业家面前，也是能够被接受的。

（4）企业的产品或服务。说到底，“产品或服务”是企业向客户传递价值的载体——当价值存在的时候，载体需要日益推陈出新；当这种传递的价值不存在的时候，产品或服务就会消失。这样讲的目的是希望通过一种高度抽象又合情合理的描述，使千变万化的产品或服务有一个通用的描述。假定，存在这样一种描述，那么它对于制定产品和服务的战略，就有很重要的指导意义，而企业也会对变与不变应对得更好。价值的变与不变，决定和影响着产品的变与不变，反过来也一样。这可能类似产品或服务的“道”，而在其指导下的战略或谋略，是“术”的层面的问题。

企业战略要面对的三个问题：

1. 今天——能力提升——知己

企业当下的能力是指企业在2～3年内能够实现的目标和水平。这也就意味着，这个能力的一部分是容易判断清楚的，而且这个判断不能够有太大的偏差，否则对于企业而言就很麻烦了。正所谓“知己，知彼，百战不殆”，知己，是重要基础和指标。

所以,企业的短期战略目标就是维持和不断提升能力。那么,什么是企业的能力?这个需要企业结合自身所在的行业、产业、产品等,做出清晰的描述,其中包括但不限于:生产能力、服务能力、影响能力、市场开拓能力,等等。

2. 明天——潜力积累——知彼

明天的事也要想清楚。多数的战略规划指向的都是"明天"的发展路径和目标。这个阶段和层面的目标,概括而言就是"潜力积累""潜力打造""厚积薄发",而且重点是"不能要求和需要马上见效"。因为它只是有针对性地解决和积淀 3~5 年后企业"能干什么"的问题,其核心的内涵就是创新战略——当然不要理解为仅仅是技术创新,其中还包括机制创新、管理创新、组织创新、服务创新等。简单而言,这就是"知彼",只要在企业自己不是 NO. 1 的情况下,知彼就是超越的基础也是不掉队的保证。至于所谓弯道超车,不要讲太多——因为真正的交通规则中,弯道的地方多半有连续的"禁止超车"标志。这是为什么?因为弯道超车太危险了!所以,好好想想能不能在直线上缩短距离、跟上。等待排在前面的企业自己失误,也是一种重要的策略。当然,这种格局也是不够的,怎么办?那就得看看有没有勇气探索"未知"了。

3. 后天——趋势把握——未知

探索"未知"是非常优秀的企业应该做到的,也是成为优秀企业的必经之路,否则就不具备达到"优秀"的资格。

企业制定面向"后天"的战略时应慎重。这其中的主要原因是,对于未来 5~10 年的判断和把握,的确需要胆量、勇气,乃至运气和机遇,而无法完全凭借逻辑就做到正确,因为有很多时候企业是在曲曲折折中等到机会的。

但无论如何,还是有很多企业把目光瞄向了未来,勇于制定战略规划、迎接挑战和探索未知的领域。

对于大部分的企业而言,能够小心谨慎地把握和跟上这种趋势已非易事。在这种情况下,很多企业的战略规划中无法顾及关于"后天"的事,它们也没有能力和条件去探索。

企业战术健康体检模型(4Q－5S 模型)

首先,将企业与人的身体结构进行对比,并将其分解成多个系统。我们以此为出发点,将企业分为:

- 决策系统——相当于人的大脑部分。
- 执行系统——相当于人的躯干。
- 生产系统——相当于人的手脚。
- 营销系统——相当于人的五官。
- 免疫系统——相当于人的免疫系统。

这样分解有一个“系统论”的核心思想在里面，就是传统的按照部门和组织机构来划分系统的情况下，会强调部门的功能而弱化协作的功能而大家还记得有一个相声吧——《五官争功》，其中就包含了这个问题。实际上，按照系统论的观点，在一个系统里面谁也离不开谁。

分解为系统后，要根据企业的组织机构部门设计，进行系统归属的划分。按照系统化的方法和观点，检视组织机构部门设计的合理性、功能的完善性、接口的清晰化，从而能够提升部门功能实现和部门间的协作，提高效率和效益。企业所处的行业领域、规模大小、管理文化、业务形式等会有很多的不同，所以在五个系统分解的指导下，企业的部门归属有很多学问也有很多课题需要研究。

其次，我们提出了企业健康的四个指标，以现代的企业整体价值分析和价值管理为基础，把企业作为一个经营整体进行静态和动态、能力和潜力、环境与适应的综合评价评估，科学系统地给出全部股东投入资产和经营管理过程中所创造的企业整体价值的全部结论。

企业所具有的为客户创造产品或服务的全部能力及素质的总和，也包括企业可持续发展过程中可能遇到的全部挑战和风险的总和。考虑这种综合评估的实际难度和可操作性，我们以四个指标来进行标识和衡量，它们是：

- 投资投入评价（Investment Quantity，IQ）；
- 经营能力评价（Capacity Quantity，CQ）；
- 发展潜力评价（Potential Quantity，PQ）；
- 生态环境评价（Environment Quantity，EQ）。

从四个方面进行定量定性的分析和评估（IQ，CQ，PQ，EQ，即 4Q），从而构建了企业战术层面健康评估体系的基础。

其目的是通过 4 个指标的建立和评价，系统地反映出企业健康的全貌，同时预见一种可能：在长期持续的研究和知识积累后，应该存在一种模型（或算法），能够将 4 个指标进行函数计算，从而得出能与企业价值进行融合的企业市值的综合评价量化指标。

以下是对 4Q 指标体系的说明。

- IQ：企业投资投入评价是对企业投资投入能力的分析评估，包括投入量的分析和投入质的分析。
- CQ：企业的经营能力评价是对企业在当前情况下具备的在短期内（比如一年内）使 IQ 增值的能力的大小的评估。
- PQ：企业的发展潜力评价是企业在当前情况下，具备的在未来 2～3 年内以 CQ 为基础、手段，使 IQ 不断增值的持续能力的大小，也可以理解为较长时间段的能力评估（3～5 年）。
- EQ：企业的生态环境评价是该企业在评估时点上所处的内外环境对于企业 IQ、CQ、PQ 可能产生的正负影响的量化和分析。

图 8.4 为企业健康评估体系示意图。

图 8.4　企业健康评估体系示意图

图 8.5 所示为企业健康 4Q 指标及其相互关系。

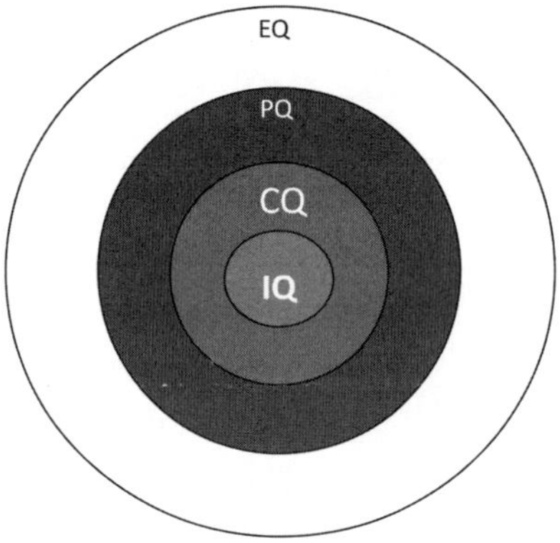

图 8.5　企业健康 4Q 指标及其相互关系

以 4Q 指标为目标，以 5 个系统为考核对象，对企业健康进行评估还需要进行评估要素的设定，这是一项艰巨的任务。即选择或者不选择哪些要素作为 5 个系统的必要属性，同时还要对已经存在的事实进行定量或定性的分析方法设计，这都是非常有挑战性的事情。

表 8.2 所列为 4Q－5S 企业健康评价模型。

4Q－5S 企业健康评价模型本着“牵一发而动全身”的原则，尝试提供全面的、结构化的方法，系统性的关联机制，实施对企业健康的评价。它具有以下两个特征：

表 8.2　4Q－5S 企业健康评价模型

4Q 指标 企业系统	IQ	CQ	PQ	EQ
决策系统 （领导决策层）				
执行系统 （管理服务层）				
生产系统 （加工研制层）				
营销系统 （市场开拓层）				
免疫系统 （综合防范和诊治层）				

（1）实现了 ICPE 四个指标与责任系统的对接，找到主要责任人和责任部门，并能够逐步进行分解；

（2）实现了二维度的企业综合评估，以及以系统为维度的企业责任设计。

企业战术健康体检的评估

企业战术健康体检的评估依据 4Q－5S 模型的指标体系构建，依据守成与创新（1－0－1－0）的驱动原则，以战略评估为基础，判断企业的兴衰、生长状态与趋势、存在的病症。

我们在描述和定义企业健康症状的时候，将把投资投入评价、经营能力评价、发展潜力评价、生态环境评价作为一级指标。然后，依据 4Q－5S 模型，评价和描述企业 5 个子系统的发生、发展、变化。

在深入分析产生的原因、可能的解决方案层面，我们将构建自上而下的描述逻辑和分析结论。

“病来如山倒，病去如抽丝。”

企业的病中也总有压死骆驼的最后一根稻草，企业去病也是如抽丝般麻烦和困难的。无论如何，从“健康”“病”的角度审视企业的兴衰，是一个值得研究和应用的视角和手段。

企业的免疫系统

与企业的其他系统相比，企业的免疫系统的提法还比较超前，它更多地停留在研究层面，实践环节的积累也才刚刚开始。

我们主要从《企业免疫系统运行机制研究》（张剑光著，电子工业出版社 2013 年出版）的论述出发，充分借鉴了作者关于企业免疫系统方面的有关论述，梳理出了以下主要内容。

企业免疫系统的构成

1. 非特异性免疫系统

企业非特异性免疫是指企业对于内外部有害因素进行的事先的、一般性的应答行为，要素包括：组织结构、制度规则、企业文化三个主要方面。这是企业自身免疫的第一道防线，有助于企业保持一致性和连续性。

2. 特异性免疫系统

企业的特异性免疫是指企业针对内外部有害因素所采取的后天的、独特的免疫应答行为，它是企业的第二道防线，主要包括：监视、防御、记忆、自愈等。

企业免疫系统的功能

1. 免疫监视

免疫监视是指掌握和分析企业发生的异常事件，从中找出病毒，并触发免疫应答行为。

2. 免疫防御

免疫防御是指自动地对外部环境的不确定性和内部的不稳定因素进行识别和选择，对灾难、危机、风险进行抵御，以保护和维持企业的稳定。

3. 免疫记忆

免疫记忆是指当完成一次免疫应答后，企业系统会通过学习和记忆产生抗体，在下一次病毒侵害时，形成的免疫系统记忆会自动产生抗体抵御病原体。

4. 免疫自愈

免疫自愈是指识别和清除企业自身衰老残损的组织、细胞，维持机体的正常发展。如果该功能异常，企业就会发生紊乱，甚至引发能够影响企业生存的重大疾病。

企业的病毒

战略方面的病毒：包括战略规划病毒、公司治理病毒、商业模式病毒、企业文化病毒、创新病毒、短视病毒、环境病毒，等等。

经营方面的病毒：包括资本病毒、产品病毒、质量病毒、制度病毒、品牌病毒、危机病毒、风险病毒、企业精神病毒、创新病毒等。

成长方面的病毒：包括趋势病毒、营养病毒、保守病毒、自信病毒、学习病毒、新陈代谢病毒、创新病毒等。

企业的漏洞

企业的漏洞主要包括决策漏洞、制度漏洞、执行漏洞、用人漏洞、生产漏洞、营销漏洞、服务漏洞、财务漏洞、合同漏洞等。

企业的异常细胞

企业的异常细胞包括企业的衰老细胞、损伤细胞、突变细胞、感染细胞等。其中，细胞是指包括人在内的组成企业的基本元素，相当于企业的“组件”。企业肿瘤主要包括：不良资产、冗余机构、思想肿瘤、制度肿瘤。

企业健康体检表

企业战略健康体检表见表8.3。

表8.3 企业战略健康体检表

一级指标	二级指标	三级指标
价值层	社会价值	企业的社会价值
		企业的社会责任
		企业的社会形象
	客户价值	产品的功效
		满足需求的程度
		客户需要的刚性
		客户的买单能力
	市场价值	产品价值变现的能力
		盈利模式
		商业模式
		可替代性
	服务价值	服务的口碑
		客户满意度
		服务机制模式

续表 8.3

一级指标	二级指标	三级指标
创造层	输出	产品生产能力
		产品技术水平
		产品工艺水平
		劳动生产率
	执行	运营能力
		管理效率
		协作能力
		处置能力
		决策能力
	决策	决策水平
		决策机制
		决策流程
		风险防控
		机会把握
	团队	团队人才结构
		淘汰更新率
		人才引进
		人才培养
		人才交流
		团队持股
支撑层	领导	企业家精神
		领导素质
		领导能力
		战略思想
	架构	组织机构合理性
		组织机构完善性
		机构冗余程度
		机构协作能力
		机构之间的接口
	股东	股东结构
		股东投入
		股东会议
		股东作用
	资源	社会资源
		资本资源
		创新资源
		技术资源
		成果资源
		资源潜力

企业战术健康体检表见表 8.4～8.9。

表 8.4　企业决策系统评价指标体系

一级指标(要素)	二级指标	IQ	CQ	PQ	EQ
股东大会	本年度召开次数		n		
	参加股东的股权比例		n/%		
股东大会决议	重大决议的执行		0～10		
	未来发展的规划			0～10	
	当期所有者权益	[引用]			
董事会	本年度召开次数		n		
	董事会缺席人次		$-n$		
董事会决议	会议纪要的签发情况		0～10		
	决议的执行情况		0～10		
	制定发展规划的情况			0～10	
	执行发展规划的情况		0～10		
	企业生态环境变化研究				0～10
	总经理任免频率		n/年		
	决策失误次数		n		
	奖励和处罚次数		n		
监事和监事会	年度召开监事会次数		n		
	监事履行职责评价		0～10		
	监督检查落实情况		0～10		
薪酬体系	建立健全的薪酬体系		0～10		
	管理层薪酬支出		[引用]		
	管理层薪酬支出占销售比		n%		
	管理层平均薪酬		0～10		
	年度扣减薪酬额度		n		
	企业价值观的表述				0～10
	企业价值观的体现				0～100
	企业价值观的制度保障				0～100
	企业价值观制度的执行				0～1
企业文化	企业精神				0～100
	企业经营理念				0～100
	企业的氛围				0～100
	企业关怀职工的行动				0～20
	企业的习惯				0～100
	企业文化的制度保障				0～100
	企业文化制度的执行				0～1

8.5 企业执行系统评价指标体系

一级指标(要素)	二级指标(基本指标)	IQ	CQ	PQ	EQ
执行部门	执行团队的建设(高管层)		0～100		
	工作目标表述清晰		0～10		
	年度工作计划的制订		0～50		
	年底工作计划的完成		0～1		
	奖惩制度完善有效		0～10		
	经理团队的建设		0～50		
	对错误计划和指令的修正		0～10		
	听取和征求意见的活动		0～10		
	处理突发事件的情况		0～50		
	处理报告的完成周期		0～1		
	奖优罚劣的成效		0～50		
参谋部门	提供参谋意见的数量		0～100		
	修正错误计划、指令的贡献		0～10		
	企业发展规划的质量			0～50	
	企业发展规划的调整			0～50	
	信息情报的获取			0～100	
	对企业所处产业环境的研究				0～100
	对企业所处区域环境的研究				0～50
创新部门	创新部门的层级		0,30,50		
	创新部门的定位			0～100	
	创新部门的授权		0～100		
	创新部门的预算		0～100		
	创新部门的绩效考核		0～50		
	创新部门的工作计划		0～50		
	创新部门的工作成效			0～200	
服务部门	人事制度		0～50		
	财务制度		0～50		
	员工关爱行动		0～50		
	员工素质提升计划		0～100		
	企业文化活动		0～50		
监督部门	绩效考核的执行		0～100		
	部门绩效的考核		0～50		
	财务绩效审计		0～100		
	人事工作考核		0～100		
	企业文化建设的监督		0～100		

8.6　企业生产系统评价指标体系

一级指标(要素)	二级指标(基本指标)	IQ	CQ	PQ	EQ
结构化要素	生产工艺水平		0～100		
	生产设备水平		0～100		
	生产技术水平		0～100		
	生产设施的规模		0～100		
	生产能力		0～100		
	生产能力的弹性		0～100		
非结构化要素	生产人员的素质		0～100		
	生产人员的管理水平		0～100		
	生产计划的编制水平		0～100		
	生产计划的执行成效		0～100		
	库存控制方法		0～100		
	原材料产品库存水平		0～100		
	质量检验的水平		0～100		
	质量控制的能力		0～100		
	生产可靠性管理		0～100		
	生产员工气氛		0～100		
生存功能	生产新产品的能力			0～100	
	采用新工艺的能力			0～100	
	生产产品的质量		0～100		
	生产系统运行质量		0～100		
	生产产品的性能		0～100		
	单件产品生产成本的控制		0～100		
	生产的连续性			0～100	
	生产的扩展性			0～100	
发展功能	生产的柔性		0～100		
	交货周期水平		0～100		
	环境影响				0～100
	环境保护能力				0～100
	数字化生产水平			0～100	

8.7 企业营销系统评价指标体系

一级指标(要素)	二级指标(基本指标)	IQ	CQ	PQ	EQ
内部报告	订单管理		0～100		
	收款管理		0～100		
	顾客数据库		0～100		
	产品数据库		0～100		
	销售人员数据库		0～100		
	销售管理软件系统		0～100		
营销情报	营销情报系统		0～100		
	在线营销情报收集		0～100		
	营销情报的使用		0～100		
宏观环境分析	客户需求分析				0～100
	行业发展趋势分析				0～100
	社会发展大趋势分析				0～100
	新机遇新威胁分析				0～100
	人口环境变化影响				0～100
	经济环境变化影响				0～100
	社会文化环境变化影响				0～100
	自然环境变化分析				0～100
	技术环境变化分析				0～100
	政治法律环境变化分析				0～100
预测和测量	目标市场需求分析			0～100	
	潜在市场需求分析			0～100	
	有效市场需求分析			0～100	
	渗透市场需求分析			0～100	
	未来市场需求估计			0～100	

表 8.8 和表 8.9 为企业免疫系统评价指标体系表。

表 8.8　企业非特异性免疫系统评价指标体系

一级指标	二级指标	三级指标
企业非特异性免疫	组织机构	畅通有效的沟通
		企业的领导体制
		企业的柔性程度
	制度规则	激励机制效能
		人才培养体系
		财务稳健性
	企业文化	对员工的尊重与重视
		对企业价值观的认同
		企业员工的归属感
		企业员工的忠诚度
		企业团队之间的合作精神
		企业对员工的宽容程度
		持续创新的精神文化
	企业精神	企业履行社会责任
		企业的发展战略
		企业家精神
		企业创新的能力
	企业资源	企业的社会资本
		企业的创新资源
		企业的股东投入

表 8.9　企业特异性免疫系统评价指标体系

一级指标	二级指标	三级指标
企业特异性免疫	免疫监视	制度的健全程度
		制度的执行状况
		内部控制成效
	免疫防御	危机意识及水平
		危机预案及管理
		风险识别与管控
		机会识别的成效
		形象修复能力
		应变能力
	免疫记忆	信息的收集能力
		信息的使用能力
		学习的机制方式
		知识的获取与传承
	企业精神	企业履行社会责任
		企业的发展战略
		企业家精神
		企业创新的能力
	企业资源	企业的社会资本
		企业的创新资源
		企业的股东投入

展 望

企业的健康是一个崭新的话题,我们对这个领域的研究的时间很短,形成的理论多在萌芽发展阶段。所以,将这些理论方法应用到实践,帮助企业健康可持续发展,也处在探索尝试的阶段。

最重要的是,不可能等到这些理论和实践成熟时才来解决企业自身存在的问题。

所以,从第一刻起,重视企业健康体检,从医治的角度而不是从管理的角度尝试新的解决问题的理念和方法,也许也是企业创新发展的先机、良机。

第九章　聚焦价值，抓好管理

管理像个药方

处处有管理，事事有管理。但是，管理是非常辅助的手段和环节，其仅仅是解决问题的药方。管理的核心是服务于目标，而不是成为目标实现的障碍。

在《创新者的窘境》一书中，作者克里斯坦森如是说：“正式良好的管理方法加速了成功企业的失败，那么对企业面临的各种问题——如更加良好地规划，更加努力工作，更多地听取客户的意见，以及更长远的眼光来看待问题等——的常规解答将使这一问题更加恶化。”

克里斯坦森的《创新者的窘境》一书同样是20世纪最伟大的管理学书籍之一。

把管理比喻为药方，是因为企业如同人一样会生病，也是为了试图方便说明管理存在的一些问题。

执旧方医新病

管理体现为：组织、制度、运行三个要素的有机结合。在日新月异的社会发展形式下，这三个要素的更新变化是比较慢的：组织升级最慢，制度升级次之，运行升级较快；但是，这三个要素中，组织是决定性的、制度是保障性的，而运行环节却无法挑战组织和制度层面存在的问题。所以，就会产生“执旧方医新病”的管理问题了。

是药三分毒

管理明确和管理严格的环境下，每个条条框框都是“红线”，那么就意味着每个红线都是不可逾越和突破的，都是禁区。试想：在这种情况下，都在规定的框框内从事，一旦外部世界发生了变化，这些框框就成了困住创新突破发展的牢笼；一旦失去了创新发展，再稳定的管理框框都没有了意义。在管理中，“红线”是原则性的，必须有；但“红线”应该最大限度地支持发展和创新，否则人都会被禁锢在里面。适度混乱有利于创新，管理严格有利于守成，所以说管理这个药方也是有毒副作用的。

管理要升级药方

解放思想是重要的，是政府大力提倡的，也是各个行业（包括政府部门）发展的动力源泉。但是，解放思想需要一定的环境和土壤。这个环境和土壤，就是升级的管理药方。若处处设限，思想就无法解放；“一管就死，一放就乱”的波动式发展现象依然还是存在的，解决这个问题的根本性切入点还应该是“升级管理的药方”，而不是僵化的管理、限制、阻止。

谈管之前，先谈理

“管”永远不是目标，维护和遵循“理”是核心。所以，管理的内涵不是管人，而是管事理、管秩序、求真理、重规律，等等。

现代语言体系下的管理是为了实现某种目标而采取的必要控制手段之一；所以，不要把管理当成目标来实施，管理永远不是目标。

在目标不明确的情况下，任何管理都是没有意义的。管理出现问题的背后，核心是目标出了问题以及实现目标过程中存在的问题没有办法解决，这最终就会体现为管理的失败、用人的失败。

为了管理而管理，而不是为了目标而管理，是很多大型成功企业发展突然遇到失败的原因之一。因为管理多是精细的，事事都有约定和程序，所以在破坏性技术来临之际，企业极有可能无法应对。推而广之，在各个行业，良好的管理并不像其本身展现的那样是毫无问题的，而有可能导致重大失败的根源恰恰在良好的管理——执旧方医新病，非死即伤。

企业永远是需要管理的，但管理本身永远是问题的根源之一，这也符合矛盾的对立统一。所以，企业解决诸如市场、技术、产品、创新等问题的时候，要检视而不是忽略自身存在的管和理的问题，这很重要。

企业管理的要义

讲企业管理的书籍有很多，有关理论和思想也很多。我在这里提出企业管理的要义，也算挺敢写的了。事实上，顺着前面的文字的逻辑可以发现，虽然人人都谈管理，但它并不容易懂。

既然标榜为“要义”，那自然要给出一些不同的见解。

企业管理范式：

$$企业管理 = f(价值管理，市值管理)$$

这是一个非常简单的函数表达式，在函数的参数部分提出了价值管理和市值管理。这很有启发意义：

● 市值管理：线性的管理，循着指标、指引、计划、反馈进行调节和控制。

● 价值管理：非线性的管理，不以因果为导向，不设预期目标。

对两个参数进行比较会发现它们的差别非常大。按照传统的阴阳哲学思想，市值管理主要是“方略”“阳攻”；“价值管理”主要是“圆略”“积淀”。这样就形成了管理维度上的阴阳相生相克的关系。而这种关系必然存在，抓住了、处理好了，管理才是真正全面的和有效无毒的。

市值管理、方略，靠的是纪律、是制度、是执行；价值管理、圆略，靠的是创新、是探索、是潜藏。

一个企业，如果天天就只谈“方略（方针、战略）”、谈抢占市场，就如同在战场大战时不设“阵地”“战壕”。这意味着仅想凭借“以攻代守”或是“只攻不守”就取得战争的胜利，这自然是不现实的。

所以，企业管理的要义就是“阴消阳长”。

价值管理做得好，阵地修筑得好，战壕挖得深，就为企业在市场上开战提供了前提条件，接下来才需要进行市值管理（市场管理）。

企业的圆略核心是创新战略。

创新就相当于企业的营养，当营养充足了，企业自然就会持续健康发展，并且在市场上展现出持久的战斗力。

企业的生长需要消耗，而补充这些消耗，最容易忽略的部分就是通过“创新”创造生长所需要的“营养”；而其他的消耗，比如资金、设备、原材料、成本、费用，都是看得见摸得着的。

价值决定着市值

2014 年 5 月 9 日，“新国九条”发布，其中有“鼓励上市公司建立市值管理制度”的内容，自此“市值管理”一词、一事日渐受到重视。

凡事有“象”，亦有“理”。其中，“象”是表象、表现、表征，是事物的“末”；“理”是事物的规则、道理、规律，是事物的“本”。以此为认识市值管理这件事的观察点，可以发现目前的市值管理有时有些本末倒置了。

市值管理，不应该是简单机械地将市值管理名下可运用的工具等同于市值管理本身；不应该将短期的可以提振市值的做法直接等同于市值管理本身；更不应该以市值管理为名，绑架大股东进行内幕交易的伪市值管理——这段话摘编自毛勇纯编著的《市值管理新论——从定性到定量》一书的序言，是由前中国证监会主席周道炯所言，说的就是当前的普遍现状。

第一个问题，价格随价值而动。如果，仅仅是短期的、以提升上市公司股票价格为目的的刺激行为，那么这种市值管理提升的价格是靠不住的，是涉嫌违规操作的。价格永远围绕价值波动，因此上市公司价值管理的第一个原则是一切应该以如何提升企业价值为根本，提升上市公司的市值。在这个原则下，如果企业价值的确是被低估了，那么在此基础上通过市值管理的有关工具方法，展现企业真正的价值从而带动市值的提升是有道理的；如果企业价值没有被低估，那么市值管理的所有工具都必须服务于企业价值的提升的“本”，而不是仅仅瞄准和聚焦市值提升的“末”。所以，市值管理的第一个基础性工作是提升企业价值。

第二个问题，围绕企业价值提升市值的周期长短。业界一致认为，如果认定当前的企业价值在未来还有很大的上升空间，那么上市企业的市值就会一路走高。这种预期应该是由两个要素决定的：一个是企业的潜力如何，它展示的是企业未来3～5年能够发展的前景和空间，是企业自身内涵式、内生式的发展动力源泉；另一个是，企业所处的行业、产业、经济周期等诸多因素中是否存在约束企业发展的天花板。如果约束企业发展的天花板是存在的，那么仅仅凭良好的企业价值是不能够达到企业市值一路走高的一致预期的，此时就需要对企业进行再造、转型升级。所以，市值提升周期的长短由企业发展的趋势和发展潜力决定。

第三个问题，企业会生病，企业的健康状况对于企业价值以及连带的市值产生正向或负向的激励影响。企业的健康不会恒定，从内部会日积月累形成疾患和疾病，从外部会使市场竞争产生伤痕，使趋势突然变化，使企业面临颠覆式的挑战。企业大病小病纷繁复杂，确保企业健康的最好方法就是进行企业健康体检。但是，在业界关于企业健康和体检的探索和尝试才刚刚起步，目前并没有先进的方法和工具。

第四个问题，市值管理的工具是“术”，企业价值管理才是市值管理的“道”。我们来看看目前市值管理的方法。目前主要有投资者关系维护（信息披露、路演、股利政策、媒体公关等）、再融资（配股、公开增发、非公开增发、可转债、优先股等）、股权激励（业绩股票、股票期权、限制性股票等）、市值维护（二级市场增减持、股指期货、转融通、ETF期权等）、股权融资（场外质押、质押式回购、约定式回购等）以及并购重组（现金收购、股票收购、杠杆收购等）。从这些方法和方法对应的配套工具中我们可以看到，这里面有阐述企业真实价值的，有提升刺激企业市值的，也有真正聚焦企业价值提升并推动形成市值提升一致预期的方法和工具。方法和工具会不断发生变化和改进，也没有一成不变的方法和工具，因此市值管理还缺乏一套真正面向“企业价值管理”的根本性改变的配套工具。

基于企业价值决定企业市值，企业市值围绕企业价值而波动，企业健康对企业市值形成正反刺激影响，我们简单构建一个立体模型，试图把企业价值、市值、健康三个维度有机地整合在一起，形成具有系统性、机构性、全局性的市值管理模型，如图9.1所示。

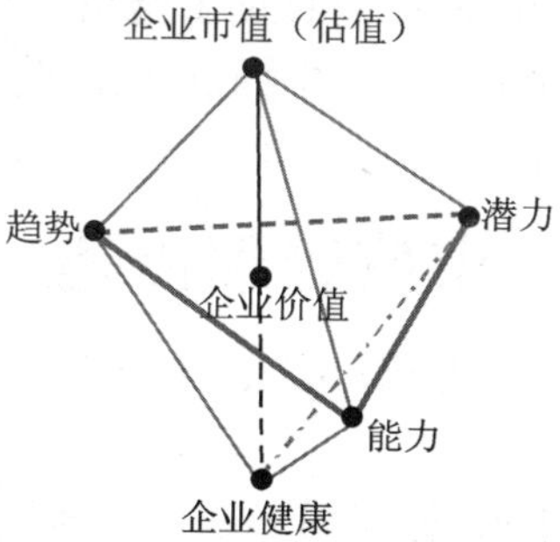

图 9.1　企业价值与健康模型

上面的模型的主体分成三个部分：一个是“企业价值平面”，一个是“企业市值”三角锥体，还有一个就是“企业健康三角锥体”。从几何的角度，企业的市值就是由上面的几何体的体积决定的。当然，图中的每个顶点的位置根据企业的具体情况是可以上下、前后、左右移动的，移动的过程也即是企业发展变化的过程，上市企业的市值作为一个窗口将其集中地体现出来。

下面，我们来着重说说“企业价值平面”。它是由三个顶点组成的，这三个顶点分别是趋势、能力、潜力。确定这三个顶点的依据是有的，下面展开讲一下。

趋势、能力、潜力是从《易经》的“三才”，也即天、人、地，转化而来。《易经·说卦》：“是以立天之道，曰阴与阳；立地之道，曰柔与刚；立人之道，曰仁与义；兼三才而两之，故《易》六画而成卦。”“三才之道”影响深远。老子的“三生万物”思想，实质就是“三才”生万物的思想。孔子认为八卦“以通神明之德，以类万物之情”。

我们经过学习、借鉴、转化，提出了企业的“三才”：势、能、潜。

“势才”：由“天才”转化而来。对于企业而言，映射的是“势才”，即趋势。它表示企业所处的产业、行业、环境、社会等正在或者即将发生的变化，指引企业方向的选择、方向的定位。“时使物然”，“趋势”就是企业的天，趋势也是企业家最忠诚的盟友。

“能才”：由“人才”转化而来。“人才”在企业的“三才”中对应与映射的是“能”，即企业的能力。它意味着企业创造价值的能力和创造收益的能力。对外部社会环境而言是创造了价值，对于企业的投资人股东而言是创造了收益，这些集中反映在企业的能力上。这就要求企业“打铁需要自身硬”。

“潜才”：由“地才”转化而来。“地才”在企业的“三才”中映射为“潜才”，即企业的潜力。企业的潜力，如同大地孕育万物众生一样，是企业长期可持续发展的基石和支撑。随着时间的向前发展，潜力就会逐步显现，进一步转化为企业的能力，也就是说企业的能力是由企业的潜力约束和支撑的。这就要求企业真正能够做到“厚积薄发”。

以上“三才”构成并决定了企业的价值。

关于以企业价值为基础，特别是以企业“三才”为切入点，提升企业市值、保障企业健康的部分,这里暂且不展开分析,而只试图给出一种新的思路、方法、视角,希望能够对于当前热门的市值管理工作有一定的启发作用。

市值管理概述

“飘风不终朝,骤雨不终日。”此语出自《道德经》第二十三章,意思是:暴风刮不了一个早晨,骤雨下不了一整天。

“故从事于道者,道者同于道,德者同于德,失者同于失。”此语出自《道德经》第二十三章。这句话的意思是:遵从于“道”的原则的人,以道为法就符合道,以德为法就符合德,失道失德就会走向失败。

引用上面这两句话是为了说明上市企业的市值管理(Market Value Management),应遵循企业的道、企业的德,否则将会走向失败。

市值管理追求短期见效,有时甚至只是为了进行炒作,这种情况不是没有,但是这样做的结果长期来看对于企业是非常有害的。所以,我们主张遵从企业的道来探讨和研究更为科学、有效、持续的企业市值管理。

市值管理是上市公司基于公司市值信号,综合运用多种科学、合规的价值经营方式和手段,以达到公司价值创造最大化、价值实现最优化的一种战略管理行为。其中价值创造是市值管理的基础,价值经营是市值管理的关键,价值实现是市值管理的目的。这段话的最重要的词汇就是“价值”,也就是企业价值。

在全流通市场环境里,市值代表市场对公司价值给出的公允价格认可。市值大小充分折射出企业经营的相关信息,体现企业的盈利能力、成长潜力、行业地位、管理水平、团队素质和品牌形象等,反映了企业的综合素质。放眼国际,在成熟的市场上,市值是衡量上市公司实力大小的重要标杆。

2014 年 5 月 9 日,国务院发布《关于进一步促进资本市场健康发展的若干意见》,共涉及积极稳妥推进股票发行注册制度、加快多层次股权市场建设等 9 条 33 项内容。为与 2013 年 12 月份出台的“国九条”相区别,市场普遍称其为“新国九条”。

过去两年多的时间里,市值管理已成为上市公司中的一股“时尚”新风。尽管公开数据无法证实上市公司实际参与市值管理的情况,但各种侧面数据显示,上市公司参与者数量众多。不过,在各路人马涌入这一领域的同时,也充斥着各种灰色交易。一些急功近利的机构更是抱着赚快钱的心态,在二级市场肆意妄为,其中最为典型的就是恶意坐庄。

“不忘初心,放得始终。”那么,企业进行市值管理的初衷是什么呢?是“企业价值创造”。市场对于企业市值的公允价格认可则是企业价值创造的“象”,即表象;企业价值创造则是企业市值的“理”,即原则。所以,市值管理的核心本质是应该研究、探讨如何实现和提升“企业价值创造”。

那么,问题又来了:何为企业价值(Corporate Value)呢?

经济学家给企业价值下的定义是：企业的价值是该企业预期自由现金流量以其加权平均资本成本为贴现率折现的现值，它与企业的财务决策密切相关，体现了企业资金的时间价值、风险以及持续发展能力。如果以这个定义为准，我们感觉这里的企业价值的定义，与企业市值的内涵是相似的，这其中是不是缺少了些什么呢？

从企业价值为“本”、企业市值为“末”的理解角度，我们认为企业价值与企业市值是应该有很大不同的，并且，不论企业是否上市，企业的价值与其市值都应该有所不同。因为，企业的市值是企业价值的货币计算结果，它有可能低估了企业的价值，也有可能高估了企业的价值。在企业的价值被低估时，特别是针对上市公司而言，其市值管理就相对比较容易；如果企业的市值反映出对于企业的价值已经高估了，那么这类企业的市值管理就没有意义了。上市公司进行价值管理就是希望能够使得市场公允的价格能够正确反映企业的真实价值，如果人为的操作使得价格脱离价值太远，则最终会造成投资者受损失。

所以，我们有必要重新审视何为企业的价值。这里尝试给出一个企业价值的定义：企业价值是指企业创造价值的能力。上市企业的市值（非上市公司的资产评估也需要做创新发展）则反应的是市场对该企业创造价值的能力的公允价格认可。

企业创造价值的能力又该如何分析、判断或者衡量呢？

首先，企业创造价值的能力是一个定性问题。企业价值的内涵是企业通过自身的经营发展能够满足社会用户需求的能力，这种能力可以通过市场占有率、产品质量、用户满意度、销售额、利润率、收益率、增长率，等等来分析、判断，但这些数字也只是片面抽象的数据。这里的每个数字都在说明企业的价值，但都不能够真正说明企业的价值到底有多大、是好还是坏。比如，在股票市场，低市盈率的企业，市场给予的公允价格往往并不高。真正的企业价值还有一个重要的维度——社会价值，即其为推动社会发展、人们生活水平提高所作的贡献，它对于企业基业长青、健康可持续发展而言，尤为重要。因为，社会价值决定了企业的生命力，决定了企业的长期发展机会。有些企业，对社会价值的贡献可能是负的，也就是说这类企业的存在甚至是阻碍社会进步的。

其次，企业创造价值的能力在确定企业的货币价格时起决定性作用。对于上市公司而言，股票在每天的交易过程中，有买方自然也有卖方，双方根据自己对该企业的不同理解，给出买卖价格。从长期交易趋势而言，价值投资就是发掘、发现价值被低估的企业并长期持有其股票。这是因为，企业市值价格最终必然会真实地反映企业价值。当然，价格是随着价值上下波动的，这也就催生了投机和波段的操作。为什么价值投资在中国的股票市场叫好不叫座呢？这是因为，在中国股票市场，几乎大多数企业的市值都已经远远超过了其持续创造价值的能力，也就是俗话说的“泡沫”太大了。其中，即便有一些泡沫不大的股票，因为不受关注、无人炒作，也变得随波逐流上上下下了。

最后，企业创造价值的能力即便清晰可见但是不同的人给出的价格也会不同——所谓仁者见仁，智者见智。如果希望准确地知道一个上市企业的价值创造能力，需要做的工作的难度不低。一是，即便你自己非常认可该企业的价值，但是不一定与其他人的看法一致；另外，仅从财务数据角度并不能够真正了解一个企业的价值，企业价值最重要的两个部分是其发展潜力和顺应趋势的能力。对这两个指标的了解，是建立在你对该企业自身的创新能力和把握趋势能力的了解基础上的。如果想了解企业的创新能力，仅看企业发布的公告并不可靠（其中，很有可能就有操作股票价格的隐晦目的），而需要深入到企业中去了解。如果想了解企业把握趋势、顺应趋势的能力，你还需要对企业所处的行业、产业的未来发展趋势有深入了解，这对于一般人而言是不可能的，所以就需要专业机构给出分析报告（很不幸，很多的研究机构并不是对散户负责的）。因为价格是见仁见智的，所以说对了或说错了都无可厚非，这也就为不当的市值管理操作提供了机会。

我们对市值管理的分析认识，是从国家政策层面，是从企业价值被低估或者需要有效提升的客观需求角度，是从企业真心想提高价值创造能力的目标角度出发，并提出市值管理应该以企业价值创造真实能力的提升为出发点和落脚点，而不是仅仅把反映在市场上的企业市值的货币价格表象为目标。这一点相信是大家广泛认同的。

接下来的问题是如何提升、管理、实现企业价值创造的能力。可以从三个方面入手：

一是，“时使物然”，企业必须有能力顺应趋势、把握趋势、乘势而上。趋势是企业的“天”，是企业家最忠诚的盟友，也是“好事趁好势”。所以，判断一个企业好坏，要看它在趋势里面的位置；想改变一个企业的发展，就要看如何依据趋势进行战略定位和调整；与趋势和潮流不相匹配的企业，是不能够长期可持续发展的。特别是，由于趋势和环境是易变的，所以重大机遇转折期也是一批一批企业生死抉择的机遇期。

二是，“打铁需要自身硬”，企业必须以最大的注意力、投入聚焦在自身经营能力的提升上。这一点凭借企业自身的财务报告、公告，倒是可以窥之一二。特别是，发现一个企业好不容易，发现一个企业不好却是容易的。所以，企业的经营能力比较容易探查到。那么，为什么有些经营能力很好的企业股票价格会很高，但同时也有一些经营能力很好的企业股票价格却不高（比如，一段周期内的上市银行）呢？因为，决定一个企业的市值公允价格的过程中，还要看这种能力获得的途径和支撑，这就涉及了企业创造价值的第三个方面的能力。

三是，“厚积薄发、创新驱动”，企业必须是善于创新的。企业“冰山的一角”蕴含着强大的创新能力，这样的企业才是真正的好企业。为了明显区别于企业的经营能力，我们将这部分能力描述为企业的“潜力”，它是企业未来能够转化为经营能力的能力，决定着企业未来 2 年、3 年，甚至 5 年能够做什么。而企业的能力只是说明企业当前能做什么，甚至连当前的问题也没办法说清楚，它只能说明企业“过去”做得怎么样。所以，企业市值与企业的经营能力表现相比较所展现出的千差万别，就比较容易理解了。

综上所述，我们做市值管理概述的落脚点就是提出“顺应趋势、提升能力、打造潜力”的三位一体综合管理思路或者做法，从“理”的角度入手，实现“象”的改变。我们把这个逻辑归结为以企业价值的“道”为原则，改善、提升市值管理的“术”。

企业健康的管理

企业健康指的是企业不生病、不生大病、有病就治。

企业健康的管理指的是对企业健康的症状进行检查、筛查、分析、治疗，管的是企业“健康的理”。

人吃五谷杂粮，自然会有各种病症。

企业天天在市场上打打杀杀，内伤外伤自然也无数。

企业健康的定义

定义，一直是非常重要的范畴概念。什么是企业的健康？这需要一个明确的定义。无病的企业就是健康的企业。所以，就引出了第二个问题：什么是企业的病？这个问题比较复杂，借鉴中国中医学的概念和理论，就包含了病症、病因、病理等概念。

1. 企业的病症

一切与企业发展不相适应的问题，都可归结为企业的病症；这包含积极的和消极的两个部分。比如，人体发烧从免疫系统的角度而言是积极的，而从人的感受角度而言是消极的、痛苦的。企业中也有类似的内外辩证的问题存在。

2. 企业的病因

人的病因是非常复杂的，从中医学来说，其核心是阴阳的平衡问题；从西医学来说，其核心是器官功能的发挥问题。这两者各有各的道理。我们借鉴中医学的概念和理论，认为企业生病最基础层次的原因是企业在守成、创新的平衡上出了问题，这也叫阴阳不平衡。这个阶段是问题隐藏、酝酿的阶段；进而，在基础层次之上企业的能力、潜力、适应力三个方面随即引发问题，这叫功能上出现了问题，这时已经可以看到明显的症状了，这个阶段就是问题爆发的阶段。

3. 企业的病理

企业发展需要两个力量：守成的力量和创新的力量，它们相当于企业的任脉和督脉。

企业所有的病症、病因的纹理规律都存在于守成的逻辑和创新的逻辑的构建和实践层面。

这个道理，目前也是借鉴了中医学阴阳对立统一的理论：阴阳相生相克、阴消阳长、孤阴不生、独阳不长、阴阳互根、阴阳转化。

4. 对病症的处置

参照人体医学的有关概念，对企业的病症的处置也分为治表和治根。

在“治”之前是“检”的环节，我们称之为企业健康体检。这个环节使得企业有机会早一步发现病症并制定处置的方案。

对企业病症的处置不像对人的疾病的处置——如打针、吃药，而是调秩序、调计划、调资源、调目标、调队伍。简单说，就是“调理”——调整到遵循事理的轨道上来。

盯着企业的健康

没有提出“企业健康”的概念之前，企业的管理盯的是事、财、人等目标。提出“企业健康”的概念之后，企业管理就多了一个事情，而且有可能是统领企业所有管理之上的事情，那就是盯着企业健康的管理。

这里的“盯着”就如同现有管理中盯着其他事项一样，要有组织、有制度、有章法地组织开展“盯着企业的健康”。

起初，我们考虑盯着一切“问题”，然后按照病症、病因、病理来分析，进而提出和尝试解决这些问题。总之，就是不能忽视这些病症。

目前，关于具体的病症集合、定义、描述，还没有专门的研究可以借鉴。

检查健康的指标

对企业健康的体检、检测、检查，是需要指标指导的。试图围绕这个问题给出答案的工作，本人也做了一些——将指标分为四大类：投入类(I)、能力类(C)、潜力类(P)、环境类(E)，在这四类的下面，又设计提出了二级指标和三级指标，目前合计总数在200个左右，可供参考。

读到这里，大家也许会有一个感觉——筛选、定义和使用这些指标是一件非常难的事情，也是一件应该持续很长时间的事情，更是一件应因地制宜在实践中不断改进的事情。

有病就要治

没有不生病的人，也没有不生病的企业。

企业都是因为生病了之后没有治、没有及时治或没有正确治，最后才不治而亡的。否则，企业不会死亡，而且还会基业长青——这一点，人是万万做不到的。

所以，企业有病就要治，治好了就有机会基业长青。不治，企业尚可坎坷前进发展；若治，企业定可更好地可持续发展。这是作者一直坚持的个人信念和个人判断。

会不会给治坏了呢？这种是极可能发生的！所以，如同给人治病不易一样，给企业治病也同样不易，两者的区别在于：给企业治病只是一个说法，并不容易一下子就把企业给治坏了。

被治坏了的企业，核心不是“治”的问题，核心是没有找到企业自身的“理”的问题，因而也就无从谈调、管、治了。

总之，给企业"治病"有三个显然的手段：调理、管理、治理。

无病防患于未然

企业都希望自己没有病，虽然这几乎是不可能的，但是采取防患于未然的策略和手段还是非常必要的。

这里只提一个概念和措施：定期进行企业健康体检。

又因为，企业健康体检一事，还不能在现实中活灵活现地存在，还只是极少数人提出的概念，其中包括了我本人。所以，针对自身健康，企业要找到防患于未然的抓手和措施，还有很长很长的路要走。

企业生长的管理

生长管理多见于农作物种植，一般是按照不同节气安排播种、灌溉、施肥、除草、除虫、收获、存储等。这么一说，就容易理解对企业进行"生长的管理"了——跟对农作物进行田间管理是一个逻辑、一个模式。

"兴办一个企业"与"种一棵树"非常相似。以此为借鉴，我们顺序地描述一下企业的生长管理问题。

育　种

兴办企业，选择"种子"，可以描述为：做什么，即这个企业生产什么、提供什么、创造什么价值。这就是一个"思想的种子"。

选　苗

做同样的事情，有同样的思想是很常见的。我们暂且把选什么样的载体、模式、路径、方法去实现自己的想法这个过程定义为"选苗"。站在投资人的角度，就是选择合适的初创企业，作为后续投入的苗木。

选　田

选田是最难的。对于一个农民来说，祖祖辈辈生长的地方，就是自己的唯一的田地。办企业则不同，选择田地的内涵与种植农作物一样，选择的机会和目标则是超越了农作物的模式的——企业理论上可以在全世界任何地方兴办。

这个办企业的具体物理区域我们称之为企业生长的"田地"，如果有地利，则最好。

施 肥

养料是植物生长必需的。企业生长的养料是什么呢？这个问题，很有意思，我认为也有非常深刻的内涵。如果没有“养料”注入企业的肌体，企业怎么可能生长起来呢？

对于企业而言，“施肥”的逻辑包含很多：放水养鱼、创新探索、厚积薄发，等等。总之，就是让企业自身能够更强大的一切措施。我认为“创新是企业的营养液”。企业如果真正是“长”大的，就必须依赖创新；没有依赖“创新”的企业，就不是“长”的，借用现在常见的说法就是，这种企业是“做”大的。做大的企业突出了企业家的作用，长大的企业突出了企业自身内生的力量的作用，两者是有所不同的。

剪 枝

一棵树要向上再向上生长，就免不了需要把一些枝丫剪掉。一方面，这些多余的枝丫，会吸收这棵树的营养；另一方面，剪掉了多余的枝丫之后，树干才能挺拔向上。

这个比喻是十分恰当的——没有一个企业在真正做大做长做强的过程中，没有剪过自己身上的枝丫，有时更惨烈的是砍掉树冠而嫁接其他种类的枝丫，以求基业长青。

回忆一下，您的企业剪过枝丫没有？

浇 水

这是最重要的环节之一。大多数时候，农业是靠天吃饭的，不同物理区域的年降雨量决定了能够种植什么、能够养活多少人，这自然而然形成了区域和人文。创办企业实质上也有一个“降雨量”的概念，真的不是怎么样、在什么地方都可以兴办各种各样的企业，办企业需要选择有合适“降雨量”的区域。

还有，就是随着社会的发展，人们可以通过一些设备、设施对农作物进行灌溉。但这种灌溉，也是以本地区地下水的总储量为不可突破的瓶颈的。

所以，不是说浇水树就长。天上有什么样的降水量，地下有什么样的储水量，是很难改变的。要有天时、地利为最好。

除 草

杂草与庄稼同生同长，会抢夺营养，所以必须除去杂草。在企业生长的管理过程中，如何定义“杂草”呢？我们暂且把“不能够与企业发展保持一致认识、一致思想的人”定义为“杂草”吧，请恕我冒昧，但这里没有任何歧视人的意思。

除 虫

我们暂且把对企业的发展已经或有可能产生破坏的人、事、制度等定义为企业生长的“害虫”吧，对这些也一样需要像给庄稼除虫一样进行处置、剥离。

喷 药

田间害虫、风霜雨雪、冷热交替，会使农作物发生病虫害，这个时候就需要喷药治理，减轻或者防治病虫害。这个环节在企业的生长管理概念里是十分欠缺也是十分需要重视的。那么，“虫是什么?”“害是什么?”“病是什么?”“药是什么?”对这些问题的研究都还是空白，希望这些概念能够真正地建立起来，能够在未来对企业的生长管理起到指导作用。

打 尖

植物如果要结果实，不是要一味地长高，甚至不需要长太高。为此，需要人为地把向上长高的部分掐掉，从而使植物向宽度、深度发展，结下更多的果实。

分 枝

一棵树的不同枝丫长势并不会相同，所以每个枝丫能够产出的果实数量也就不同。为了获得最大的产出，除了剪枝外，还要分枝。分枝，就是人为地对不同枝丫的产量做控制——控制花朵、控制蕾、控制长度等，从而保障整棵树的高产量。

收 获

农作物有一个非常大的特点：当果实成熟后，必须有一个收获的过程。否则，这些果实就会化作泥土灰尘。对于企业而言，收获就是能够使精心生产的产品、服务在市场上实现变现，换取收益、利润。否则，企业只能劳而不获，会很快关门。

再生产、再投入

经过多年的耕耘，有可能田地面积发生了变化，有可能农作物产量发生了变化，这个时候面临的选择就有很多了，我们称之为：再生产、再投入——就是改变原来固有的节奏、速度、方向、方法，以全新的面貌开始新的生产、投入。

砍倒重来

为了再生产、再投入，没有不需要“砍倒重来”的庄稼、农作物。因为，一年四季，对于大多数庄稼而言是一个“生死轮回”。对于企业的生长管理而言，在项目上、计划上、团队上，甚至企业自身的肌体上，从现实到理论，都存在“砍倒重来”的情形，其目的恰恰是为了能够再次生长起来。也有人称这一过程为“涅槃重生”，这很诗意化；砍倒重来，则更现实、残酷一些吧，意思都是一样的。“树挪死，人挪活”这句话对于企业想“砍倒重来”也是适用的，很有借鉴意义。

第十章 现 金

现金相当于企业的血液，其正常的流动是企业得以发展的保障。在这个类比下，企业围绕现金需要面对的问题可以描述为：造血、输血、缺血、失血等。而这背后涉及的也就是常常说到的企业的资金管理乃至资本运作的概念。

企业好不容易通过各种手段，顺利完成了价值与变现的若干轮回和迭代，殊不知，在整个生命周期里面，还有很多出乎意料的黑天鹅、灰犀牛，吞噬掉企业的利润、现金，这些都是综合作用的结果，对它们进行逐一分析的目的是传播一些看法、观点，而不是技能、知识。下面做详细阐述。

现金流

企业一经设立，原则上就有一笔启动资金，通常也就是注册资本金，我们将它假定为 C_0。

然后，从第一天开始，在这笔钱的基础上由于收支活动 C_0 发生增减形成一个即时的余数 C_n，也就是“账上还有多少钱”。依此类推就产生了一个现金流动的过程。

所以无论如何，C_n 都必须大于 0（不论是企业的自有资金，还是其他渠道的融资资金），企业每时每刻的现金流余数 C_n 都应大于 0。

虽然现金流看起来简单，但现实情况是复杂的，因此控制起来其实是非常复杂的。

确保 C_n 大于 0，涉及的现金变量参数非常多，诸如工资、社保、税费，乃至采购花销、租金等，这每一项都是生命线，都是没有弹性的支付要求。

随着现金的流动，C_n 可能越来越大，这说明企业产生了净利润，覆盖掉成本和支出后，现金不断形成积累。这是企业的非常良性的发展迹象，利用这些资金，企业可以更容易地做到投入扩大再生产。

随着现金的流动，C_n 也可能越来越小，这说明企业一直在消耗现金。一种是净利润是正，但是不断增加的投入导致现金不断减少，这通常是企业发展爬坡阶段呈现出的特征；还有一种情况是，企业的成本越来越高，净利润为负，不能覆盖掉成本了，这通常是企业走下坡路的征兆。一旦开始走下坡路，想扭转这个颓势，企业就需要否定自己，进行创新发展、改弦更张。

随着现金的流动，C_n 有可能变成 0，这说明企业无法正常开展工作，此时企业无法支付任何发展所需的费用，发展也就停滞了。

C_n 在变化的过程中有非常鲜明的提前指示性，可以使企业很早就知道这种变化的趋势。为此，企业通常会提前想办法"输血"，借用外部的资金充实自己的现金流。

这种输血主要指融资，我们将在下一章展开来说一下。

企业从弱小开始发展，其"造血"的能力按照发展逻辑是逐步具备、逐步增加的，所以企业需要小心谨慎地对待自己手中拥有的现金。

对待现金流不能仅仅关注数据表面，而应重点观察其发生的逻辑，也即关注如何把现金流控制在正常范围，确保 C_n 一直大于 0。这是有风险和有难度的，所以任何时候，企业对待支出和消耗，都要最大限度地严格关注现金流。

对 C_n 影响最大的是企业开展的投资、投入，特别是在自身资金不够还要融资去做投资、投入的时候，也即利用杠杆做事情时。这种情况非常普遍，而因为有杠杆，所以才有破产一说。

怎么说呢？

不利用杠杆，就没有发展倍数；利用不好杠杆，衰亡倍数也随之加大。这个问题不是科学问题，是经验问题、市场问题，乃至运气问题。这里可以提供的建议就是，任何时候都不要 All in（投入全部身家），不论未来多么有诱惑力。投入全部身家之后却失败了的案例，古往今来有不少。生意做不完，世界永远在发展，押上全部身家的行为背后可能隐含的是赌徒心理，这是要不得的。

只要没有杠杆，失败了，就比较容易再来。

当出现不借钱就不能发展的局面时，一般都是大挑战来临了。这个时候，传统的经营指标是企业资产负债率。其实，这个指标不灵敏，因为资产不容易变现、资产价值不保值，资产负债率不容易反映实质的杠杆倍数。

如何在控制现金流的过程中使用合适的杠杆不是科学问题，因为通过计算不会使得经营正确，虽然很多时候它能促进决策正确。

现金流的状况不好了，企业就自然不会好。长期不好，就相当于人得了血癌。这样还有什么好办法吗？

成 本

什么是成本是其他教科书里已解决的问题，而且有非常多的相关理论研究和案例分析，这里不再赘述。关于成本控制如何重要，我也不打算展开来讲。

创业者，也包括各类企业家，应当像珍惜自己的生命一样，珍惜企业的成本与利润，失去了对成本最严格的控制、对利润最精细的盘算，企业的生命就会流逝并走向终结。

除了社会效益外，企业最重要的使命就是赚钱，赚不到钱的企业，自然不得不关门歇业。这个不难理解。

下面讲一个模拟的例子：

假定一个企业的纯利润率为10%——这是不错的纯利润率了，大多数初创企业在开始的两三年内还不一定有净利润。如果该企业通过成本控制，在某一个事项或者某个年度少支出了1万元，就相当于减少了10万元的销售额压力。换句话说就是，少支出1万元，对于这个企业来说就如同多销售了10万元的产品或服务。特别是对于创业初期的企业，节省1万元是容易做到的，而取得哪怕10万元的销售成绩则是困难的。

我们可以进一步分析，对于任何一个企业而言，节省开支、控制成本少支出1万元都是容易做到的，比如少几次饭局、办公面积缩小10 m^2、少买两台电脑等。而一个企业增加了10万元的销售额，并不意味着一定能够获得1万元的纯利润，因为受产能配套、售后保障、市场竞争等的影响，有可能多完成了10万元销售额也赚不到钱甚至赔钱。与此相对应，省下手里已经存在的1万元成本，则是非常容易的事情了。1万元不多，但是我们如果将这个数字放大10倍、100倍，则意味着节省10万元、100万元，而要想进一步通过增加销售来进行补偿则需要100万元、1000万元的销售额。所以，控制成本、节省开支对于任何一个企业而言都是无比重要的。成本控制、节省开支，直接反映的是利润的保障。

希望通过不断加大成本规模效应来获得快速发展的企业更不应该忽视对成本的控制。因为处在这种状态下的企业几乎进入了亢奋状态：认为每一笔现金的投入都有美好的未来预期，只要等待着收割就行了。而事实上有相当比例的企业，就是因在成本规模扩张的道路上无法坚持而倒下的，且再也没有爬起来。

在企业不会赚钱、赚钱不畅、“造血”能力不强的时候，暂时先学会成本控制是非常现实也非常关键的经营发展之道。

要了解一个企业的成本控制，不用看报表、听报告，只需到企业里面走一走，看看领导人的办公室、员工的工作场所，再结合所在行业的平均利润率，便可知一二。

只要是大手大脚的企业都是有问题的企业，它们多半不是在花自己的钱，而可能是在花投资人的钱。

利 润

成本控制其实是相对容易的，而通过市场经营的复杂操作过程实现利润的获得则是非常困难的。并且，仅仅靠节省成本是无法推动企业发展的，只有不断地获得利润才能推动企业发展。

企业试图获得利润，必然要做好投入、增加成本，这是基本的经济原理。当然，冒风险也不是完全不好，企业也需要适度地冒一定的风险，进行选择性投入。

企业的利润可以说完全是因为有效地做好了“经营不确定性”来获得的。所谓“风险与收益成正比”的说法比较宽泛，换一个说法则是如何做好“经营不确定性”。依据这个说法，我们可以反向看到，企业的决策和经营都是“确定性的”，是不可能出现的情况。由此推论，企业必须冒着风险前进。利润的确是对这种冒险精神的回报，这也证明了企业家精神的第一个部分就是冒险精神。

冒的风险越大，收益可能越大。这句话没有错，但实际情况不都是这样的。企业的所有者需要好好想一个问题：自己是否赔得起？如果赔不起，就不要赌那么大。是的，在巨大风险面前选择投入就是一种赌博。我们可以在很多成功学案例里面看到赌对了的成功企业家，然而看不到的赌输了的企业家人数更多。

利润作为超过成本价格的余额，由两个要素决定，一个是成本，另一个是商品价格。获取利润有两个基本途径：一个是垄断，另一个是低成本。企业处于垄断地位时，可以自主确定商品价格，此时的利润是丰厚的。处于垄断地位的不一定是垄断企业，比如苹果公司对手机价格的定位就是一种垄断价格。这说明，在技术上、专利上、品质上达到一定的层次后，可以设定垄断价格并享受垄断收益。

显然，大多数企业并不能够取得如同苹果公司一样的市场垄断地位，所以它们只能以低成本的方式获得利润，即在市场认同的价格范围内，通过控制成本实现产品利润。针对这种情况，还有一个衍生的扩大利润形成的机制，那就是规模效应：在单件产品的利润固定的情况下，通过不断扩大规模可以寻求绝对利润额度的提升。每个企业都会这么做，其结果是导致在竞争中处于不利地位的企业出现库存增长、产能过剩，最终导致利润快速下降，甚至发生倒闭歇业的情况。从这个角度也可以看到，正确地、准确地进行成本投入控制，对于企业来说是第一生命线，而通过生产经营获得足够的利润，则是企业的第二生命线。

利润是产品或服务的剩余价值，它直接受到企业的劳动生产率水平的影响。所以，要提高利润就要提升企业的劳动生产率。

在提高劳动生产率的若干做法中，最能够创造跳跃式发展的方式就是科技创新，最能够提升企业盈利能力的途径就是提升企业的科技创新能力。唯有科技创新能够“无中生有”，使企业实现对同行业企业的超越，甚至获得一定程度的垄断收益。

创造价值才有价值，也才会有利润。价值的创造也需要通过创新的方式方法来实现，但它不是完全必须依赖科技创新的，还可以通过很多其他方式的创新，比如流程、工艺、组织、销售、服务等方面的创新来实现。总之，通过创新的确非常有可能获得行业平均水平以上的利润，这也是为什么当前会涌现出很多的创新型企业、很多的行业"颠覆者"。没有利润会怎样？现在很多的创业型企业，并不惧怕没有利润的状态，没有利润也在不断地投入发展。实质上，没有利润是不行的。今天没有利润，那么明天就必须有利润。但也有很多极端的案例：没有利润也发展得很不错，比如一批国外上市的互联网企业，它们眼前没有利润（利润为负），但是销售额巨大，使得资本市场投资人愿意对其进行投资。以此为参照，没有利润，也必须有不断增长的销售额、不断增长的市场占有率。所以，不能把没有利润等同于没有销售额，没有盈利模式。

没有利润，还希望进行投资发展，那只有由外部投资人来承担企业发展投入的责任。在这种情况下，企业就通过股权增发不断获得资金注入，从而实现企业发展所需的投入。这听起来非常符合逻辑，也非常美好。但是，请相信投资人的智慧，他们最终看的一定是企业的盈利能力，也请仔细地看看当前的市场环境，股权融资环境虽然越来越好，但是对于企业的盈利能力以及最后产生利润的可能性和能力的审视也变得更加严格，仅仅靠 PPT、原型产品系统就想获得不断的投资是不现实的，必须拿市场份额和销售额来说话。

在形成有效利润之前，在苦苦等待投资人注资的过程中，没有二话，还是老老实实做好企业的成本控制才是上策。企业只要能生存，就一定还有机会。

应付款

现金流里面包含了一个迟滞支付科目，那就是应付款。从资产负债表中可以看到这个科目。

应付款一方面表明企业在商品（价值）交换环节处于优势地位，可以部分时间内占用下游企业的资金；另一方面，在核算实际现金流结果 C_n 时，需要剔除这个数据，才能表明企业当前真正的现金持有水平。

应付款早晚都是要付的，否则就是违约。剔除之后，企业的现金流相应变少，可以投入和规划投入的项目多少也会受到制约。企业如果有很多的应付款，也不是好事，需要正确地处理，至少不能让它在企业投入资金的过程中成为加杠杆的分母。

应付款占用了下游企业的现金流，就商业生态而言，这个部分的资金占用不是好的生态要素。虽然可以给占用方带来利益，但是在超出合理范围之后，这个款项是有负面作用的。

企业经营过程中一定会形成应付款，我们的建议是按照不同行业的市场和商业规律，在合理的时间和额度范围内，控制好现金流。如果控制不好现金流，长期而言，对企业自身的发展也是有损伤的。付款周期的长短对所有的企业而言都是敏感又重要的，一旦这个周期过长，生意就很可能做不成了。对通过这个手段能占的这个便宜，要做到能不占则不占。

应付款涉及的财务、计税、债务、债权等专业知识问题，也是企业运营管理的重点内容之一。

应收款

应收款是企业的一个"有毒"项目，它能够形成企业的资产增加，但是对于控制企业现金流健康而言，是有负面作用的。

应收款是企业的收入，简单来说就是，企业把产品销售给了客户，而客户应支付的货款未到账。库存产品变为了现金，在没有到账的情况下不能计为收入，就变成了企业的应收账款。那么，这笔钱对企业经营有支撑作用吗？

简单来说，应收款对于企业经营没有丝毫的支撑作用，并且还极大地影响着企业的运转和再投入，最严重的情况就是直接把企业拖垮了。

举一个最简单的例子：

一个老板在镇里投资开了一个小饭馆，每天有很多人吃饭，生意不错。其中，有一位客户因为消费多，可以按月结账(这样的情形现实中比较普遍)。随着饭馆经营的持续，按月结账却不能如期履约、占用的资金也越来越多，使得小饭馆需要采买投入的现金流越来越少，老板再三催收消费欠款无果。日子久了，仅仅因为这样的应收款，就会导致生意不错的小饭馆倒闭。这样的例子在现实生活中也不少。

以小见大，小饭馆遇到的问题，在大企业中更普遍。

从现金流的角度看，企业绝对要十分重视应收款的管控。一方面，若做到绝对没有是最好的；另一方面，在必须得有的情况下，要确保应收款的债权安全。

企业因为应收款的方式成为债权人，其风险与其他所有债权人一样，那就是可能收不回债。

在交易环节处于弱势地位的企业，通常会有一定量的应收账款，而这也通常是压死骆驼的最后一根稻草。对于这个现实的问题，好的解决方案也不多。

在要么卖不出和要么收不回款的两难选择中，我倾向于不选择应收款的方式供货，把企业现金流风险控制的主动权把握在自己的手中应该会更好一点。

在欠款企业最终不能够履约支付应付款的情况下，问题就猛然变得异常复杂——不论是催债，还是打官司，最大的问题都是企业现金流可能枯竭，甚至没等官司打完、钱收回来，处于债权方的企业可能就倒闭了。这听起来是很可怕的，但在现实中也是能够找到鲜活案例的。

贷　款

能从银行贷到款对于企业而言是非常幸福的事情。原因有二：一是银行贷款利率低，二是银行贷款费用成本低。这可是对企业而言非常重要的财务成本。

企业融资的方式有很多，贷款是最简单的一种方式。所以，不能从银行贷到款的企业，是苦恼的。

接下来分析的问题是，贷款到位后如何使用这笔钱对于企业而言也是有风险加剧的可能的。因为贷款总是要还的，中间还会不停地产生利息，一旦这笔资金投入失败，连本带息的压力骤增，通常也可能直接导致企业破产。

站在银行的角度，放贷出去的风险是企业不能够还钱回来，所以银行对于贷款的审核是非常严格的。对于管理运营不规范的企业、对于资产信用不足的企业，比如：中小微企业，在风险管控的模式下，银行很难放贷给这类企业。

承受高风险将钱“借”给企业使用的方式有很多，我们也用贷款来描述并不恰当，但原理一样，只不过贷款企业需要付出的利息和财务成本会更高，一般的企业还消化不了这些成本。

为了融资，企业的选择有很多，比如出售股权、债权，进行抵押、承兑票据，等等，这些专业业务手段都很重要，但核心都还是企业自身的经营是否健康，一个重要的指标还是现金流是否健康，能否按期支付本息。

贷款的作用是解决现金不足的问题，用金融概念讲就是加大投入杠杆，它会导致正负两个方向的作用放大。因而，用之，是要慎之又慎的。

利　率

从借钱的角度说，利率要越低越好；从贷钱的角度说，利率要越高越好；从市场发展的角度看，存在着一个理论上最佳的数值——能使借贷双方都实现最大利益。

利率用白话说就是“资金成本”。

如果企业有大量现金闲置，那么就意味着企业现金流充裕，同时也意味着资金能够产生一定的利息从而形成收入，当然这点收入的回报是非常低的。

所以，企业很少让现金趴在账上。那么，企业的现金去了哪里呢？看看上市公司的公开财报就可以发现，很多公司把募集来的资金、贷款拿去做理财了。这从企业的角度说可能是好的选择，但是从社会金融的角度说则是不好的——相当于资金限制、空转，没有进入实业投资项目。

企业有钱，没有好的项目，拿去理财的基本出发点在于抵消资金成本、跑赢CPI，等等。实质上，没有可投入的好项目，企业的钱太多了，导致的是资金闲置。

企业没钱，通过各种渠道融资，这个时候付出的是贷款利息成本，并且是随着基准利率变化的波动成本。融资到手的钱带来的资金成本也是用贷款利率或者高于这个利率的数值来计算的。如果我们假定贷款利率是8%，然后企业将资金投入到项目后，必须要求所投资的项目净利润率要高于8%才能覆盖掉资金成本，才能形成利润。如果我们假定企业确定的目标利润率为10%，那么可以粗略地估算出企业投资的项目的净利润率要超过18%。做过企业的都有感觉，净利润率能达到18%以上的项目，基本都必须是高科技高技术附加值的项目，否则是无法达到这么高的平均净利润率的。

因为有利率的存在，所以借钱投资需要担负的成本压力是比较大的，对所投资项目的技术含量水平要求也比较高，否则它就是不经济的融资。

核算企业所处行业的平均利润率、平均净利润率，是可以为企业是否可以融资、能够承担多高的融资成本提供参考的。这揭示了传统制造业在平均利润率较低的情况下，不论是自有资金还是融资资金都必须主要投入到科技创新领域，从而实现高附加值，只有这样才是经济的，才有可能脱离低利润率范围。

当前，世界各国都在频繁运用利率杠杆来实施宏观调控，利率政策已成为各国中央银行调控货币供求，进而调控经济的主要手段。利率政策在中央银行货币政策中的地位也越来越重要，并使得利率与企业的日常经营密切相关。

负 债

我国《企业会计准则》对负债的定义为：负债是企业所承担的能以货币计量、需以资产或劳务偿还的债务。

负债的形成过程是长期的，也是日积月累的，企业通常是还了旧债借新债。

一定程度的借债是企业发展所必需的，也是金融杠杆作用的必然结果。但当企业资产负债率过高的时候，则表明企业的经营风险显著提升——可能会出现资不抵债，进而破产清算。至于多高的资产负债率比较合适，并不是绝对的，主要要看企业所处的行业、自身的利润率、现金流的情况。通常，盈利能力好，负债就可以多一点；企业发展在爬坡增速阶段，负债也可以多一点；反之，企业的债就不能太多。

企业的负债偿还主要靠企业的盈利能力，而随着市场和经济的波动，企业的盈利能力并不是恒定的，有时高一些，有时会低一些。这个波动其实是比较恐怖的——当盈利处于较低水平而负债不变的情况下，企业的经营压力会倍增，而这个增加恐怕不是简单地相加。

企业通过盈利不能顺畅还债，或者预期不能正常还债，或有其他资金需求时，企业就要提早融资，用新债还旧债了。企业盈利情况好的时候，这种融资相对容易一些，盈利情况差、更缺钱的时候，这种融资就会困难一些。直接融资的一个手段就是股权融资，即增发股权，增加注册资本金。股权融资的资金成本是最低的，但是融资成本不一定是最低的——因为股权的价格具有非常大的不确定性。所以，企业还旧债最好的方式，如上面提到的，还是向银行贷款。

没有负债最好——金融学中不一定认可这个观点。

企业有负债、加杠杆，以借力打力的方式维持运营发展，有很大的挑战性与难度。这当然也说明应对好这种挑战才有获得更大收益的可能性。

企业所追求的是发展，所以必然要容忍和接受一定的风险，自然而然地也就会形成一个副产品——负债。

负债是可怕的。

所以，在紧紧地盯着扩张、营收的时候，更要紧紧地盯着负债，其中也包括了“应付款”“应收款”(债权，也是高风险)。

这里用“成也负债，败也负债”来做本节的结束语。

应对通货膨胀

通货膨胀简称通胀，其中，“通货”指的就是货币，“膨胀”指的就是货币超发(贬值)。它是洗劫企业财富和个人财富的大怪兽。

关于通胀产生、发展、影响的文章可谓汗牛充栋。其实，通胀就是简单一句话：货币超发(贬值)。

通胀是一个世界难题。面对通胀，企业是胆战心惊，因为它既是经济形势上的总体性问题，又与企业的成本和发展密切相关。

通胀初期，企业的成本缓慢提升，企业的产品价格缓慢增长，一切看起来欣欣向荣，大家的日子都开始变好了。

通胀的高峰期，商品价格大幅上涨，将导致企业原材料成本、人工成本等迅速上涨，这将抑制企业的投入，也抑制市场的需求——价格太高了，开始出现观望情绪。

在通胀的泡沫破裂期，不论以什么方式消减通胀，总会有一部分企业倒下，通常其核心表现为“货币萎缩”，企业会因此而借不到钱、融不到资。

货币是企业生产、交易环节价值表现的符号。通过变现取得现金(收入)是企业发展的核心环节之一。

因为通胀，企业虽然什么都没干，但收回来的货币很快就不能买到过去可以买到的原材料了，这就是“亏”了。

通胀通常是国家的事，不是企业可以左右的。但企业的经营者，学会应对通胀则是非常重要的。在钱越来越好借的阶段，企业经营者往往很难抑制自身不借贷；在通胀发生的后期，情况就调转过来了。因此，企业还是要注意慎重借贷，假使借贷了，后面则要慎重投资。

颠扑不破的真理是创造价值。遵循这个真理,如果把在通胀初期较容易借到的钱真正用到了“创造价值”这一核心使命上,则企业可以借通胀的势,让自身难得地得到快速发展。

创造价值的概念不是虚的,它包含两个要素:①创新;②制造。除了通过获得和掌握新技术制造出新的产品外,其他的都不是创造价值,也不是投资,而是投机,最后可能导致投机不成反而招受损失的结局。

所以,企业如果在利用通胀的发展过程中,能有效地提升自身的创新能力,就可能会迎来好的发展机遇。

第十一章　投资融资绕不开

我们上面讲这么多，有可能让读者把兴办企业的“主线条”给搞混乱了。

这里，对兴办企业的主线条进行一下简单总结，并且就重点的“资金链”的问题做一些分析、阐述乃至畅想。

兴办企业的主线条有如下几个：

(1) 技术线：针对技术型公司——以不断翻新技术为主要使命；

(2) 产品线：针对提供产品的公司——以不断翻新超越为主要使命；

(3) 管理线：管和理企业的内外纹理、秩序、计划、行动等；

(4) 资金链：资金的投入、回收，账期、成本、费用等。

企业有钱没钱都希望融资，企业有钱没钱都想投资。然而，企业最终是要“变现”的，不然企业很快就会倒闭。

投入扩大再生产

企业在兴办初期、成长期，一直走的发展模式就是投入—扩大—再生产，即走不断扩大自身规模的发展模式。此时的投入，只有两个来源渠道：

(1) 原始股东的投资资本；

(2) 运营过程中获得的销售利润。

在利润为负数时企业是无法实现规模扩大的。这对于初创型、成长型企业而言，是致命的问题，而对于成熟型、衰退型企业而言，则好像是“虱子多了不咬”的问题，最终这类企业一定是死于“利润亏损”。

初创型、成长型企业要跨过“投入扩大再生产”的环节，才能算是向“生长”的下一个阶段进化了，否则会一直停留在“死亡的边缘”。这就涉及了“为什么要融资”的问题。同时，扩大再生产也是经常会使企业中毒的。这里略做提示，不再展开讲。

投资“发现新大陆”

企业非常希望第一时间“发现新大陆”——发展的新天地，而这主要有两个办法：自己找、跟别人一起找。

若新大陆在企业自身的发展主线上、领域范畴内，企业最好是“自己找”，但这也就意味着企业要自己组织投入、承担风险，并且不一定能够独享收益。

若新大陆在企业发展的主线之外，企业最好是跟别人“一起找”，这样可以分担风险，但这还不是最主要的，最主要的是企业自己不擅长这些领域、这些方向，又不想放弃、不想退场，所以以股权投资等多种形式跟大家一起找。

另外，还有一个办法，这里独立列出来：摘果子。

这个模式适用于非常厉害的寡头企业（资金实力特别雄厚），适合在不同细分领域领先的成长型企业——直接被收购、买断。摘果子的企业平时不太关注哪个成长型企业更厉害，只关注到没到“果子成熟季”，到了就出手去摘。利用这个办法的企业挺多的，不要以为是个例。

不涉猎自身发展路径的深度、不同行业发展的广度，这样的企业的视野还是太短、太窄，而这会是其自身生长发展的很大的认识和战略方面的隐患。

融资扩大再生产

前面已经提到初创型、成长型企业要想实现投入—扩大—再生产，多半需要通过融资落实自身发展所需要的投入。其实，几乎没有不想融资的企业，没有不需要融资的企业。

融资有几种，大家都非常熟悉，现简单罗列如下：

（1）借钱；

（2）贷款；

（3）发债；

（4）卖股。

不论以什么样的方式，能够融到资，就是又向着“生长”的下一个阶段前进了一步。不能够融到资的企业，就无法实现投入扩大再生产，应该说还没等到一个生命周期结束，它就几乎可以宣布关门了。

融资是企业主要负责人的第一件大事；当然，是先有鸡还是先有蛋，这个争议也不可回避。但是，我是这么看这个问题的：融资是企业家的首要职责。

融资度过紧日子

这个小节讨论的一样是企业过不下去了，只能通过融资来解决，否则，就只能坐以待毙，等着关门大吉了。

企业遇到紧日子，有好多种情况：

(1) 行业周期性的，过了这个周期，就会好起来；

(2) 季节周期性的，随着季节会反复波动；

(3) 发展上升爬坡的需要，这样的企业生机勃勃，不断地需要资金投入；

(4) 一年不如一年的，这种情况下最好的解决办法是对企业进行重组，否则后面就是破产，最后是倒闭。

不到最后一刻，企业不会坐以待毙，必然会想尽一切办法融资度日。

这种情况非常复杂，非常具有挑战性，很难辨别是非曲直。

很多的企业，其实还不错，但因为急于融资发展，借了高利贷，然后就走向了毁灭的道路；还有的是资金成本、负债率高，严重制约了企业的发展、影响了企业的信用，从而形成恶性循环，导致企业也一样走向毁灭的道路。

钱，不是那么好拿的，即使能够拿到的情况下。

要慎之又慎地使用通过融资渡过难关的办法，而且确实还有其他的办法，比如：裁员、变卖资产、降低产量等。综合起来，好好设计设计，争取不带一身病地渡过难关，那是最好的。

投资融资搞创新

这里要讲的重点是，有钱要创新，没钱也要创新。

是因为有钱了才创新，还是因为创新了才有钱，这个问题是说不清楚的。在此，打个比方："创新"是企业的生长的"成人礼"。这个比方的内涵就是：企业通过创新取得了成功、尝到了甜头、获得了发展，才算是从初创、成长期走向成熟期过程中完成转变的一个"成长"标志。没有这个标志，没有完成"成人礼"的企业，就像个孩子，永远长不大，不越长越萎缩，已经是很不错了。

所以，创新，创新，还是创新。

通过投资、融资等手段，企业必须保证在创新上有一定的投入强度、一定的试错安排、一定的自由探索度，而这样的属性通常是基业长青的企业所共有的。

第十二章　其他几个讨论

信息不对称

在信息社会讨论信息不对称这个问题尤为重要。

自古以来，信息都是战略的一部分，特别是在真正的战争中。我们常常把商场比作战场，所以信息更加是一等一的战略品。

在进行所有讨论之前，这里先对信息做一个描述——它由两个主要的部分组成：数据（客观）和内涵（主观）。所以，我们首先做一个二分的结论：信息不对称是由两个因素导致的：其一，获得数据的层面；其二，理解数据的层面。

如此，展开如下。

获得数据即是指掌握和拿到信息。为了获得数据，需要一系列的连续动作：定义、搜索、采集、处理、保存、加工、转换、传输等。而在每一个环节都会出现多寡、快慢、好坏的不同，这些又统统会造成信息的不对称。

每天会出现许许多多的数据，以至于可以称之为海量，这已经成为平常事了。而一旦成为平常事，往往就会产生对数据熟视无睹的弊端，而且也根本没有办法对如此多的数据都进行“获得”。所以，客观上信息不对称是无法改变和克服的。

在获取数据环节，可以强调准、快、全。准，要求明确知道自己需要的准确数据是什么，并能够及时发现、感知、采集。快，要求能够利用一切可行的手段和方法第一时间发现、感知、采集。全，要求对数据的采用尽量全面，并要特别注意不能断章取义，否则危害是非常大的。

企业永远是在汪洋大海中漂泊的一叶小舟。同样，企业理论上应该获得的数据也是一片汪洋大海。在这种情况下，导航就十分重要。企业家以及有效的机制，便是发挥导航作用的关键。

客观上，解决信息不对称中的“数据获得”问题已经十分难了，而主观上把握数据背后的内涵则更是难上加难。

数据必须经过大脑处理后才能成为信息——可以自己转化也可以有组织地转化，最终必须有决策者领悟和理解到，才能称之为信息。

将数据转变为信息也是有很多环节的，包括整合、对比、分析、计算、回溯、验证、修订、叠加、演绎、推理、预测、决策，等等。这其中的每一个环节又都存在产生信息不对称的风险。因为如此复杂，所以常常会顾此失彼，甚至采取鸵鸟政策。

看起来简单的事情变得如此复杂，有时就是因为怕想不明白或者觉得想也没用而不愿多想。

企业面临巨大的风险、竞争，乃至生死，所以无法回避“数据”和“内涵”。在竞争日益白热化的经济市场里面，为什么很多的企业寿命不长、经营中断？究其根本就是因为“信息太不对称”了。比如，表面上我们看到的是投资失败，其实是投资决策之前没有预测到可能造成失败的全部信息（实践和理论都支持这个判断）。再比如，表面上看是团队组织出现了问题，其实是因为对团队里的人不了解，也就是信息不全面导致用错人、选错人、合作错人，等等。

借用纵横家鼻祖鬼谷子的核心观点，解决信息不对称问题的办法就是“捭阖”：张网为“捭”，收网为“阖”。

所以，企业必须有一张“信息网”来获得信息这种战略资源。通过“张网”来获得数据，通过“收网”来使用数据。

网的直径有大有小，网的网眼有大有小，张网收网有时机，凡此种种，就是企业面临和解决“信息不对称”问题的机制。此为讨论到最后的大体结论吧——没有网不能打鱼，没有信息网不能办企业。

市场失灵

若如亚当·斯密所说，市场是完全有效的市场，那对企业而言是绝对的福音。但是，现实如此之残酷，以至于这种完全竞争、充分竞争的市场是不会存在的。

简而意之就是，市场是会时不时地失灵的。

最典型的证据就是每隔几年就爆发的经济危机，这样的危机几乎每次都会席卷全球，这分明是市场病了、乱了、不灵了。

如果经济学是科学的，经济学家是科学家，能够按照逻辑和公式规范市场和经济，就不应该会发生经济危机。但事实上，市场和经济从来没有按照既定的定律和公式运行过。

市场失灵，所以研究市场的经济学也就顺便可以被认为是会失灵的。所以，我个人对经济学的观点是——经济学研究多是“事后诸葛亮”。

市场核心是满足欲望的场所——通过交易得以实现。因为欲望不可揣测、满足程度不可揣测，通过反复叠加，总会出现疯狂的不可思议的事情。

企业必须站在市场中间，必须时时刻刻应对市场失灵。

每一次的市场失灵，就像人类中发生的瘟疫，有时病菌可知，切断传播途径、控制病源即可；但有很多时候，病菌不可知、病源无法控制。

在瘟疫发生的时候，更加健康的人有更多机会安然无恙；与此类似，在市场失灵的时候，更加健康的企业有更多机会安然无恙。

市场失灵不仅仅是“经济危机”这种恐怖的形态，还包括不充分的竞争、垄断、歧视、打压、隐含的伤害等。

既然如此，顺其自然行吗？还真不行。

有病，都想治好；有市场失灵，都想避免。

所以，政府出现了。

政府是市场的建设者和执法者，确保公平公正。

这就出现了政府什么时候出手，在什么环节出手，出手的效果如何评估，在什么时候收手，等等一系列问题。经济学家关于政府这只手的研究成果可以说是汗牛充栋了。

只在市场失灵的环节，政府才应该出手。所有市场可以自行担负责任、自行解决的问题，政府理论上都不应该出手。比如，培育市场靠政府的支持和关爱，培育得差不多了，政府就应该收手，而不是继续培育和关爱有加，否则对后进入者就是不公平的了。

在每个企业都只关注自身的利益而损害了公共利益的时候，这也是典型的市场失灵的情形，政府就应该出手进行限制和调整。

比较有争议的就是“政府补贴”究竟是否是“经济的”问题。就市场失灵来说，它有可能是一个准则：市场有效，政府就不应该补贴；市场失灵，政府就应该补贴。比如，对于科技创新研发，各国各地政府都有相应的补贴政策。这是因为，科技创新研发不具有“经济性”，对它是从战略的角度而不是从经济的角度来支持和补贴的。进一步探讨就是，对于科技创新研发的补贴成效的考核不应该是经济性的考核，而应该是从战略的角度来考核。这种考核，不是一个简单的经济问题，更不是一个简单的财务问题，也不是一个投入到产出的线性因果问题。

企业在市场失灵的时候是很难有作为的。正常的情况就是企业应该时时刻刻观察市场的走向走势，在市场失灵发生的时候，多一点应对和抵抗的本领。

社会效益

市场不是社会的全部,经济也不是。因为,社会还有其自身得以正常运行的效益(成本)。这种效益或成本,可以简单概括为:秩序。所以,完全只追求市场效率和经济效益是不可能的。

企业在价值与变现的过程中,通常要占用一部分的社会资源和成本,因此通常必然要承担一定的社会责任、发挥一定的社会效益。

社会效益听起来是与经济效益对立的,有时候是这样的,而有的时候良好的社会效益也能够对企业的经济效益产生巨大的影响力。只追求经济效益而无视社会责任和社会效益的企业越来越不可能发展起来,越来越不可能存在。

企业至少不能做损人利己的事情。企业也不能做损害公共利益的事情,比如:环境污染。

真正伟大的企业,从一出生就赋予了自己"改变世界"的理想。它希望通过自己的产品能够让世界变得更好,作为一种愿景,其出发点完全是为社会效益服务的。这种案例虽然很少,但是这恰恰说明了企业的社会属性。如同人的社会性一样,企业也有自己的社会属性,并为此承担责任、发挥效益,且需要占用企业的一定成本。

我们将企业发挥效益简单描述为"做正确的事情",也就是做对社会、对个人发展有利的事情。而从这个角度看,企业之所以能够赚到钱,是因为企业做的是"正确的事情"。

当然,我们还是可以看到很多企业在做不正确的事情,或者说不十分正确的事情,比如我认为很多游戏公司就是在做"不正确的事情"——对青少年的毒害是其严重的副作用。

既然要求企业都承担一定的社会责任、产生一定的社会效益,政府就应该严格限制和管制没有发挥社会责任、没有产生社会效益的企业或者产品,对于那些给社会带来负面影响的企业或者产品应该尽快清理出市场。

政府在市场管理的过程中,一定要想尽一切办法避免"劣币驱除良币"的现象发生。一旦有损害社会效益的企业不受惩罚,那么慢慢地就有更多的企业会效仿,从而导致整个社会而不仅仅是市场受到严重的侵害。

不管市场如何混乱,企业自身都应该把不损害社会效益作为最基本的底线,把承担良好的社会责任作为基本的使命。这不是口号,这的确是企业自身发展至关重要的内容。

企业是为社会和人类进步服务的,虽然直接地表现为对资本收益负责。

不讲社会效益、只追求经济效益的企业是不会发展起来的(正常市场经济条件下),因为这样的企业是有害的,应该被驱逐出市场。

一个好的企业所展现出的企业文化、企业家精神、团队精神、产品理念等，都是一个社会向前发展的正能量。这样的企业每多一个，社会就会向前进一小步。

企业自身鲜明的经济属性使得资本发挥着重大作用，而当资本大到形成巨大的利益集团并能够与政府博弈的时候，将出现干预难度增大的情况。

滴滴公司发生过严重损害社会效益的事情：一位乘车人的生命安全没有得到保障，甚至滴滴公司的做法有漠视乘客生命安全的嫌疑，严重损害了社会效益以及具体个人的权益，这个责任企业应该担，政府应该严管。这样的公司应该把强调社会效益放在第一位，因为毕竟是提供公共出行服务的，而安全是公共出行中最重要的，更是企业产品和服务能够成立的前提。这类责任事故绝不是事后能够弥补的。

还有一个有争议的事情是关于联想公司有关 5G 专利投票的。对这个事情，各方各有所云、各持己见。联想公司做这个决定一定是从企业自身利益最大化的角度出发的。但是，联想公司毕竟自称是中国民族科技企业的领军者，所以社会和老百姓有必要了解和要求联想公司在做出决定的时候不损害中国其他企业的利益，不损害中国经济发展的利益，这个逻辑是站得住脚的。

像这样的例子应该很多，而且更多的例子不会产生这么大的影响力(成为一时间的社会热点)。这种情况的存在说明对企业要承担社会责任、发挥社会效益这一使命形成共识还有很长的路要走。

企业应该为社会发展而生，而不是为资本盈利而生，虽然资本是企业发展的推动力。

规则的立与破

讨论这个主题有很大的难度。

我们想从哲学的角度来探讨，从而避免引起很多不必要的争议。

什么是哲学的角度，简单说就是利用辩证法、思辨性、矛盾论、实践论这些指导思想。这里我们从这些角度来讨论一下规则的立与破。

一个企业在发展的过程中难免要树立很多规则。这些规则都是经过实践检验的，也是经过企业验证的。

从哲学的角度讲，事物都有两面性，当企业发展到一个阶段时，旧的规则往往会成为其自身向前发展的阻力、阻碍，这是必然的。

所以，如果发现企业制定的良好规则却成了阻碍企业进一步变得更好的阻碍，不知企业家自己会怎么想。

鉴于此，我们讨论的核心就是：立与破交替发生、互相作用。这如同把“立”定义为“阳”，把“破”定义为“阴”，从而使我们可以从阴阳的关系角度来理解立和破的关系。

立规则是为了发展，破规则是为了更好地发展，希望每个企业家都能够深深记住这一点。从方法论的角度说，企业时时省视已制定的规则，从中找到应该打破重来的地方就是企业通过对自己的否定来寻求更好发展的着力点和抓手。

没有一个规则不应该受到这种检视。更没有永恒不变的规则。

要想发展，就必须解决企业内在的矛盾，因为内因是事物发展的根本动力。企业自身的内部矛盾集中地体现在企业自己制定的一系列规则中，是这些规则（潜规则）最终把企业自己搞坏了。

规则往往表现为惯例。

打破惯例、打破常规是我们经常说、经常听到的，其实质就是打破已经有的规则，只有这样才能够实现创新驱动发展。

一个企业内部的规则实在是太多了，更不要说还有背后无处不在的潜规则。这些确立实施的规则经过检视被及时地更新和替代是企业自身保持健康并提高自身免疫力的重点，也是防范潜规则所必需的。

执旧方医新病，就是拿着不合时宜的规则面向新事物新发展的形象比喻。而这种情况还无处不在。就是在现代医学不断发展的今天，在医学健康领域不也是这样的吗？

更高明的认知是在规则设立的那一天起就要预测规则有一天会被改变的机制和条件，如此才能在条件发生、机制启动时，及时迅速革新企业自身，使企业获得充足的发展活力。

十年河东，十年河西

中国有句老话叫“三十年河东，三十年河西”。对于企业而言，由于市场的激烈竞争和技术的快速进步，则可能是“十年河东，十年河西”。这也就是说，每个企业每十年都会面临一次转型的生死攸关时刻。

讨论这个主题的目的在于提醒企业家，永远不要抱着守成的态度管理企业，更不能认为守住自己的成就、成效就可以一劳永逸。

逆水行舟不进则退，这个描述用在企业身上十分形象。

不论多大的企业都将面临这样的情形，基业长青、存在了上百年的企业，则无数次地面临过这样的选择和改变。

随着社会的供给增多、技术的替代，会出现企业价值逐渐递减的自然现象。当价值不在，企业生存就会出现问题。

随着社会的发展，价值也会移动和变化，所以就要求企业自身的价值观和产品自身的效用价值能够随着社会的发展而发展。

这需要企业不仅仅关注自身的产品、市场、技术和服务，还应该抬起头来看清楚社会发展的趋势、方向、价值取向等。

挑战在于，趋势无时无刻不在发生着变化，有时是量变，有时是质变。当量变、质变发生的时候，企业感知得清晰与否决定了企业的生死。

企业想跟随趋势而改变自己本身就是巨大的挑战，也就是说企业实行转型的过程就是死去活来、向死而生的抉择，问题的确有这么严重，以至于在面临这种重大选择的时候，往往不容易做出正确的决定。所以，我们讨论的核心是，不论做出这种决定如何具有挑战性、如何困难重重，它都是必须要做的。

借用凯文·凯利说过的一句话，产业就是一系列“十年河东”“十年河西”的东西的一系列组合。企业也是如此。

河东河西的变化在企业自身的发展周期中是非常快的，企业在聚焦价值与变现的过程中，无法超越这种社会发展带来的变化和影响，只能准确地选择顺势而为、乘势而上。

一些更优秀的企业则是趋势的引领者、方向的指引者、市场的创造者，这些企业之所以优秀就在于能够把握和顺应趋势，当然他们的生命力更是尤为强大。

新技术总在刷新中

在当前浮躁的社会中，一个典型的现象就是，所谓的新技术一旦出现就会立刻形成热点，然后科学家、企业家、资本家、演说家全部一拥而上，好像又发现了新大陆，都想成为领头羊。

其实新是相对于旧的，它从不是绝对的。

更为富有哲学意味的思考——“新”随时可能会变为“旧”。那么社会上的那些一哄而上、一哄而散的现象，是不是有失偏颇呢？

新技术总在刷新中，而新产品随后要经过很久才能够出现。更为可怕的是，新技术的不成熟导致其随时会被颠覆、改良、替代。企业界、企业家要做的是积极关注、稳妥跟进。

其实“新技术”本身很有可能不是“新”技术。

就拿当前炙手可热的“人工智能”来说，这项技术出现至少已经有 30 年时间了，而一项新技术从出现到转化为一种新产品的平均时间大概为 25 年。由此可以判断，人工智能很快要转化为新的产品了。但是，人工智能不是新技术，只是在不断发展的技术。人工智能技术的发展可能孕育新的产品、新的市场，这个判断也不假。但还不至于使大家一哄而上。

新技术总在刷新中还有一个内涵就是迭代升级，比如摩尔定律展现的芯片升级速度，这个也是新技术，但在不断地吐故纳新中。

还有一些新技术是历久弥新的，比如工艺、规程、工具，它们不表现为引人瞩目的新技术，但是它们经长期沉淀所形成的技术能力是历久弥新的，也是不断创新的。对于企业自身实施创新驱动发展而言，这个维度的“新”更有现实意义。

因为技术变化太快，所以企业反而不能变化太快。

一些新兴的企业随着新技术出现而出现，一些老牌的企业通常可以采取投资参股的方法跟进和把握新技术带来的机会，而不是自己放下手头的业务做从头再来的选择。

新技术的主要特点就是不成熟，为应对不成熟所带来的风险，应该采取风险投资的逻辑，大力扶持创新创业，在把主业做好的同时，时刻关注能否把握形成下一个新的主业的机会。

新技术在不同的行当的含义也是不一样的，在信息技术领域都表现为颠覆和替代，而在制造业领域则表现为迭代升级。这不是说制造业就不拥抱信息技术，而是应该考虑如何利用信息技术实现制造业自身的更好更快迭代和升级。各个领域唱的戏往往是不同的，不应该人云亦云，更不应该亦步亦趋。

最后，应该更多强调的是专注，从而实现在本领域的专业程度。企业除非对自身所在的领域产生其或将不复存在的认知，否则不应该抛弃对该领域的专注。

新技术总会不断出现，如何把握和利用也是见仁见智的。

新企业面向未来

企业是运动员。所以像真正的运动员一样，企业自身需要不断训练、锻炼、升级。

我这几年一直在对“新企业”进行思考。

企业这种组织机构已经出现几百年了，中间也历经了很多变化。在信息化社会时代背景下，生产方式发生了很大变化。企业存在三类基本组织形式：独资企业、合伙企业和公司，公司制企业是现代企业中最主要的最典型的组织形式。

不论何种形式，企业的本质都是组织利用资源创造社会所需的价值。当资源的组织方式、社会所需的价值不断发生变化时，企业自身的组织结构也应该寻求改变。

什么可能是新企业？

第一，企业的所有者由一个或几个投资人变成更多甚至所有员工（持有企业的股权），这样每个人就真正都是企业的主人了。

第二，传统企业里面每个人都是雇员，雇员之间是同事，在新企业里面每个人可能不再是雇员，而是以独立个人经济体的形式与企业构建了合作关系，而雇员与雇员之间也不限于同事关系，有可能是合作伙伴或者是上下游产业链关系。

第三，这种新企业组织形式的本质是个人拥有资源。在传统企业里，个人只拥有劳动力这一资源；而在新企业里面，个人的知识和创造力将比常规劳动有更多机会发挥作用，此时，个人不再仅仅是提供劳动力，而且还提供智力和创造力。

第四，企业是有生命的生物而不是简单的资源叠加。没人否认企业是有生命的，探知和保障企业的健康状态在未来应该是更有可为的。

第五，传统的企业是由资金流、物流驱动，而新企业是必须附着于信息流的，并且会逐渐显现出对于信息利用的智能化。

未来已来，企业需要不断进化。在这一过程中，不论企业如何面向未来，都会有一种对崭新的企业形态的诉求出现。

对新企业总要最后下一个结论：新企业就是智慧企业。

第十三章　在活动中应用

拿着这本书，阅读上面这些冷冰冰的文字，通常多是无趣的，也是不太接地气的。这缘于论述得太多而且讲的也不是什么一鸣惊人、金科玉律的东西。

所以，作为结束部分，本章聊点有趣的活动，看看可否使文字生动起来。

活动的准备

【主　角】企业负责人。

【众配角】企业管理团队。

【场　地】类似 MBA 案例教室，有多媒体设备最好。

【主　题】每次一个套路主题（从下文的五个方面来选）。

【主持人】活动的组织者，发言的协调者。

【观察员】每个主题相关领域的专业人士，每期不少于 3 人，越多越好。

【旁听者】对活动感兴趣的其他人（包括企业自己的员工）。

【脚　本】每个活动有一个脚本（参照下面给出的模式）。

【记录员】1 名：配合主持人，在白板上做关键内容的记录；另外 1 名同步制作 PPT，在活动最终总结的时候，顺序播放白板记录的所有内容。

【活动形式】

（1）台上是主角和配角。

（2）台下是观察员和旁听者。

（3）对话、讨论、问答等。

【现场布景】

（1）大屏幕投影。

（2）可用的白板。

（3）摄像机。

（4）音响设备。

【预期效果】一期只谈一个主题，并希望找到是否存在问题，提出加以改进的建议。

【活动时长】建议每个活动的时间不少于 2 小时。

【活动录影】征得同意，进行录制，可以成为企业自身发展的历史资料。

说出你的成本

【主持人】企业的成本是个无底洞，不断支出、跑冒滴漏、有效的无效的。这些问题究竟在哪里？又多大程度地影响了企业的发展？

阶段一：汇总

【主持人】企业究竟有哪些成本构成呢？我们这一期来听听企业家怎么说。

【主　角】阐述自己所理解的、已经掌握的自己企业的成本信息，并在活动之前尽可能做好功课。

【记录员】按照主持人的指示在白板上做记录，在电脑上制作 PPT。

【众配角】做补充，核心是企业主管财务的人员做补充。

【阶段一】形成了一张初步的"企业成本表格"，同步做好，展现在大屏幕投影上。

阶段二：分析

【主持人】现在我们逐项分析每一种成本，大家进行发言和讨论，说出你认为每种成本是高是低、是好是坏。

【所有人】都可以发言，如果设备支持，还可以使用电子表决器，对高低、好坏进行表决。

【阶段二】形成一个带评价的企业成本表格。

阶段三：诊治

【主持人】大家来说说吧，这些企业成本存在的问题，你认为该怎么改善。尤其刚才发言认为不好的朋友们，请大家积极发言。

【记录员】在白板上做记录，在电脑上制作 PPT（记录形式），不要求抽象和概括，要原汁原味的。

【阶段三】形成企业成本可能存在的问题及建议的清单，留给企业做选择、甄别。

阶段四：展望和思考

【主持人】有几种成本，比如机会成本、时间成本、沉默成本，大家看看，有什么需要说的吗？

【主持人】比如机会成本，这个企业有吗？在哪里？有多大？

【所有人】发言、讨论。

【主持人】再比如时间成本、沉默成本，还有其他成本，大家可以随意，想到了就说。

【记录员】对所有发言，言简意赅地做记录，写在白板上、录入到 PPT 中。

【阶段四】得到若干展望和观点、意见。

互动总结

【展示】企业成本表。

【展示】企业成本分析表。

【展示】问题及建议清单。

【展示】展望和思考。

说出你的利润

【主持人】企业的利润是企业忙来忙去的目标，直接关系着企业是否发展、能否健康、有怎样的未来，我们今天一起就企业的这个主题进行交流讨论。

阶段一：报表

【主持人】企业究竟有多少利润呢？我们这一期来听听企业家怎么说。

【主　角】阐述自己所理解的、已经掌握的自己企业的利润情况。

【众配角】做补充，核心是企业主管财务的人员做补充，看看企业家说的对否。

【记录员】按照主持人的指示在白板上做记录，在电脑上制作 PPT。

【阶段一】大家一起读懂企业的资产负债表。

阶段二：分析

【主持人】现在我们分析一下企业的利润是否健康，大家进行发言和讨论，说出你认为利润是高是低、是好是坏。

【所有人】都可以发言，如果设备支持，还可以使用电子表决器，对高低、好坏进行表决。

【主持人】请大家重点关注一下库存、应收款、账期等；懂财务的可以多发言、多提问。

【主持人】一张资产负债表不能说明企业的全部问题，在这个表格之外，还有很多影响利润的部分，请大家看看有什么观点和建议。

【记录员】按照主持人的指示在白板上做记录，在电脑上制作 PPT。

【阶段二】形成一个带评价的企业资产负债表。

阶段三：诊治

【主持人】大家来说说吧。这个企业的利润是否存在问题？你认为该怎么改善？尤其刚才发言认为不好的朋友们，请大家积极发言。

【记录员】在白板上做记录，在电脑上制作 PPT（记录形式），不要求抽象和概括，要原汁原味的。

【阶段三】形成企业利润可能存在的问题及建议的清单，留给企业做选择、甄别。

阶段四：展望和思考

【主持人】抛开资产负债表，对于企业如何能够提高利润，大家看看，有什么需要说的吗？

【主持人】比如扩大规模、加大投入、多元化等？

【所有人】发言、讨论。

【记录员】对所有发言，言简意赅地做记录，写在白板上、录入到 PPT 中。

【阶段四】得到若干展望和观点、意见。

互动总结

【展示】企业资产负债表的分析结论。

【展示】问题及建议清单。

【展示】展望和思考。

说出你的风险

【主持人】都说有风险才有利润，有多大风险就有多大利润。真的是这样的吗？对于一个非常具体的企业来说，究竟会有哪些风险呢？我们今天一起就企业的这个主题进行交流讨论。

阶段一：汇总

【主持人】企业究竟有多少风险要面对呢？我们这一期来听听企业家怎么说。

【主　角】阐述自己所理解的、已经掌握的自己企业的风险情况。

【众配角】做补充。

【记录员】按照主持人的指示在白板上做记录，在电脑上制作 PPT。

【阶段一】形成企业风险清单。

阶段二：分析

【主持人】现在我们得到了一份这个企业的风险清单，看看怎么排排队、怎么预防、怎么应对挑战、怎么调整，大家进行发言和讨论，说出你认为风险是高是低、是好是坏。

【所有人】都可以发言，如果设备支持，还可以使用电子表决器，对高低、好坏进行表决。

【主持人】请大家重点关注一下创新的风险。

【主持人】一张风险清单是否涵盖了这个企业的全部风险呢？请大家看看有什么观点和建议。

【记录员】按照主持人的指示在白板上做记录，在电脑上制作PPT。

【阶段二】形成一个带评价的企业风险清单。

阶段三：诊治

【主持人】大家来说说吧。这个企业可能面临的若干风险该怎么处理？你认为该怎么改善？尤其刚才发言认为存在问题的朋友们，请大家积极发言。

【记录员】在白板上做记录，在电脑上制作PPT(记录形式)，不要求抽象和概括，要原汁原味的。

【阶段三】形成企业应对风险可能存在的问题及建议的清单，留给企业做选择、甄别。

阶段四：展望和思考

【主持人】风险无处不在，且多是不可预期的，这个问题非常难以完全预防，而且完全不碰触风险也不现实。对于未来，这个企业应对风险，大家看看，有什么需要说的吗？

【所有人】发言、讨论。

【记录员】对所有发言，言简意赅地做记录，写在白板上、录入到PPT中。

【阶段四】得到若干展望和观点、意见。

互动总结

【展示】企业风险清单。

【展示】问题及建议清单。

【展示】展望和思考。

说出你的创新

【主持人】都说科技创新驱动，但创新也很难。今天我们邀请了一个非常不错的企业，我们一起探讨该企业的创新状况和未来发展的有关问题。当然，首先说一下，创新不是常发生的事，这个今天留作大家的思考题。

阶段一：汇总

【主持人】企业有哪些正在开展的创新，希望解决什么问题？企业有哪些规划好的创新，打算什么时候开展，等等这些，我们这一期来听听企业家怎么说。

【主　角】阐述企业已经开展的、自己所理解的、已经掌握的自己企业的创新情况。

【众配角】做补充。

【记录员】按照主持人的指示在白板上做记录，在电脑上制作 PPT。

【阶段一】形成企业创新清单。

阶段二：分析

【主持人】现在我们得到了一份这个企业的创新清单（现在及规划），看看怎么排排队、怎么开展、怎么应对挑战、怎么调整，大家进行发言和讨论，说出你认为创新是好还是不好。

【所有人】都可以发言，如果设备支持，还可以使用电子表决器，对高低、好坏进行表决。

【主持人】请大家重点关注一下创新的风险。

【主持人】一张创新清单是否涵盖了这个企业应该做的全部准备呢？借用一个人的观点，创新是企业的营养液，请大家看看这个企业还缺什么营养，大家有什么观点和建议请说出来。

【记录员】按照主持人的指示在白板上做记录，在电脑上制作 PPT。

【阶段二】形成一个带评价的企业创新清单。

阶段三：诊治

【主持人】大家来说说吧。这个企业的若干创新举措怎么样？你认为该怎么改善？请大家积极发言。

【记录员】在白板上做记录，在电脑上制作 PPT（记录形式），不要求抽象和概括，要原汁原味的。

【阶段三】形成企业创新可能存在的问题及建议的清单，留给企业做选择、甄别。

阶段四：展望和思考

【主持人】创新无处不在——人人是创新之人，处处有创新之事，也有很多不期而遇的机会，对于未来，这个企业应创新。大家看看，还有什么需要说的吗？

【所有人】发言、讨论。

【记录员】对所有发言，言简意赅地做记录，写在白板上、录入到 PPT 中。

【阶段四】得到若干展望和观点、意见。

互动总结

【展示】企业创新清单。

【展示】问题及建议清单。

【展示】展望和思考。

说出你的趋势

【主持人】有人说，趋势是企业最忠诚的盟友，趋势是企业的天，应该顺势而为、乘势而上。今天我们邀请了一个非常不错的企业，我们一起探讨该企业所处的趋势和未来发展的有关问题。

阶段一：汇总

【主持人】对于企业自身及所在的行业趋势如何，正在发生哪些变化，该往何处去，等等这些，我们这一期来听听企业家怎么说。

【主　角】阐述企业对于趋势的分析、预判，及行业的发展方向、未来等。

【众配角】做补充。

【记录员】按照主持人的指示在白板上做记录，在电脑上制作 PPT。

【阶段一】形成企业发展趋势清单。

阶段二：分析

【主持人】现在我们得到了一份这个企业的发展趋势清单（现在及规划），看看怎么排排队、怎么开展、怎么应对挑战、怎么调整，请大家进行发言和讨论。你认为企业该走哪一条顺势而为的路径呢？

【所有人】都可以发言，如果设备支持，还可以使用电子表决器，对高低、好坏进行表决。

【主持人】请大家重点关注一下趋势的量变和质变、行业的兴衰替代。

【主持人】一张趋势清单，是否涵盖了这个企业有可能面临的全部趋势呢？请大家看看还有什么要补充的，有什么观点和建议。

【记录员】按照主持人的指示在白板上做记录，在电脑上制作 PPT。

【阶段二】形成一个带评价的企业发展趋势清单。

阶段三：诊治

【主持人】大家来说说吧。这个企业将面临这样的趋势变化，你认为该怎么改善？

请大家积极发言。

【记录员】在白板上做记录，在电脑上制作 PPT（记录形式），不要求抽象和概括，要原汁原味的。

【阶段三】形成企业发展趋势可能存在的问题及建议的清单，留给企业做选择、甄别。

阶段四：展望和思考

【**主持人**】趋势一旦形成，就无法改变，所以很多企业家焦虑，不知趋势什么时候成型——动手早了，可能失败；动手晚了，“吃土”。对于未来的趋势，这个企业应如何发展规划呢？大家看看，还有什么需要说的吗？

【所有人】发言、讨论。

【记录员】对所有发言，言简意赅地做记录，写在白板上、录入到 PPT 中。

【阶段四】得到若干展望和观点、意见。

互动总结

【展示】企业发展趋势清单。

【展示】问题及建议清单。

【展示】展望和思考。

第十四章　进化是最终的必然

毋庸置疑，企业是有生命的。

办企业与做生意是不同的。细致分析它们之间的界限是非常重要的，也可以说它们之间是存在非常重大的区别的，这当然也是共识。

在这里，我们给出另外一个区分的标准或者说基因——不谋求进化的企业，不是在办企业，而是在利用非市场的要素做生意，这种情况目前看还是非常普遍存在的。

进化是自然界的一切选择的结果，也是偶然中的必然。

从生物进化的过程来看，最核心的是适者生存、用进废退和自然选择。这些完全可以照搬到企业生命体中来，进行对照评价、指导、参考。

适者生存。对于企业而言，就是适应社会发展、满足社会需求、所提供的产品具有非常明显的进化性和进化能力。

用进废退。对企业而言，就是革新，也是吐故纳新，通过不断向前探索和尝试，提高自身的能力和潜力；反之，就是退步、衰退，企业就走向末路。

自然选择。企业使劲浑身力气取得发展或者遇到瓶颈，这里面有必然，但也有偶然。有很多时候，无论企业自身如何努力都无法超越自然选择的力量。所以，唯有进化。

这里抄录一段百度百科对进化的定义和解释：

进化，又称演化(evolution)，在生物学中是指种群里的遗传性状在世代之间的变化。所谓性状是指基因的表现，在繁殖过程中，基因会经复制并传递到子代，基因的突变可使性状改变，进而造成个体之间的遗传变异。新性状又会因物种迁徙或是物种间的水平基因转移，而随着基因在种群中传递。当这些遗传变异受到非随机的自然选择或随机的遗传漂变影响，在种群中变得较为普遍或不再稀有时，就表示发生了进化。简略地说，进化的实质便是：种群基因频率的改变。

用类比法来分析就是：企业是生物物种，企业群体是物种群落，个体企业有个体企业的基因，群落里面的个体又有基因的差异。企业的遗传表现为“长期可持续发展”的动能和惯性。企业的遗传变异表现为“企业的变革和转型”。

由此，可以得出一个结论：但凡长寿的企业必然经历过进化。否则，必然在惯性中碰壁、在动能上归零。

所以，进化是企业发展的必然要求。

为什么企业的平均寿命比较短呢？这是因为：首先，进化是必然要求；其次进化不容易发生。我想，仅此而已。从现象上，虽然可以归结为市场的激烈竞争、技术的不断更新、人才的缺失等，但从哲学的本质来看，就是不进化则亡。

企业寿命不长是必然——如同万物生生死死的必然性，同理同源，不能够完成自身的凤凰涅槃，就只能匆匆走完第一个生长的轮回，甚至是夭折。

价值是企业进化的目标和动能。

企业需要进化，从社会发展需求而言，其自身的价值一直被需要、被认可、被支持。核心的部分是价值进化——随着时代发展能够提供社会上正需要的产品和服务，从而体现一种“被需要”的价值。因为被需要，企业得到了发展的动能——市场和利润。

变现是企业进化的保障和手段。企业进化从表面上看有很多方法，包括管理创新、技术创新、市场开拓、人才队伍培养等，但是所有的这一切都必须通过变现来保障，都必须有表现的手段来支撑。否则，企业的上述行动都是空谈。

做生意是：能够赚到一笔是一笔，能够做上几年是几年，运气好多赚点、多赚几年。但是，持这样的价值观不是企业家的行为，也不能够展现企业家精神。当然，这往往是很多企业的起点和原点，从这个点出发，走在路上，慢慢形成了迥然不同的发展路径和发展状态。这就如同在幼儿园的小孩年少不更事一样，待到成年走向社会，则会展现出巨大的差异。反思：我们能够要求幼儿园的小孩长大都一样吗？我们能够预判幼儿园的某个小孩会发展起来吗？毕竟，这些都是进化的偶然和必然规律在起作用。

该怎么进化？

从结果看，企业进化后和进化前，就不是一样的企业了——基因发生了突变，而不是遗传（惯性）所得。

从形式看，企业的进化就是两个：转型和升级。

从难易程度看，一步一步升级比较容易，突然之间的转型比较难，甚至说几乎不可能——相当于死去活来一次。

从宏观看，企业不论怎么升级，总要面对“转型”的要求，总要迈过道坎，这是因为社会在进化、在转型，跟得上社会进化和转型的企业才可以继续生存。

接下来，尝试定义和分析一下何为企业的进化。

第一，微观和宏观：在微观上就是不断"通过否定自己而实施探索实践（不一定都叫创新）"，在宏观上不论是偶然还是必然都能够与社会的进化和转型保持一致。

第二，思想和行动：在思想上必须秉承"不进化则亡"的危机意识，在行动上要不断地探索和寻找破解这个危机的方法、途径、措施。

第三，生长和健康：企业在生长的过程中，其生命力有若干评判指标，最简单的就是不会破产；企业不可能不生病，企业要能够及时检视自己的病症，做到治未病、早发现早治疗。

第四，投入与产出：按照线性逻辑，投入必须有产出，企业都这么认为。但是在面向和应对企业的进化一事上，投入不一定很快有产出，并且往往还会增加企业的投入风险，而这个投入本可能是用来抵御未来社会进化和转型给企业带来的灭顶之灾的风险的。

第五，惯性和突变：企业发展有惯性，如同物理学上讲的惯性一样，它有时是事物发展的主要阻力。企业走在惯性的道路上时是安逸的，而安逸恰恰就是风险。所以，企业发生突变是自然选择的要求，企业其实不容易也不愿意发生突变。但是，企业应该有勇气面向和应对突变，这种勇气的核心其实也就是企业家精神——冒险精神和创新精神。

企业需要进化本质上也是由于价值的进化。这包括企业自身的价值、企业提供的产品和服务的价值、社会的价值观、社会的发展需求，它们统统可以归总为社会的进化。

所以，仅仅关注价值和表现是不够的，也是只见树木不见森林的，还应该关注到和努力做到自身的不断进化，这样才能长期可持续发展，才能基业长青，即做到进化不止、创新无限。

附录：企业健康体检手册*

一、前言

企业的问题错综复杂，而企业是社会经济发展乃至社会稳定的最重要的社会组织机构之一，也是最重要的经济组织。

鉴于企业的经济性、重要性、社会性，研究企业的专家非常多，把企业办好的企业家非常多，从事创新创业创办企业的人也非常多。因此，可以说如何把企业办好的思想和认识已经是非常丰富的了，并且随着社会经济、技术的飞速发展，各种理论思想和成功经验也层出不穷。

此外，站在中国社会经济的大背景下，有关企业的各类专业知识，都是以西方的研究为基础的。这不是因为我们的民族不够聪明，而是因为我们在特定的历史时期（20 世纪的 100 年时间）内落后于世界经济、科技、教育发达的国家，当然关于企业的创办、实践以及研究也相对滞后了。

所以，我们现在普遍使用的思想、方法、工具，绝大多数都是以西学为基础，以及由此改良改善而来的。应该说，对于西学中的大部分，我们是应该认真学习、引进、借鉴、吸收的。但终究有一个部分是学不来、学不会、不能学的，而这一部分恰恰是对于企业而言重中之重的部分。这个部分就是——以企业文化为核心的企业精神的建立和发扬。为什么这么说呢？因为，中国的企业只能在根植于中国传统文化（精华也好，糟粕也罢）的基础上，建立适合自己的企业文化，构建自身的企业精神。反之，抛

* 本附录为本书的应用实践参考。

郸学步，怕是越学越不行的。

实践与理论的关系决定了它们谁也离不开谁；当实践跑在理论前面太远时，理论需要跟上，实践会遇到更多挫折；当理论跑在实践前面太远时，实践需要跟上，理论也会备受质疑。而最终，实践是检验真理的唯一标准。

中国自实行改革开放以来，至今已有40年的时间，在这期间，企业得到了长足的发展，也积累了大量的经验。但这其中有两个大的问题。

(1) 即使已经历了40年的发展，我们的大多数企业也还正在走向现代企业治理的路上。

(2) 在这40年的发展历程中，我们的大多数企业都是通过资源驱动自身发展，而这条路目前看来已经走到头了。

以这两个问题为背景，我想表达的是："这些企业的实践"不足以产生完备的、量身定做的中国企业的发展理论；也不足以从西学的理论中寻找到完备的思想、方法、手段指导中国企业的进一步实践。

我迫切希望做两件事：①努力构建一些理论观点、方法、手段；②努力尝试推动实践来检验、改进和完善这些理论观点、方法。

我不想避讳对理论宏观方面的思考，也不回避通过实践来验证的必要路径。因此，针对这两个方面的融合和互动，我寻找到了一个突破点和落脚点——企业健康体检。

企业健康体检基于以下考虑：

① 企业如同人一样都会"生病"；

② 从形而上，需要研究"病理"；

③ 从形而下，需要研究"处方"；

④ 从逻辑上，需要研究"系统"；

⑤ 从实践上，需要研究"样本"；

⑥ 从效果上，需要研究"标尺"；

⑦ 从应用上，需要研究"工具"；

⑧ 从推广上，需要研究"价值"。

这里有一系列的命题需要定义和研究，比如：何为企业的生命，何为企业的系统，何为企业的健康，何为企业的生长，何为企业的病症，何为企业的病毒，等等。

剥丝抽茧，我们希望找到的切入点和抓手就是《企业健康体检手册》的编制。

二、企业的生命

企业有生命，也就有"生老病死"，也甚至几乎所有的企业都难逃一死，或者说此企业已非彼企业了。

我们常常说一个企业"死了"。那么，什么是一个企业死了的标准呢？我想它应该如同宣布人的死亡所具有的医学标准一样。

这是一个看似简单的问题，但是又是一个极富哲理性和现实性的命题。因为，知道企业什么情况下死了，对于活着的企业而言就是最最重要的一件事情；同时，它也是其他企业为想方设法避免自身死亡最终必须守住的底线。

我们给出的答案是：企业的价值 ≤ 0。当出现这个情况的时候，企业就是死亡了，也就可以宣布企业死亡了。

企业的价值 ＝ 资产价值（货币）＋ 创造价值（预期）。

也就是说，当企业的货币价值即资产评估为负，即小于0的时候，企业并不一定死亡了，而且在互联网时代，这样的企业有很多还活得非常不错。这是因为，当企业创造价值的能力极其强大时，它可以随时为企业增加现金的投入以改善自身的资产负债。

所以，企业不能仅仅盯着利润、盯着盈利，虽然这是活下来的重要基础之一；企业更应该盯着是否具有不断创造价值的能力，因为有了这个能力，企业就有了继续生存下去的最大的资本。从这个角度，能够深刻地解释为什么科技创新是企业生存的充分必要条件。

按照这个标准，我们的很多企业都不具备“创造价值”的能力，而仅仅是赚取“剩余劳动价值”“不对称信息价值”“不同区域经济极差价值”。这些企业并不是通过创造价值来获得自身的价值和可持续的发展。

企业生命力的核心是“创造力”，创造力的核心则是“创新”。

总结一句话，企业的价值就是企业的生命，企业的创造力就是企业的生命力，企业维持自身生命的关键手段就是“创新”。

关于创新也有很多种说法和研究结论，我们在这里给出一个非常朴素的直白表述：创新对于企业而言，就像企业生长所需的营养液，喝多了会中毒而死，不喝又会因营养不良而死；个中关键，就是要把握好创新的度、创新的时机、创新的风险、创新的组织，等等。

借鉴中国传统哲学思想中的“阴阳二元理论”，创新属阴、属变化；相对应的，守成属阳、属不变；对于企业而言，从宏观、中观到微观，每时每刻都在面临着“守成”和“创新”的判断与选择，稍有不慎就会生各种疾病。

三、企业的生长发育

企业有生命，有生命力，就有如何“发育”的问题。

企业的发育有两个重要阶段：①从0到1；②从1到N；其中，从0到1，九死一生；从1到N，步履维艰。

那么，是什么导致企业生长发育的呢？

寻找万物生长发育的规律，有助于回答这个问题。对于这个规律，有一句话可以借用：“道以生之，德以畜之，物以形之，势以成之。”这句话是老子在《道德经》中说过的话，是历经千百年传承下来的，并且是被广泛接受的。

老子的这句话,适用于世间万物。从字面看它似乎很简单,但其实非常难懂,也不容易在形而下的工作中得以利用。我们很多灿烂光辉的传统文化思想,都有不好用的时候。

学以致用,以用带学。

我们在这里以"企业生长"的语境,进行一次从思想到实际的映射,看看这句话如何能解释和描述企业的生长:

- 道以生之:企业是在一种自然法则下出生的。
- 德以畜之:企业是在一种客观规律下生长的。
- 物以形之:企业是在一种具体环境下存在的。
- 势以成之:企业是在一种具体趋势下成功的。

如果还是觉得上面的这段话玄之又玄的话,那么可以这样简单理解:企业的生长有规律,这个规律找到了,企业就能够发展得好,找不到企业就会出问题。

企业的健康体检就是找出这些规律并用这些规律作为研究的切入点和立足点,同时也是帮助企业保持健康、保养得宜的切入点和立足点。

我们接下来会更完善地把"道以生之,德以畜之,物以形之,势以成之"的思想运用到企业的一般性系统结构的定义中。

万物负阴而抱阳。我们试图将其映射到企业的生长之道中来,并选择运用企业实体所应该具有的属性来描述其两仪,通过思考和分析,给出了企业的生长之道的两仪为:阳——守成,阴——创新。

这就是推动企业生长的两个驱动轮(如图1所示)。

图1　守成与创新交替驱动实现企业价值

都说,物物一太极,一花一草一世界,万物皆有阴阳。所以,构建和描述企业的生长之道,采用世界观的概念,将企业看作一个世界、一个系统是有道理的。这有助于探寻和构建作用于企业的本质规律——企业的生长之道。

双轮驱动企业生长的定义和内涵看来也是站得住脚的。

图2所示为推动企业生长的阳守成与阴创新。

两仪:阳守成与阴创新

守成与创新同等重要,对立统一,缺一不可。

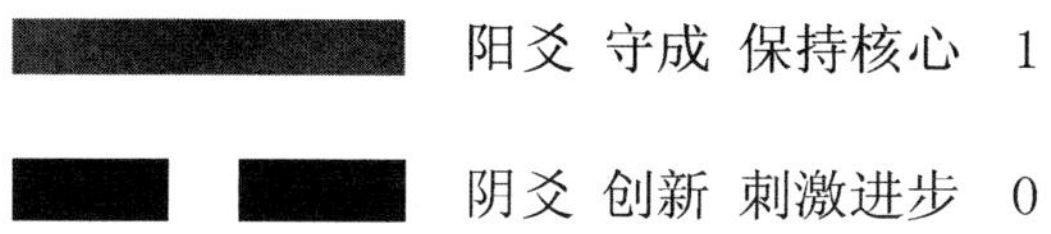

图 2　推动企业生长的阳守成与阴创新

守成中要注重创新，创新中要注意定规矩、守规矩。

什么样的情况下要守成？

守成，是指守住成熟的经验、成熟的做法、取得的成效、获得的成果，等等。

其实，从严格意义上而言，成果是守不住的。道理很简单——逆水行舟，不进则退。所以，不管是单位还是个人，一旦以守成为主要目标、战略，那么肯定注定是要走下坡路的。

为什么很多情况下会出现守成呢？这主要是因为，在 99.99% 的情况下，从事工作的人都是为“报酬”而工作，而不是为事业、为单位、为企业的百年大计而工作，因此不冒任何风险地获取报酬对他们来说是最好的。踏踏实实做好本职工作，趋利避害，对于普通人而言确实已经很好了。

所以，不能责备“为什么大家都不愿意创新、创造、试错”了。因为，成功了跟自己关系一般都不大，而失败了则可能对自己的薪酬、绩效，乃至工作岗位的影响就非常大了。

只有 0.01% 的人——作为单位负责人、企业负责人、担负全部责任的人以及愿意担当和挑战的人，多半是不以守成为目标的，也就是具有侵略性和不断打开局面的战略性。

另外，创新是悲怆的极其不容易的事情。企业或个人小有成绩了，也就意味着经验积累也到了一定的程度了。如何有勇气否定自己？想创新的人，可能看到的问题或弊端是真实的，他就需要做比普通人更多的工作：调研、分析、论证、实施、验证、说服、挑战、颠覆，对于个体（团队），如果稍有失误就不可能创新成功。

守成与创新都有机会成本。有时，也都有投机因素在里面。

首先，守成也好，创新也罢，都有道理。企业在不同的发展时期，对守成和创新的选择也会不同，比如成熟企业内部创新的比例自然低，初创的企业从 0 到 1，处处需要创新发展。选择哪个决策，都是要付出机会成本的，具体要看是服务短期目标、长期目标，还是未来战略发展目标。

其次，投机的氛围也是随处可见。为什么投机？就是希望通过风险回避，通过少投入，以期望成效稳定增长、回报更大。但事实上，真没有这样的好事。

无论守成还是创新，其实风险都是很大的。但社会上普遍认为守成没有风险而创新处处是风险。我们可以观察一下，看看这样理解的是不是占多数？守成没有风险是假的，千万不能相信这样的论断。创新处处是风险，但孕育着更大的发展。所以，要时刻创造条件支持创新。

最后，守成的人看似为单位创造的价值很大，但是实际上其占有的成本一定也是很高的，成本效益率可能不会高于社会平均水平。创新从表面上看没有创造价值甚至带来了混乱，但是恰恰是这种适度的混乱、挑战创造出来的矛盾，才能确保企业表现得更健康、更有免疫力、更有发展潜力。

所以，如何对不同的岗位(决定守成还是创新，岗位设置是决定因素之一)及其职责进行绩效考核和激励，如何鼓励和激励承担守成和创新的人，是保持企业活力的关键。

从数的角度理解和分析，站在0点，只有创新一条路：就是要实现从0到1，实现由创新到守成。从1到0是从守成到创新。两者往复不断，从而使企业生生不息，如此企业才是基业长青的。

四、一般性系统结构的定义

企业究竟由哪些要素组成？这些要素之间有什么关系，从而使得企业形成了一套有机系统，并能够生长发育、变强变大？

“不识庐山真面目，只缘身在此山中”，借用这句话的内涵，要想看透企业的组成本质，也应该站在企业外部来观察企业。我的意思是，对企业内部流程、组织、管理、模式的研究，不足以回答“企业究竟由哪些要素组成?”这一问题，从企业“内部”入手来观察和分析一个企业并不能看明白企业的全貌。

“盲人摸象”的故事家喻户晓。事实上，我们可以感知，对任何存在未知情况的事物进行分析和认识，都免不了会出现“盲人摸象”的情形，这与所处的角度和位置密切相关，谁也不能一下子看全、看准。

从以上两个基本观点出发，我们认为非常有可能在分析和认识“企业”的过程中，依然存在“庐山面目未明”“盲人摸象”的情况。之所以得出这样的结论，是因为虽然对于企业的研究开展得非常多，但是企业自身的发展也是非常快速的，很多理论的出现都有当时的历史条件和经济背景。

在此，我们提出这样一个命题：企业系统结构的一般性定义与应用。当然，如此也不能排除盲人摸象的嫌疑，而且也不一定是站在了能够观察到全局的视角和位置，我们只是认为通过提出这个命题，并将其与其他的各种视角、观点形成对比、交叉、融合，也许是有意义的。

已经有很多研究和指引指导企业家如何“在思路上走得更远一些了”。“不忘初心，方得始终”，思路必须时刻从企业的“原点”“源头”出发并可校准、回溯；否则，思路跑远了，也不是好事情，况且这种情况也是时有发生的。

那么，如何做到能够正确地让思路从企业的“原点”“源头”出发并可校准和回溯呢？

为此，我们以系统论为指导，以逻辑性为标准，以结构化为目标，提出了“企业系统结构的一般性定义和运用”的探讨命题。由此，在系统论的指导下，我们采取“分层”的逻辑思路设计、给出了企业的系统结构组成，在企业系统结构的一般性定义中，将企业的系统结构分为三层，同时结合《易经》中天、地、人三才的内涵，将其归纳描述如下。

第一层：支撑层（地，物以形之）。企业的创办、生长、发展、壮大，有一个支撑层的概念，就如同植物的生长一样需要“土壤”、生生不息一样。企业每一年相较上一年而言，终极的生命力源泉也需要来源于“支撑层（地）”。其中，研究和谈论最多的是企业的资源，还应该考虑把“股东、架构、领导”三个要素作为企业发展的支撑，这些是相对静态不常发生变化的，起到了作为支撑企业发展的基石的作用。

第二层：创造层（人，德以畜之）。这是管理学、管理手段研究比较多的层面，人是价值的唯一创造者。企业是靠人创造出来的，离开了创造，就不可能成为企业。对于创造层的人而言，有很多的研究成果讨论效率、流程、质量、绩效、考核、激励，等等，但是第一位的应该还是“德——各得其所欲也（黄石公）”，这样才能把企业做大、做强、做长。

第三层：价值层（天，势以成之）。企业的价值是企业的生命，企业创造价值的能力是企业基本的生命力。企业的价值必须在社会、客户、市场层面得到认可和接受，才能够变现并换取利润。需要企业考虑的是提供什么样的产品或服务才有价值，有什么样的价值，等等。这些都是从“产品”的角度思考“成本、利润、市场”，而缺少从“价值”的角度思考，这是企业价值观的问题，而不是企业产品观的问题。从这个层面讲，最重要的是趋势，趋势是企业家最忠诚的盟友，跟不上趋势就会满盘皆输。

以上阐述如表1所列：

表1　企业的一般性系统结构定义

<table>
<tr><td rowspan="4">价值层</td><td>社会</td><td>企业的社会价值</td><td rowspan="4">价值观引领企业的发展方向</td><td>天</td><td rowspan="12">企业管理：贯穿上下</td></tr>
<tr><td>客户</td><td>产品的客户价值</td><td rowspan="3">势以成之</td></tr>
<tr><td>市场</td><td>产品价值的变现</td></tr>
<tr><td>服务</td><td>产品价值的催化</td></tr>
<tr><td rowspan="4">创造层</td><td>输出</td><td>企业的产品或服务</td><td rowspan="4">创造出价值是企业的本质</td><td>人</td></tr>
<tr><td>执行</td><td>企业的运营与控制</td><td rowspan="3">德以畜之</td></tr>
<tr><td>决策</td><td>企业运营管理的大脑</td></tr>
<tr><td>团队</td><td>企业的创造者</td></tr>
<tr><td rowspan="4">支撑层</td><td>领导</td><td>企业的领头羊</td><td rowspan="4">企业生长的土壤环境</td><td>地</td></tr>
<tr><td>架构</td><td>企业组织机构</td><td rowspan="3">物以形之</td></tr>
<tr><td>股东</td><td>企业的投资人</td></tr>
<tr><td>资源</td><td>企业生生不息的根</td></tr>
</table>

“基础不牢，地动山摇。”对企业系统结构的一般性定义，目的是提供一个牢固的“思想认知”基础，以便在遇到问题、创新发展过程中，能够时刻从这个基础点出发，寻找战略机遇。而其应用，也主要是指导企业的战略制定和战略执行。

“顶天立地，事在人为”，从企业系统结构的一般性定义中的层级结构，可以看出所有企业的战略都可以概括为这句话。“顶天”就是做好“价值层”的战略规划，把握趋势、跟进形式、满足价值、做好服务等；“立地”就是做好“支撑层”的战略规划，夯实基础、充实资源、稳定机构，等等；“人为”就是要能够充分发挥每个人的创造力，做好“创造层”的规划，在“人为”层面上的战略规划尤其重要，不然即使顶天立地了，人都不作为、不努力，一样没有用。

指导企业如何制定战略和实施的文字可以说非常多，五花八门。但是，若是没有从真正的“根本”上出发，这些战略指导以及参照制定的战略，多半是用处不大的，就如同我们坊间所说的“战略规划变成了战略鬼话”。什么是企业制定战略的“根”呢？这就回到了我们为什么提出“企业系统结构的一般性定义和运用”的出发点和目标了，企业战略制定的“根”就是“企业的系统结构”在实际情形下的实例化。结构，是一切事物的“根”，比如建筑、比如化学分子式、比如软硬件，再比如人体机构，等等。

五、企业的健康

生物的生命发展是不可逆的，方向一直朝向死亡；而企业的生命发展是可逆的，企业可以返老还童，可以归零重生。所以，企业的健康是更有研究意义和实践意义的。同时，经营企业的人的生命发展与企业的生命发展周期并不匹配，所以这里面存在着非常激烈的矛盾冲突。

企业的健康，非常简单地说就是“不生病”“正常发育”。

如同人一样，实际上不生病的企业是不存在的；也如同人一样，有很多的病症对于企业而言，是能自愈的。

真正的问题在于，有很多时候企业是“小病”不治，“大病”来袭，根本不用说提前预防“治未病”了，而这其中涉及的就是企业的健康体检问题。企业健康体检的作用，与人的健康体检一模一样，也非常必要、重要。

严格意义而言，所谓企业的健康，就是“企业能够持续地创造价值”“企业的价值能够持续增长”，反之企业就不健康。

企业的健康问题如同人的健康问题一样，是非常复杂的。

现实中，头疼医头、脚疼医脚非常普遍。

现实中，有病乱投医、庸医害人的情况也是普遍的。

现实中，有很多企业的病相比人而言，治疗的方法更好找；只要发现了，都容易有对症的“处方”。

所以，企业的健康体检重在“预防”，治疗、治愈本身并不难，因为企业最后实在不行可以破产，可以归零重来，而人的生命只有一次。

我们提出的企业健康体检问题，有别于传统的企业管理咨询，对我们来说更重要的是希望寻求理论和实践的突破，同时能够更容易地使企业家开始重视企业自身的问题——这种问题是病症，背后存在的是病因，若不及时治疗将可能使企业走向死亡。在这个立意下，我们希望企业的健康体检问题能够得到重视和推广。

企业应该定期进行体检，以通过小投入获得大保障。谁都知道，对人的身体而言，健康体检多么重要；因此，人们也能够认同企业健康体检的重要性了，并且，现在更深刻地认识到帮企业的难度是越来越大的——从外因看是因为社会经济发展变化剧烈，从内因来看是因为“打铁需要自身硬”，企业必须健康、有生命力。如果能够通过企业健康体检，合理应对危机，对于企业抓住机会，健康可持续发展而言，真的是通过小投入获得大保障的十分必要的行动。

如同人的身体健康体检，企业的健康体检也需要必要的理论指导和实践经验的积累，然后就是对相关理论的论证、升华和不断完善发展，只有这样才有可能形成科学有效的方法和措施。我们可以想象到，这样做有可能建立新的企业管理模型，改变企业管理学科及其应用；当然，最重要的是可能会更好地帮助企业保持健康，实现可持续发展。所以，第一步是实践，第二步是研究，第三步是应用。

企业是需要从其自身是否健康的角度来提升管理、提高效益的。企业作为极其重要的社会组成部分和推动发展的动力，其使命有很多，也很重。从企业是否健康的角度看，其内在的本质使命是“企业价值”，因为企业价值承载了投资人、员工的投入产出。所以，企业健康体检的主要目标就是提升企业价值，从而实现利益相关方的回报预期。

六、企业战略健康体检模型(钻石模型)

取得卓越绩效是每一个企业的首要目标，运营效益和企业战略是实现这一目标的两大关键因素，但二者发挥作用的方式差别很大。企业的综合优势与劣势，都来自其全部运营活动的总和，而不仅仅是其中的某些活动。

我们用“传统＋现代＋西学”三者混合的方式来进行描述和给出建议，其中当然是以我们的传统文化为引领，以现代语言为表述方式，同时在“术”和“策略”的层面也不排斥与西方管理学方面的观点和结论结合。

我们的依据是企业的一般性系统结构定义(如表 1 所列)。

图 3 所示为企业战略健康诊断模型(钻石模型)。

1. 势以成之——顶天——价值观引领

(1) 企业的社会价值，决定了企业长久的生命力，显然每个企业都必然存在着某种社会价值。

(2) 产品的客户价值，也就是需求驱动、需求满足、“客户是上帝”理念等；有战略研究人员将其归结为“顾客价值中心战略”(1997 年，肖恩 · 米汉和特里克 · 巴维茨)。

(3) 产品的价值变现，也就是现在非常热门的概念——“商业模式”，要解决的核心问题，其中还隐含着“盈利模式”，它们是不一样的；盈利模式也是三句话：“赚谁的

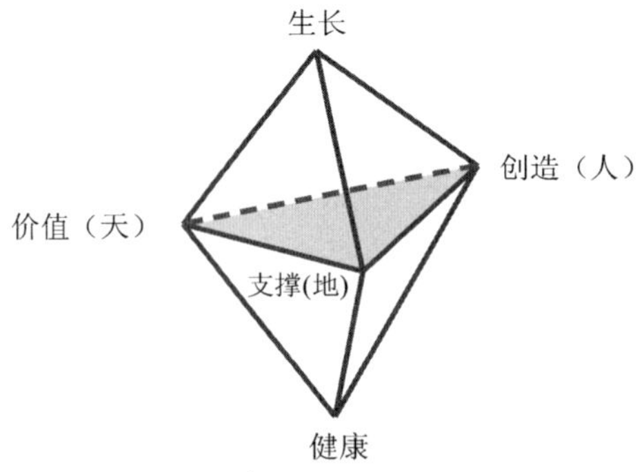

图 3　企业战略健康诊断模型

钱，收多少钱，怎么收钱”；商业模式问题比较复杂，怎么说的都有，其实也就是一句话：“如何把价值传递到顾客手里。”做到了，就是生意；做不到，就不是生意；这可以借鉴古典战略理论的“定位学”。

(4) 产品价值的催化，通过服务实现顾客对产品价值的持续认可(或者不反对)，甚至使客户成为该企业产品价值的宣传员、推销员，从而实现企业产品影响力的不断扩大，创造更多潜在客户。

当然，一般而言，“天”不能总变。当企业处在“非战略转型期”时，以上讲到的四个小战略，不容易发生变化，也不应发生变化，也就是说要有能力守成——守住成效、守住成果、守住成绩。

2. 物以形之——立地——生生不息

这里说明一下：“物形之”，其实不太容易理解，至少我是这么认为的。检索到的很多解释，的确存在着一些差异。为此，我曾专门写过一篇小文章《“物形之”的辨析》以做分析解释。

(1) 企业的生生不息，主要靠资源。实际上，我们的经济在发展初期，几乎所有的企业都是资源驱动型的，比如：自然资源、政策资源等；而经过几十年的发展，这些资源都失效了。那还有什么资源呢？有，那就是创新资源。所以，从这里我可以再一次印证：创新对于企业的重要性的核心在于它推动企业生生不息。当然，更广泛范围的其他资源，对于企业而言也是越多越好。对于任何一个企业而言，创新战略就是第一战略，它绝不是口头说说、人云亦云，而是要真创新、真冒风险才行。当然，关于企业如何创新的话题，一旦展开也停不下来。建议感兴趣的朋友翻看一下德鲁克关于企业创新的系统论述，会有帮助的。

(2) 企业的投资人，要有投资融资的战略规划。关于这个，从起点到发展，可以讲无数的话。这个层面有两个问题：①跟谁合作；②需要多少钱。对于跟谁合作，也就是找谁做合伙人，在目前的形势下，讨论得非常多。当然，大家都知道其中的利害了，这里不再赘述。至于钱，似乎越多越好。但是，需要多少就能要到多少吗？现实是不可能的。给多少钱都能控制得好吗？现实也是不可能的。所以，也有一句话：企业家的主要任务之一就是不断地找钱。这是因为企业的发展支撑永远离不开“投资”。对于大多数企业而言，仅仅靠市场利润积累所得支撑企业生长发展是比较难的，这样的时代也已经过去了。

(3) 企业的组织结构，是大家通常认知的企业的结构，但它不是企业的系统结构。结构解决了企业的“有序”的问题，也就是任何事项都是在结构中安排和解决的。对于结构的重要性，这里就不用多说了。需要重点提示的是，应该每年至少检视一下企业的组织机构是推动力还是阻碍力，这两个力量通常都会存在，此消彼长，当真正发现严重问题的时候，多半时机上会出现严重的延误。构建企业组织结构的重点是企业董事会的建立和运行，也就是遵循现代企业治理结构，并真正把它落到实处。现实是，很多企业的董事会的作用发挥得并不好。企业出现的问题往往在基层多一些，但是一旦顶层出问题，基本都是严重的问题。

(4) 企业的领头羊：企业家。火车跑得快，全靠车头带。一个企业搞得好不好，归根结底是企业家自身的问题。在企业的所有战略层面，企业家精神是决定性的，千万不能出现“头疼”而“医脚”的情况。企业的问题往往出在企业家的精神层面（我们假定它是“精神病”），而很多的药方则是用来医治脚的，比如强调执行力、学习力等，这是没有用的。企业的发展，必须由企业的领头羊在前面引领着，大家才能一起跟上，推动企业的发展。但“头疼医脚”的情况在企业乃至各种组织中都是很常见的现象，大家不妨仔细观察一下。当企业的领头人存在问题时，企业的肌肉和骨骼再健壮也是不行的。

3. 德以畜之——人为——打铁需要自身硬

这里需要说明的是，“德”不仅仅是我们现代人理解的“道德”。那么，什么是德呢？在黄石公写的《素书》中有一段话：“德者，人之所得，使万物各得其所欲。”其内涵就是指人顺应自然的安排从而各有所得，它支配万物，使万物各得其所、尽其所能。

这恰恰是企业系统结构的“创造层”制定战略时应该遵循的大道。同时，这个层面也要注重的一个基本原理是：生产力与生产关系的关系。否则，即便战略十分正确，但没有好的生产力和生产关系来实施，企业一样无法从正确的战略规划中获取发展的指引和力量。

(1) 企业的创造者。企业的战略中，经常忽视“谁是战略的执行者”这个问题，也就是说“事”“人”要匹配，其涉及合适的人、做合适的事、有合适的条件保障这三个要素。通常，大家称这个维度为“团队建设”，并认为它十分重要。要我说，团队建设不足以表述重要性，“企业的创造者”才更合适一些——企业是人创造的，不是规划出来的，不是钱砸出来的。

(2) 企业运营管理的大脑。这个描述是想进一步强调:①大脑要做大脑该做的事——思考;②大脑要不停地思考,而不是不停地“越位”去干“胳膊腿”该做的事情;③脑子好不好使,十分重要;④脑子要根据情况,及时更新,甚至换脑;⑤脑子有迷糊的时候,所以需要外脑辅助;⑥脑子有听不进去的时候,所以要有纠错机制;等等。在战略的制定过程中,企业运营管理的大脑(相当于CEO)是受制于企业“支撑层”中的“企业的领导”的(相当于董事长),这涉及一个深层次的问题:企业的所有权、企业的运营权如何科学有效地配合起来行使权力的问题。这还真是一个事,尤其是在现在的很多民营企业都遇到接班人的选择和职业经理人的引入问题的情况下。如果,企业运营管理的大脑中是一脑子糨糊,那给他多好的战略他也无法执行和实施,此时就要考虑更换这个部分了。

(3) 企业的运营与控制。从系统论、控制论的角度说,没有系统和控制,企业就是一盘散沙。如何检验企业的系统性和控制水平呢?有人把这个部分总结为“执行力”。这个说法同样不够全面——执行力,似乎成了领导要求下属好好干活的“说辞”了。先不说执行力的维度,其实企业的运营与控制,就是联动、信号、调控、反馈、检测等,然后是执行、协同。这些一起形成了一个“闭环系统”,之后的执行才是有意义的。否则,仅仅把这个系统运行归结为“员工的执行力”的话,是欠妥的,也会导致出现混乱的局面。相信我这个推理在具有实践经验的企业家面前,也是能够被接受的。

(4) 企业的产品或服务。说到底,“产品或服务”是企业向客户传递价值的载体——当价值存在的时候,载体需要日益推陈出新;当这种传递的价值不存在的时候,产品或服务就会消失。这样讲的目的是希望通过一种高度抽象又合情合理的描述,使千变万化的产品或服务有一个通用的描述。假定,存在这样一种描述,那么它对于制定产品和服务的战略,就有很重要的指导意义,而企业也会对变与不变应对得更好。价值的变与不变,决定和影响着产品的变与不变,反过来也一样。这可能类似产品或服务的“道”,而在其指导下的战略或谋略,是“术”的层面的问题。

企业战略要面对的三个问题

1. 今天——能力提升——知己

企业当下的能力是指企业在2~3年内能够实现的目标和水平。这也就意味着,这个能力的一部分是容易判断清楚的,而且这个判断不能够有太大的偏差,否则对于企业而言就很麻烦了。正所谓“知己,知彼,百战不殆”,知己,是重要基础和指标。

所以,企业的短期战略目标就是维持和不断提升能力。那么,什么是企业的能力?这个需要企业结合自身所在的行业、产业、产品等,做出清晰的描述,其中包括但不限于:生产能力、服务能力、影响能力、市场开拓能力,等等。

2. 明天——潜力积累——知彼

明天的事也要想清楚。多数的战略规划指向的都是“明天”的发展路径和目标。这个阶段和层面的目标，概括而言就是“潜力积累”“潜力打造”“厚积薄发”，而且重点是“不能要求和需要马上见效”。因为它只是有针对性地解决和积淀3～5年后企业“能干什么”的问题，其核心的内涵就是创新战略——当然不要理解为仅仅是技术创新，其中还包括机制创新、管理创新、组织创新、服务创新等。简单而言，这就是“知彼”，只要在企业自己不是NO.1的情况下，知彼就是超越的基础也是不掉队的保证。至于所谓弯道超车，不要讲太多——因为真正的交通规则中，弯道的地方多半有连续的“禁止超车”标志。这是为什么？因为弯道超车太危险了！所以，好好想想能不能在直线上缩短距离、跟上。等待排在前面的企业自己失误，也是一种重要的策略。当然，这种格局也是不够的，怎么办？那就得看看有没有勇气探索“未知”了。

3. 后天——趋势把握——未知

探索“未知”是非常优秀的企业应该做到的，也是成为优秀企业的必经之路，否则就不具备达到“优秀”的资格。

企业制定面向“后天”的战略时应慎重。这其中的主要原因是，对于未来5～10年的判断和把握，的确需要胆量、勇气，乃至运气和机遇，而无法完全凭借逻辑就做到正确，因为有很多时候企业是在曲曲折折中等到机会的。

但无论如何，还是有很多企业把目光瞄向了未来，勇于制定战略规划、迎接挑战和探索未知的领域。

对于大部分的企业而言，能够小心谨慎地把握和跟上这种趋势已非易事。在这种情况下，很多企业的战略规划中无法顾及关于“后天”的事，它们也没有能力和条件去探索。

七、企业战术健康体检模型(4Q-5S模型)

首先，将企业与人的身体结构进行对比，并将其分解成多个系统。我们以此为出发点，将企业分为：

- 决策系统——相当于人的大脑部分。
- 执行系统——相当于人的躯干。
- 生产系统——相当于人的手脚。
- 营销系统——相当于人的五官。
- 免疫系统——相当于人的免疫系统。

这样分解有一个“系统论”的核心思想在里面，就是传统的按照部门和组织机构来划分系统的情况下，会强调部门的功能而弱化协作的功能。大家还记得有一个相声吧——《五官争功》，其中就包含了这个问题。实际上，按照系统论的观点，在一个系统里面谁也离不开谁。

分解为系统后，要根据企业的组织机构部门设计，进行系统归属的划分。按照系统化的方法和观点，检视组织机构部门设计的合理性、功能的完善性、接口的清晰化，从而能够提升部门功能实现和部门间的协作，提高效率和效益。企业所处的行业领域、规模大小、管理文化、业务形式等会有很多的不同，所以在五个系统分解的指导下，企业的部门归属有很多学问也有很多课题需要研究。

其次，我们提出了企业健康的四个指标，以现代的企业整体价值分析和价值管理为基础，把企业作为一个经营整体进行静态和动态、能力和潜力、环境与适应的综合评价评估，科学系统地给出全部股东投入资产和经营管理过程中所创造的企业整体价值的全部结论。

企业所具有的为客户创造产品或服务的全部能力及素质的总和，也包括企业可持续发展过程中可能遇到的全部挑战和风险的总和。考虑这种综合评估的实际难度和可操作性，我们以四个指标来进行标识和衡量，它们是：

- 投资投入评价(Investment Quantity,IQ)；
- 经营能力评价(Capacity Quantity,CQ)；
- 发展潜力评价(Potential Quantity,PQ)；
- 生态环境评价(Environment Quantity,EQ)。

从四个方面进行定量定性的分析和评估(IQ,CQ,PQ,EQ,即 4Q)，从而构建了企业战术层面健康评估体系的基础。

其目的是通过 4 个指标的建立和评价，系统地反映出企业健康的全貌，同时预见一种可能：在长期持续的研究和知识积累后，应该存在一种模型(或算法)，能够将 4 个指标进行函数计算，从而得出能与企业价值进行融合的企业市值的综合评价量化指标。

以下是对 4Q 指标体系的说明。

- IQ：企业投资投入评价是对企业投资投入能力的分析评估，包括投入量的分析和投入质的分析。
- CQ：企业的经营能力评价是对企业在当前情况下具备的在短期内(比如一年内)使 IQ 增值的能力的大小的评估。
- PQ：企业的发展潜力评价是企业在当前情况下，具备的在未来 2～3 年内以 CQ 为基础、手段，使 IQ 不断增值的持续能力的大小，也可以理解为较长时间段的能力评估(3～5 年)。

● EQ：企业的生态环境评价是该企业在评估时点上所处的内外环境对于企业IQ、CQ、PQ可能产生的正负影响的量化和分析。

图4为企业健康评估体系示意图。

图4　企业健康评估体系示意图

图5所示为企业健康4Q指标及其相互关系。

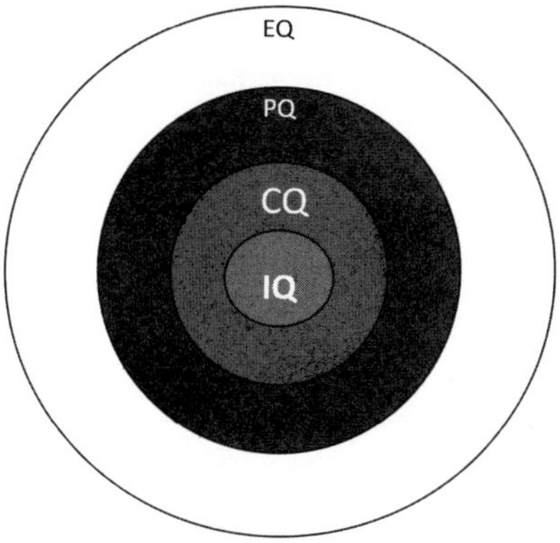

图5　企业健康4Q指标及其相互关系

以4Q指标为目标，以5个系统为考核对象，对企业健康进行评估还需要进行评估要素的设定，这是一项艰巨的任务。即选择或者不选择哪些要素作为5个系统的必要属性，同时还要对已经存在的事实进行定量或定性的分析方法设计，这都是非常有挑战性的事情。

表2所列为4Q－5S企业健康评价模型。

4Q－5S企业健康评价模型本着"牵一发而动全身"的原则，尝试提供全面的、结构化的方法，系统性的关联机制，实施对企业健康的评价。它具有以下两个特征：

表 2　4Q－5S 企业健康评价模型

4Q 指标 企业系统	IQ	CQ	PQ	EQ
决策系统 （领导决策层）				
执行系统 （管理服务层）				
生产系统 （加工研制层）				
营销系统 （市场开拓层）				
免疫系统 （综合防范和诊治层）				

（1）实现了 ICPE 四个指标与责任系统的对接，找到主要责任人和责任部门，并能够逐步进行分解；

（2）实现了二维度的企业综合评估，以及以系统为维度的企业责任设计。

企业战术健康体检的评估

企业战术健康体检的评估依据 4Q－5S 模型的指标体系构建，依据守成与创新（1－0－1－0）的驱动原则，以战略评估为基础，判断企业的兴衰、生长状态与趋势、存在的病症。

我们在描述和定义企业健康症状的时候，将把投资投入评价、经营能力评价、发展潜力评价、生态环境评价作为一级指标。然后，依据 4Q－5S 模型，评价和描述企业 5 个子系统的发生、发展、变化。

在深入分析产生的原因、可能的解决方案层面，我们将构建自上而下的描述逻辑和分析结论。

“病来如山倒，病去如抽丝。”

企业的病中也总有压死骆驼的最后一根稻草，企业去病也是如抽丝般麻烦和困难的。无论如何，从“健康”“病”的角度审视企业的兴衰，是一个值得研究和应用的视角和手段。

八、企业的免疫系统

与企业的其他系统相比，企业的免疫系统的提法还比较超前，它更多地停留在研究层面，实践环节的积累也才刚刚开始。

我们站在已有的研究成果的基础上，从应用所需的角度，为满足企业健康体检的诉求，提炼出了一些思想、观点、方法、手段，并致力于不断地通过实践来验证和完善它们，在可能的情况下也会尝试对现有的研究理论进行完善和丰富。

企业免疫系统的构成

1. 非特异性免疫系统

企业非特异性免疫是指企业对于内外部有害因素进行的事先的、一般性的应答行为，要素包括：组织结构、制度规则、企业文化三个主要方面。这是企业自身免疫的第一道防线，有助于企业保持一致性和连续性。

2. 特异性免疫系统

企业的特异性免疫是指企业针对内外部有害因素所采取的后天的、独特的免疫应答行为，它是企业的第二道防线，主要包括：监视、防御、记忆、自愈等。

企业免疫系统的功能

1. 免疫监视

免疫监视是指掌握和分析企业发生的异常事件，从中找出病毒，并触发免疫应答行为。

2. 免疫防御

免疫防御是指自动地对外部环境的不确定性和内部的不稳定因素进行识别和选择，对灾难、危机、风险进行抵御，以保护和维持企业的稳定。

3. 免疫记忆

免疫记忆是指当完成一次免疫应答后，企业系统会通过学习和记忆产生抗体，在下一次病毒侵害时，形成的免疫系统记忆会自动产生抗体抵御病原体。

4. 免疫自愈

免疫自愈是指识别和清除企业自身衰老残损的组织、细胞，维持机体的正常发展。如果该功能异常，企业就会发生紊乱，甚至引发能够影响企业生存的重大疾病。

企业的病毒

战略方面的病毒：包括战略规划病毒、公司治理病毒、商业模式病毒、企业文化病毒、创新病毒、短视病毒、环境病毒，等等。

经营方面的病毒：包括资本病毒、产品病毒、质量病毒、制度病毒、品牌病毒、危机病毒、风险病毒、企业精神病毒、创新病毒等。

成长方面的病毒：包括趋势病毒、营养病毒、保守病毒、自信病毒、学习病毒、新陈代谢病毒、创新病毒等。

企业的漏洞

企业的漏洞主要包括决策漏洞、制度漏洞、执行漏洞、用人漏洞、生产漏洞、营销漏洞、服务漏洞、财务漏洞、合同漏洞等。

企业的异常细胞

企业的异常细胞包括企业的衰老细胞、损伤细胞、突变细胞、感染细胞等。其中，细胞是指包括人在内的组成企业的基本元素，相当于企业的“组件”。企业肿瘤主要包括：不良资产、冗余机构、思想肿瘤、制度肿瘤。

九、企业健康体检表

企业战略健康体检表见表3。

表3　企业战略健康体检表

一级指标	二级指标	三级指标
价值层	社会价值	企业的社会价值
		企业的社会责任
		企业的社会形象
	客户价值	产品的功效
		满足需求的程度
		客户需要的刚性
		客户的买单能力
	市场价值	产品价值变现的能力
		盈利模式
		商业模式
		可替代性
	服务价值	服务的口碑
		客户满意度
		服务机制模式

续表 3

一级指标	二级指标	三级指标
创造层	输出	产品生产能力
		产品技术水平
		产品工艺水平
		劳动生产率
	执行	运营能力
		管理效率
		协作能力
		处置能力
	决策	决策能力
		决策水平
		决策机制
		决策流程
		风险防控
		机会把握
	团队	团队人才结构
		淘汰更新率
		人才引进
		人才培养
		人才交流
		团队持股
支撑层	领导	企业家精神
		领导素质
		领导能力
		战略思想
	架构	组织机构合理性
		组织机构完善性
		机构冗余程度
		机构协作能力
		机构之间的接口
	股东	股东结构
		股东投入
		股东会议
		股东作用
	资源	社会资源
		资本资源
		创新资源
		技术资源
		成果资源
		资源潜力

企业战术健康体检表见表4～表9。

表4 企业决策系统评价指标体系

一级指标(要素)	二级指标	IQ	CQ	PQ	EQ
股东大会	本年度召开次数		n		
	参加股东的股权比例		n/%		
股东大会决议	重大决议的执行		0～10		
	未来发展的规划			0～10	
	当期所有者权益	[引用]			
董事会	本年度召开次数		n		
	董事会缺席人次		$-n$		
董事会决议	会议纪要的签发情况		0～10		
	决议的执行情况		0～10		
	制定发展规划的情况			0～10	
	执行发展规划的情况		0～10		
	企业生态环境变化研究				0～10
	总经理任免频率		n/年		
	决策失误次数		n		
	奖励和处罚次数		n		
监事和监事会	年度召开监事会次数		n		
	监事履行职责评价		0～10		
	监督检查落实情况		0～10		
薪酬体系	建立健全的薪酬体系		0～10		
	管理层薪酬支出		[引用]		
	管理层薪酬支出占销售比		n%		
	管理层平均薪酬		0～10		
	年度扣减薪酬额度		n		
企业价值观	企业价值观的表述				0～10
	企业价值观的体现				0～100
	企业价值观的制度保障				0～100
	企业价值观制度的执行				0～1
企业文化	企业精神				0～100
	企业经营理念				0～100
	企业的氛围				0～100
	企业关怀职工的行动				0～20
	企业的习惯				0～100
	企业文化的制度保障				0～100
	企业文化制度的执行				0～1

表5　企业执行系统评价指标体系

一级指标(要素)	二级指标(基本指标)	IQ	CQ	PQ	EQ
执行部门	执行团队的建设(高管层)		0～100		
	工作目标表述清晰		0～10		
	年度工作计划的制订		0～50		
	年底工作计划的完成		0～1		
	奖惩制度完善有效		0～10		
	经理团队的建设		0～50		
	对错误计划和指令的修正		0～10		
	听取和征求意见的活动		0～10		
	处理突发事件的情况		0～50		
	处理报告的完成周期		0～1		
	奖优罚劣的成效		0～50		
参谋部门	提供参谋意见的数量		0～100		
	修正错误计划、指令的贡献		0～10		
	企业发展规划的质量			0～50	
	企业发展规划的调整			0～50	
	信息情报的获取			0～100	
	对企业所处产业环境的研究				0～100
	对企业所处区域环境的研究				0～50
创新部门	创新部门的层级		0,30,50		
	创新部门的定位			0～100	
	创新部门的授权		0～100		
	创新部门的预算		0～100		
	创新部门的绩效考核		0～50		
	创新部门的工作计划		0～50		
	创新部门的工作成效			0～200	
服务部门	人事制度		0～50		
	财务制度		0～50		
	员工关爱行动		0～50		
	员工素质提升计划		0～100		
	企业文化活动		0～50		
监督部门	绩效考核的执行		0～100		
	部门绩效的考核		0～50		
	财务绩效审计		0～100		
	人事工作考核		0～100		
	企业文化建设的监督		0～100		

表 6　企业生产系统评价指标体系

一级指标(要素)	二级指标(基本指标)	IQ	CQ	PQ	EQ
结构化要素	生产工艺水平		0～100		
	生产设备水平		0～100		
	生产技术水平		0～100		
	生产设施的规模		0～100		
	生产能力		0～100		
	生产能力的弹性		0～100		
非结构化要素	生产人员的素质		0～100		
	生产人员的管理水平		0～100		
	生产计划的编制水平		0～100		
	生产计划的执行成效		0～100		
	库存控制方法		0～100		
	原材料产品库存水平		0～100		
	质量检验的水平		0～100		
	质量控制的能力		0～100		
	生产可靠性管理		0～100		
	生产员工气氛		0～100		
生存功能	生产新产品的能力			0～100	
	采用新工艺的能力			0～100	
	生产产品的质量		0～100		
	生产系统运行质量		0～100		
	生产产品的性能		0～100		
	单件产品生产成本的控制		0～100		
	生产的连续性			0～100	
	生产的扩展性			0～100	
发展功能	生产的柔性		0～100		
	交货周期水平		0～100		
	环境影响				0～100
	环境保护能力				0～100
	数字化生产水平			0～100	

表7 企业营销系统评价指标体系

一级指标(要素)	二级指标(基本指标)	IQ	CQ	PQ	EQ
内部报告	订单管理		0～100		
	收款管理		0～100		
	顾客数据库		0～100		
	产品数据库		0～100		
	销售人员数据库		0～100		
	销售管理软件系统		0～100		
营销情报	营销情报系统		0～100		
	在线营销情报收集		0～100		
	营销情报的使用		0～100		
宏观环境分析	客户需求分析				0～100
	行业发展趋势分析				0～100
	社会发展大趋势分析				0～100
	新机遇新威胁分析				0～100
	人口环境变化影响				0～100
	经济环境变化影响				0～100
	社会文化环境变化影响				0～100
	自然环境变化分析				0～100
	技术环境变化分析				0～100
	政治法律环境变化分析				0～100
预测和测量	目标市场需求分析			0～100	
	潜在市场需求分析			0～100	
	有效市场需求分析			0～100	
	渗透市场需求分析			0～100	
	未来市场需求估计			0～100	

表8和表9为企业免疫系统评价指标体系表。

表 8　企业非特异性免疫系统评价指标体系

一级指标	二级指标	三级指标
企业非特异性免疫	组织机构	畅通有效的沟通
		企业的领导体制
		企业的柔性程度
	制度规则	激励机制效能
		人才培养体系
		财务稳健性
	企业文化	对员工的尊重与重视
		对企业价值观的认同
		企业员工的归属感
		企业员工的忠诚度
		企业团队之间的合作精神
		企业对员工的宽容程度
		持续创新的精神文化
	企业精神	企业履行社会责任
		企业的发展战略
		企业家精神
		企业创新的能力
	企业资源	企业的社会资本
		企业的创新资源
		企业的股东投入

表 9　企业特异性免疫系统评价指标体系

一级指标	二级指标	三级指标
企业特异性免疫	免疫监视	制度的健全程度
		制度的执行状况
		内部控制成效
	免疫防御	危机意识及水平
		危机预案及管理
		风险识别与管控
		机会识别的成效
		形象修复能力
		应变能力
	免疫记忆	信息的收集能力
		信息的使用能力
		学习的机制方式
		知识的获取与传承
	企业精神	企业履行社会责任
		企业的发展战略
		企业家精神
		企业创新的能力
	企业资源	企业的社会资本
		企业的创新资源
		企业的股东投入

企业的健康是一个崭新的话题，我们对这个领域的研究的时间很短，形成的理论多在萌芽发展阶段。所以，将这些理论方法应用到实践，帮助企业健康可持续发展，也处在探索尝试的阶段。

最重要的是，不可能等到这些理论和实践成熟时才来解决企业自身存在的问题。

所以，从第一刻起，重视企业健康体检，从医治的角度而不是从管理的角度尝试新的解决问题的理念和方法，也许也是企业创新发展的先机、良机。

后　记

大概在 2018 年清明节期间，我初步完成了这本书的第一稿的编写。四月的天，气温忽高忽低，北方的春末了，南方的夏未始。2018 年的中秋节，南方闷热依旧，细雨沥沥，这一天我完成了第二稿的文字修改。在年终岁末，又补充了一些内容进来，终稿之模样才渐显。

在完成这本书的写作之前，我已经出版过《创新创业导航》，写完了《守成与创新——根植于中国传统文化的企业生长之道》并计划着要出版。加上这本《价值与变现》，这些文字放在一起，大体上能够把我在 2010—2018 年，在工作中的所思所想描绘出来了。

诚如一直以来的执念，我写这些文字仅仅是因为对工作有太多的思考和分析，不写就无法记录自己思想的轨迹和脉络。

同时，也想到，即便是缺乏专业性、指导性，也缺乏实践的验证性，但这些思考和形成的文字还是反映了“一家之言”的，非常希望和期待这些文字对读者能有一点点的借鉴作用。

文不尽言，言不尽意。

能通过一系列的文字充分表达并令人会意，那自然是很高水平的专家和作家才能做到的事，而我还远远够不到边际。

写这些文字，自然包含了我自己的一厢情愿。这一厢情愿的意思是：认为有人会阅读这些文字，这些看法、观点会影响一些人，哪怕一个人也是好的。这便是我写作的第二个执念和动力来源。

我还是认为，我的诸多思考里面有一些自己的东西，并且也许是独特的有价值的东西。这个核心就是“根植于中国传统文化来理解企业、兴办企业、管理企业”。思考的所有这些内容，都围绕一个核心：企业价值。围绕和聚焦企业价值，我进而又延伸思考了其他的问题。

企业价值就是企业的生命，其损益好坏就是企业的健康。然而，这是怎么发生的？为什么会变成这样或那样？这些问题接踵而来，时常令我陷入无法自拔的思考中。现在回想，答案也找到了——很简单、很传统的答案：守成与创新的交互作用、相互促进与约束决定了企业价值的变化，决定了企业生命力的强弱。

因为有价值，因为创造了价值，又因为创造出来的价值得到了用户的认可——有人愿意购买，如此这般，企业才得以在激烈的市场竞争中存活和发展起来。

不忘初心，方得始终。

著　者

2019 年 9 月

参考文献

[1] 南怀瑾.漫谈中国文化:金融·企业·国学[M].北京:东方出版社,2017.
[2] 德鲁克.德鲁克论管理[M].何缨,康至军,译.北京:机械工业出版社,2017.
[3] 李泽厚.中国古代思想史论[M].北京:人民出版社,1985.
[4] 张剑光.企业免疫系统运行机制研究[M].北京:电子工业出版社,2013.
[5] 克里斯坦森.创新者的窘境[M].胡建桥,译.北京:中信出版社,2010.
[6] 毛勇纯.市值管理新论:从定性到定量[M].上海:同济大学出版社,2015.